"十三五"职业教育部委级规划教材

奢侈品店铺分布与选址

王晓华◎主编

中国纺织出版社有限公司

内 容 提 要

本书以奢侈品市场营销专业的教学特点和能力要求为脉络，以相关的选址理论为支撑，紧紧围绕工作过程和工作能力编写而成，具有较强的可操作性，是一本技能型项目导向式教材。全书按照由整体到局部的写作思路来进行编写，由"城市"到"街区"再到"场所"，最后落实在选址技术的学习及操作上。其具体内容包括：概览奢侈品店铺分布与选址、奢侈品店铺分布的城市、奢侈品店铺分布的街区、奢侈品店铺分布的场所、奢侈品店铺的选址管理、奢侈品店铺分布与选址案例分析等。本书按照"理实一体化"的教学思想，构建全新的教材框架和内容，力求符合"深入浅出，简明扼要，便于操作"的目标要求。

图书在版编目（CIP）数据

奢侈品店铺分布与选址 / 王晓华主编．－－北京：中国纺织出版社有限公司，2021.1

"十三五"职业教育部委级规划教材

ISBN 978-7-5180-8113-4

Ⅰ．①奢… Ⅱ．①王… Ⅲ．①消费品－商店－选址－职业教育－教材②消费品－商店－商业经营－职业教育－教材 Ⅳ．①F717

中国版本图书馆CIP数据核字（2020）第211032号

策划编辑：陈　芳　　责任校对：高　涵　　责任印制：储志伟

中国纺织出版社有限公司出版发行
地址：北京市朝阳区百子湾东里A407号楼　邮政编码：100124
销售电话：010—67004422　传真：010—87155801
http://www.c-textilep.com
中国纺织出版社天猫旗舰店
官方微博 http://weibo.com/2119887771
三河市宏盛印务有限公司印刷　各地新华书店经销
2021年1月第1版第1次印刷
开本：787×1092　1/16　印张：17.25
字数：295千字　定价：49.80元

凡购本书，如有缺页、倒页、脱页，由本社图书营销中心调换

前言
Preface

2018年全球奢侈品市场增长迅猛，而中国消费者正在引领这一趋势。从2015年到2018年，中国消费者在本土的奢侈品消费增长是海外的两倍，增长主要源于需求提升，而非价格增长。新的技术正快速丰富线上和移动购物体验，奢侈品品牌正在放缓开店速度，未来将会出现渠道整合。因此，品牌商必须更加科学和谨慎地考虑自己的实体店如何拓展与经营。对奢侈品店铺分布与选址问题的系统学习和深入探讨，对于全面提升品牌企业的市场竞争力具有十分重要的意义。

《奢侈品店铺分布与选址》以奢侈品市场营销专业的教学特点和能力要求为脉络，以相关的选址理论为支撑，紧紧围绕工作过程和工作能力编写而成，具有较强的可操作性，是一本技能型项目导向式教材。全书按照由整体到局部的写作思路来编写，由"城市"到"街区"再到"场所"，最后落实到选址技术的学习及操作上。具体内容包括概览奢侈品店铺分布与选址、奢侈品店铺分布的城市、奢侈品店铺分布的街区、奢侈品店铺分布的场所、奢侈品店铺的选址管理、奢侈品店铺分布与选址案例分析六个项目。

本教材的编写原则是：力求符合我国当今高等职业学院学生文化水平与实际学习能力的要求；力求突破传统教科书的编写模式，按照"理实一体化"的教学思想，构建全新的教材框架和内容；力求符合"深入浅出，简明扼要，便于操作"的目标要求，理论知识的选取和阐述以"必须、够用、适用"为尺度。本教材是按照项目教学法的模式编写的。其结构特点可以概括为：项目引导，任务驱动，活动实现。其内容的逻辑关系可以通俗地表述为：看看别人怎样做的（体现为案例分析）—准备必要的知识（体现为知识准备）—自己做一下试试（体现为学习活动）。其内容特点可以概括为：启蒙性、简明性、实用性、可操作性。

《奢侈品店铺分布与选址》适用于高职高专奢侈品管理、市场营销专业学生，企业拓展人员、加盟商、创业者等。《奢侈品店铺分布与选址》可作为高职高专、成人高校、民办高校及本科院校举办的二级职业技术学院的奢侈品管理、市场营销等相关专业的教学用书，也适用于五年制高职、中职的相关专业教学，并可作为相关零售业拓展人员的业务参考书及培训用书。

本教材在编写过程中参考了国内外同类著作和有关文献，并从书籍、报刊和网站上选用了一些案例和资料，谨向有关单位和作者表示感谢！本教材的编写和出版得到了中国纺织出版社有限公司的大力支持，特此致谢！

由于水平有限，书中难免存在一些疏漏与不足，加之时间仓促，书中不妥之处在所难免，恳请广大从事奢侈品营销研究、有店铺选址实践经验的专家、学者、企业家批评指正。

王晓华
2019 年 11 月

/目录/
Contents

- **项目一** 概览奢侈品店铺分布与选址 ………………………………………… 1
  - 任务1 描绘奢侈品分布地图 ……………………………………………… 3
  - 任务2 实地走访奢侈品店铺 ……………………………………………… 34

- **项目二** 奢侈品店铺分布的城市 ……………………………………………… 57
  - 任务1 走进国际时尚之都 ………………………………………………… 59
  - 任务2 分析国际时尚之都的规律 ………………………………………… 104

- **项目三** 奢侈品店铺分布的街区 ……………………………………………… 119
  - 任务1 领略世界奢华商业街 ……………………………………………… 124
  - 任务2 分析世界一流商业街的形成 ……………………………………… 148

- **项目四** 奢侈品店铺分布的场所 ……………………………………………… 163
  - 任务1 精品店（Boutique）……………………………………………… 166
  - 任务2 连锁店（Chainstore Clothing）………………………………… 170
  - 任务3 旗舰店（Flagship Store）……………………………………… 174
  - 任务4 大中型百货商店（Department Store）………………………… 179
  - 任务5 大型购物中心（Shopping Mall）……………………………… 184
  - 任务6 工厂直销店——奥特莱斯（Outlets）………………………… 188
  - 任务7 概念店（Concept Store）……………………………………… 192
  - 任务8 临时店（Guerilla Stores）…………………………………… 196
  - 任务9 免税店（Duty-Free Store）…………………………………… 201

- **项目五** 奢侈品店铺的选址管理 ……………………………………………… 205
  - 任务1 一般零售店铺的选址管理 ………………………………………… 207
  - 任务2 奢侈品店铺的选址管理 …………………………………………… 219

项目六 奢侈品店铺分布与选址案例分析·· 237

　　任务1　路易威登在华店铺分布与选址分析····································· 239

　　任务2　奥特莱斯购物中心的分布与选址分析································· 249

　参考文献·· 269

项目一　概览奢侈品店铺分布与选址

教学目标

知识目标：

1. 了解奢侈品和奢侈品行业的特征；
2. 掌握零售业态和奢侈品的分类；
3. 了解奢侈品品牌购物空间的变迁。

技能目标：

1. 通过网络检索和文献阅读，能描述和初步分析奢侈品行业发展现状和生产消费的地域分布情况等；
2. 通过实地调研，能初步分析奢侈品品牌的选址策略、销售模式和店铺形式选择等。

案例与思考

2018年奢侈品市场的表现依然令人瞩目。全球奢侈品市场销售额（包含奢侈品和奢侈体验）在汇率恒定的情况下增长5%，达到1.2万亿欧元。各个细分领域均呈正增长之势，其中个人奢侈品市场表现尤为突出，销售额增长6%，达到2600亿欧元，这表明个人奢侈品市场已经进入"新常态"时代。中国消费者正在引领全世界奢侈品市场的增长趋势。从2015年到2018年，中国消费者在本土的奢侈品消费增长是海外的两倍。从全球来看，中国消费者的奢侈品花费总支出占全球总额的比重不断增加（当前预估占比为33%，较2017年32%高出一个百分点），中国消费者在内地市场的消费支出占全球总额从2017年的8%提升至9%。从销售额来看，预计2018年中国内地市场的奢侈品销售总额将会达到230亿欧元，按现行汇率计算同比增长18%（按恒定汇率计算增长20%），增长主要源于需求提升，而非价格增长。预计到2025年，越来越多中国消费者将会选择在中国本土进行奢侈品消费，中国消费者奢侈品消费支出的全球市场份额将从2018年的33%进一步提升至45%以上，其中本土奢

侈品消费预计将达五成左右。❶

福布斯（Forbes）每年度都会发布全球最具价值品牌排行榜（The World's Most Valuable Brands）（见表1-1）。为评估每年的排名，福布斯会考察超过200个国际品牌并在全球16个国家超过19种行业类目中筛选100个最具价值的品牌。2018年度全球最具价值品牌排行榜中奢侈品行业的上榜品牌有：路易威登（Louis Vuitton）、爱马仕（Hermès）、古驰（Gucci）、卡地亚（Cartier）、劳力士（Rolex）、香奈儿（Chanel）。

表1-1　2018福布斯全球品牌价值榜（奢侈品行业）

世界排名	品牌名	中文名	品牌价值（亿美元）	品牌收入（亿美元）	所属行业
15	Louis Vuitton	路易威登	336	129	奢侈品
35	Hermès	爱马仕	153	60	奢侈品
36	Gucci	古驰	149	67	奢侈品
59	Cartier	卡地亚	106	63	奢侈品
71	Rolex	劳力士	93	46	奢侈品
80	Chanel	香奈儿	80	56	奢侈品

请思考并回答以下问题：

1. 什么是奢侈品？你接触或拥有过奢侈品吗？
2. 你是否听说过以上奢侈品品牌？谈谈你对这些品牌的认识。
3. 你是否见过或逛过以上奢侈品品牌的店铺？谈谈你对这些店铺的感受。

---

❶ 贝恩咨询2018年11月15日发布的重要行业报告《2018年全球奢侈行业研究报告》。

任务 1　描绘奢侈品分布地图

一、知识准备

（一）奢侈品的特征

奢侈品在国际上被定义为"一种超出人们生存与发展需要范围的，具有独特、稀缺、珍奇等特点的消费品"，又称为非生活必需品。奢侈品可以宽泛地定义为能够带给消费者一种高雅和精致的生活方式，注重品位和品质，并且主要面向高端市场的产品或服务。奢侈品大都具有如下特征：

1. 身份和地位的象征

奢侈品品牌魅力的最大之处就在于其不再是没有任何感情色彩的冷冰冰的产品，而被赋予了某些"活的物质"，成为身份和地位的象征。奢侈品（Luxury）源于拉丁文的"光"（Lux）。所以，奢侈品应是"闪光"的，"明亮"的，"让人享受"的。奢侈品通过其品牌视觉识别系统传达了这些内容。从社会学的角度来说，奢侈品是贵族阶层的物品。它代表了地位、身份、高人一等的权力，它彰显了贵族气质。

2. 显而易见的"好"

奢侈品品牌所服务的产品必须是"最好的"。这种"最好"必须从产品的外观、包装、设计到产品自身的品质以及提供的服务都能逐一体现。奢侈品的"最好"应当是显而易见的。正因为其奢华"显而易见"，它才能为产品购买者带来荣耀，体现出产品购买者的与众不同。所以说，奢侈品理当提供更多的"可见价值"——让人看上去就感到好。因为那些奢侈品的购买者完全不是在追求实用价值，而是在追求"最好"的感觉。LV 箱包如此，香奈儿时装亦如此。

3. 个性化

奢侈品不断树立个性化大旗，创造自己的最高境界。正因为奢侈品的个性化，才为人们的购买创造了理由，也正因为奢侈品的个性化而非大众化，才更显示其贵重，给人以个性的体验。独特鲜明的个性，是联结其与拥戴者之间情感的纽带。强烈的个性化使它们远区别于大众品，这种个性的形成具有排他性。

> **小案例**
>
> **宾利汽车的个性化定制**
>
> 宾利汽车可以在最大范围内满足客户个性化的需求。顾客可以根据自己的喜好，来精心挑选车身颜色、质地、层板和设备，宾利汽车从车身木饰、地毯、皮革以至颜色均可应不同顾客的需要而量身订造，真正满足客户个性化需求，尽显个人风格与品位。可以说除了特别委托，宾利几乎没有生产两辆一模一样的轿车的可能。
>
> 宾利汽车木饰的木制品采用的木材不少于6种：来自西非的华丽桃花心木（Figured Mahogany），来自北美的伯尔胡桃木（Burr Walnut），雀眼枫木和黑鹅掌楸木；来自欧洲的橡树木（Oak Burr）和榆木（Elm Cluster）。全车地毯选用优质耐用的英国品牌威尔顿（Wilton）纯羊毛地毯制成，并配备12种颜色以供选择。座椅和内饰的皮革备有19种不同颜色以供搭配。车身油漆则多至22种不同颜色以供客户选择。正是个性化使宾利成为汽车中的奢侈品，也是个性化满足了上流社会的需求，才使宾利成为上流社会的"宠儿"。

4. 专一性

奢侈品品牌的专一性是指其服务对象的专一性。奢侈品品牌绝不可以随意扩张使用，其所服务的对象限定为成功人士和社会精英，奢侈品的使用者和拥有者必须而且只能是成功人士和社会精英。如果奢侈品品牌还幻想着通过品牌延伸去占领高端、中端甚至低端市场的话，那么注定会被成功人士和社会精英抛弃，失去其高贵的身份，沦为一般品牌，从而丧失其本身的尊贵地位。

> **小案例**
>
> **派克钢笔的"沦落"**
>
> 早年美国的"派克"钢笔可谓质优价贵，是身份和体面的标志，许多社会上层人物都喜欢随身携带一支派克笔。后来由于款式老派而失去了一部分顾客，但派克笔仍不失为"钢笔之王"。1982年，新任总经理詹姆斯·彼特森上任后，在对公司改革过程中犯下一个严重错误，那就是没有把主要精力放在派克笔的改进款式和质量上，而是盲目进行品牌延伸，由此加速了"钢笔之王"派克笔走向衰落。本来，派克笔是高档产品，是身份和地位的象征，人们购买派克笔，不仅是买一种书写工

> 具,更主要的是买一种形象,一种体面,以此表现自己的身份。而彼特森一上任不是把主要精力放在改进派克笔的款式和质地以及巩固发展已有的高档产品市场上,而是热衷于转轨和经营每支售价在三美元以下的钢笔,争夺低档钢笔市场。这样,派克笔作为"钢笔之王"的形象和声誉受到损害,这正中克罗斯公司等竞争者的下怀,他们趁机大举进军高档笔市场。结果没过多久,派克公司不仅没有顺利地占领低档笔市场,反而使高档金笔市场占有率下降到17%,销量只及克罗斯公司的50%。

5. 距离感

距离感是奢侈品品牌的必要条件,作为奢侈品品牌必须制造望洋兴叹的感觉。让大多数人产生可望而不可即的感觉是奢侈品品牌营销的使命,也是奢侈品品牌成功的关键。在市场定位上,奢侈品品牌就是为少数成功人士服务的。因此,要维护目标顾客的优越感,就必须使大众与他们产生距离感。因为距离才能产生美。奢侈品品牌要不断地设置很高的消费壁垒,拒大众消费者于千里之外。要使知道品牌的人与实际拥有品牌的人在数量上形成巨大反差,这正是奢侈品品牌的魅力所在。奢侈品品牌就是"梦寐以求,少数拥有""一旦拥有,别无所求"。

6. 先进技术的集合

奢侈品通常都是最先进技术的结合体,因而先进的技术也总是首先使用在奢侈品上。这不仅仅是因为奢侈品需要追求完美和领先,更在于只有奢侈品才能够承受得起高昂的使用成本。宝马汽车率先使用了全球最先进的电子技术,保时捷跑车运用了宇航材料,阿斯顿·马丁采用了碳纤维,法国服装正在考虑使用智能创新材料。如今,奢侈品已不仅仅是优秀传统工艺的代名词,很多奢侈品已经是人类最高和最新科技文明成果的结晶。目前,仅仅是少数富豪能够尝试和享受的私人太空旅行而乘坐的空间飞行器更是汇集了人类最高和最新的科技成果。

7. 悠久的历史和文化

奢侈品也是一种历史、一种文化,需要时间的积累,素养的熏陶,岁月的磨炼。悠久的品牌历史和品牌文化,才是成就奢侈品品牌的内在要素。尚美巴黎(Chaumet)230多年来一直深得欧美上流社会爱戴的辉煌历程对此做了最好的诠释。虽然时代的巨轮不断向前滚动,但尚美巴黎依然坚守自家的信念,自230多年前创办人Marie Eitienne Nitot在巴黎开展其事业开始,这个品牌一直朝着同一目标迈进:追求真、善、美,House of Chaumet所造的钟表、珠宝、眼镜,是对女性美态最崇高的致敬。

> **小案例**
>
> ### 尚美巴黎（Chaumet）的历史
>
> House of Chaumet 的历史，可追溯至 1780 年。在这 230 多年间，尚美巴黎曾制造不少杰出作品，深得欧美贵族及名人爱戴，作品包括 1804 年特地为拿破仑一世登基而设计制造的首饰；1811 年为 Augusta of Bavaria 制造的第一腕表；1848 年为英国维多利亚女皇及贵族士女特别设计的饰物，以及于 1995 年推出嘉芙莲丹露佩戴的 Khesis 腕表；等等。230 多年来，尚美巴黎一直在品质、工艺、美感、潮流上有所坚持，而这份执着将一直延续下去。
>
> 1900 年，评论家 Roger Marx 在一篇有关巴黎珠宝展的文章内对尚美巴黎作出以下评价："尚美巴黎首饰的光芒，并非来自它的体积，或者是钻石数目的多寡。因为，每件构图都让它像一滴晶莹光亮的水，又或是自一堆火光中所发出的璀璨光芒。"一个世纪前的评语，在今天的系列设计上仍都得到印证，这些作品是对时代女性的感性与美态作出的全新而贴身的演绎。

8. 符号标记

生活中很多细节如今已是一种符号标记，这些在不经意之中刻意强调的细节，基于收入、职位、地位、文化等因素而表现出来。

在生活当中，奢侈品品牌享有很特殊的市场和社会地位，它的目标消费者是上层社会名流。在奢侈品消费中，人们追求的核心价值已不是商品本身，而是依附在商品使用价值之中的"符号象征价值"，这种符号象征着人们的身份和社会经济地位。奢侈品品牌的显著特征是用高昂的代价换取一个符号——品牌。爱马仕最好卖的手提包还是它的 Logo 最醒目的那一款。

奢侈品品牌的一个重要使命就是成为能够承担拥有奢侈品品牌这一昂贵代价的人群的特定符号！就像爵位、姓氏、徽章等曾经是贵族阶层的符号一样，奢侈品品牌的符号意义就是：成功和富裕。而成功和富裕是经济社会中人们奋斗的目标、向往的状态。这样，拥有奢侈品品牌的特定人群通过它与外界进行交流，来标明自己的人群属性，使之与其他人群相区分，并获得各种人群的认同。因此，奢侈品品牌就成了人们彰显身份和地位的符号，成为高贵、优雅的象征，成为芸芸大众一生追逐的梦想。

9. 购买群体的固定

奢侈品的购买群体多为高收入人群，他们不管当季的款式是否适合自己，总会购买几件，他们的消费不再是出于实用的考虑，而是以长期拥有某个品牌的产品为荣。还有一些消费者认为奢侈品所体现的个性十分符合自己的身份、品味，并一直是该奢侈品品牌的忠实消费者。

10. 地域性

奢侈品品牌背后几乎都带有很强的地域色彩。欧洲作为奢侈品生产、制造、销售和消费的最大地区之一，拥有全世界绝大多数的奢侈品品牌。但其各种奢侈品品牌的分布不是杂乱无章的，而是在欧洲的一些地区逐渐形成了以某类手工技能为特色的地方。比如，瑞士以制造钟表著称；德国的索林根出产餐具，泽尔布出产豪华瓷器；而巴黎和米兰则是时装之都，同时也是皮革和香水的故乡；德国和英国是传统的汽车之乡。特殊的地域性构成了奢侈品品牌的成功要素之一。同样是奢侈品，大家之所以都认为瑞士的钟表最好，意大利的皮鞋最佳，法国的时装最时尚……就是因为地域性。

小案例

造酒业的地域性

对于造酒业来说，真可谓一方水土养一方"酒"，因为原料和水都是好酒的重要基础，这两者都与自然环境和气候特征有关。酒类中的奢侈品品牌几乎完全是由于自然条件而在某些特定地区形成的。

比如，法国白兰地主要产自科涅克地区（干邑）。科涅克位于法国西南部邻近大西洋的夏朗德省。该地区土壤、阳光和气候特点适宜葡萄生产。首先，土壤系白垩质，地表含沙多孔，而底层的密度又极高，可以在旱涝季适当调节水分。其次，该地区阳光充足，阳光照射在土壤上，再从葡萄下面的白垩质晶体向上反射，可以使每株葡萄均匀地成熟。最后，该地区地处大西洋沿岸潮湿多风地带和东部气温较低的丘陵地带之间，气候温暖、湿润、温差较小，可确保葡萄缓慢地生长。因此，该地区盛产颗粒饱满、香味浓郁的葡萄。这就使该地区集中了以葡萄为原料的白兰地家族，如享誉世界的酒类奢侈品品牌人头马、轩尼诗、马爹利等。

这种由于自然条件而形成的奢侈品并非个别现象。法国香槟享誉全球，就在于酒产地香槟地区的独特性。香槟位于巴黎东北方约150千米处，是著名的葡萄产区。酿造香槟酒要用三种名贵葡萄：一是黑色的比诺种，它是香槟的主要原料，能使酒长久保存；二是墨尼叶种，它使酒味清香、成熟；三是白色的夏洞内种，它使酒味清新高雅。根据法国政府规定：只有原料取自香槟地区，含酒精11至13度，富含糖质，味道芳香者，才能称为香槟酒。而路易十三正是取自香槟地区的上千种"生命之水"调制而成。

综观世界名酒，大多如此：独特地区的水土赋予了酒独特的口味。所以，世界闻名的威士忌几乎皆产于常年湿冷的苏格兰，因为其气候湿冷、环境清新、水质纯净、水过泥煤（Peat），使酒产生"烟熏"的独到风味。

11. 前瞻性

奢侈品品牌应该具有引领消费生活的作用。奢侈品无时无刻都在追求领先，通过领先来引领消费的标向，通过领先来展示其尊贵、高雅和卓尔不凡的高贵形象。奢侈品要想在变化的过程中维持其永恒的地位，就必须把握潮流的导向，站在时代的前沿，引领时代的潮流。

小案例

追求领先的香奈儿

法国著名奢侈品品牌香奈儿（Chanel）无疑是追求领先的模范。香奈儿（Chanel）品牌是法国时装界女王——加布里埃·香奈儿（Gabrielle Chanel）创立并以她的名字命名的。香奈儿于1883年8月5日诞生于法国的Saumur。1910年，在朋友的帮助下她在巴黎坎朋大街（Combon）开设了一间女帽店，并彻底改变当时女帽繁复的羽饰、蕾丝，推出了简洁、大方而不失优雅的式样，受到年轻人的欢迎，香奈儿也因此在巴黎时装界初露锋芒。

香奈儿品牌成名于第一次世界大战前后。"一战"期间，各阶层妇女纷纷投入护理和救援工作，传统的服装式样在这些实际工作中显得烦琐而累赘。香奈儿预见了这样的变化，香奈儿的套领衫、背心和海军式上衣顺应时局，受到当时女性的喜爱。

第一次世界大战结束后，经济的发展带来了忙碌的社交活动，增加了人们生活的流动性，为运动装和休闲服饰提供了绝好的发展机会。香奈儿顺势开始销售一系列伸缩性的JERSAY毛织服装，迎合了消费者的需求。

"二战"时，许多时装设计师都推出了以自己名字命名的香水，而香奈儿顺应潮流，别出心裁地将自己的香水用数字命名，这就是著名的香奈儿5号。有人说"5"是香奈儿的幸运数字，还有人说"5"是香水设计师设计出的第五款香水，不管怎样，以数字命名的香奈儿5号推出至今一直是全世界最畅销的香水。

"二战"后，人们的生活方式和态度大大改变，香奈儿适应战后要求的轻便女装用一种富有伸缩性的毛料缝制，成品既雅致又简单，令人赞叹不已。在色彩的运用上，香奈儿将只在丧事中才使用的黑色应用于晚礼服，使黑色成为流行色。

正是前瞻性造就了香奈儿的历久不衰，"当你找不到合适的服装，就穿香奈儿"，这句至今仍在欧美上流社会女性中流传的名言足可表现香奈儿品牌的魔力！

12. 超凡细腻的手工

奢侈品品牌大多具有超凡细腻的手工。超凡细腻的手工制作不仅保证了每一件奢侈品的高贵品质，更可以在最大范围内来满足个体客户的需求，同时手工制作造成产品供不应求，让富贾权贵们感受到自己的与众不同（图1-1）。

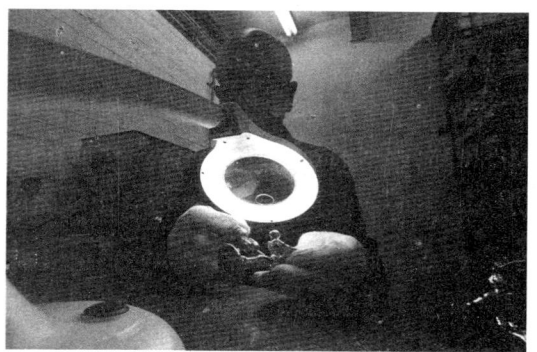

图1-1 劳斯莱斯的手工打造

图片来源：http://www.autov.com.cn/editinteractive/newview/1509/71776.html#

小案例

劳斯莱斯的奢华手工

有人说，所有的劳斯莱斯在还没卖给客户的时候，只是一台完成了50%的半成品，经过客户的私人订制，当劳斯莱斯赋予这台车真正豪华的灵魂时，它才是一台真正完整的车。1906年，"老马"亨利·莱斯遇上比他小15岁的"小伯乐"查理·劳斯，两人一拍即合，成立了劳斯莱斯汽车公司。从成立至今的110多年的历史里，尽管在此中经过数次东家易主，但并没有改变劳斯莱斯的初衷——打造世界上最好、最豪华的汽车。事实上，它的确做到了这一点，从第一辆汽车Silver Ghost开始，在这100多年间生产的车型，仍然有超过三分之一的数量在路上行驶，仍然为它的主人提供最顶级的奢华享受。如果说世界上只有时间才是永恒的，那么劳斯莱斯也可以算是最接近永恒的凡物了。

除了不变的造车品质之外，劳斯莱斯最为人们值得赞赏的是一直坚持的手工打造，尤其是在内饰装配上更是当今顶级豪华车的极致表现，而这一切都发生在英国的 Good Wood 工厂，这也是劳斯莱斯在归入宝马旗下，从 Crewe 搬迁至此的新家。

劳斯莱斯作为屹立在豪华车顶端的汽车工厂，在个性化定制方面也是达到了登峰造极的程度，几乎每一个部分都可以进行私人化的订制，小到手套箱、雪茄盒，大到在行李箱内置香槟野餐组，而且通过电脑进行 3D 模型的建造，能够十分逼真地把制作的效果呈现出来，并且思量其可行性。光是车身颜色就有 44 000 种选择，几乎是你想得到或者想不到的颜色都可以在这上面找到。

在经过严格的筛选之后，可供客户选择的木材是多样的，如紫檀、胡桃、榆木等，然后在进行对称式的裁剪和装饰后，需要在每一片木材上进行 6 层亮漆的上漆，经过细心的抛光和打磨后，便要小心翼翼地装嵌在车内，由于木纹的挑选和制作十分复杂，所以在最后一步的装配上必须十分仔细，因为木材是十分脆弱的，工人要保证在不对木纹表面造成任何伤害的前提下完成装嵌，必须一次性通过，从选材到装配，制造木纹的过程需要长达一个月的时间。

坐进一辆顶级豪华的劳斯莱斯里，与我们身体最先接触的便是那张真皮座椅，在追求奢华极致的劳斯莱斯面前，如此重要的乘坐感觉必须灌注至高无上的精力去打造。首先工人会用双手去触摸和感受皮革上的每一处凸起，并且细心标注，尤其在中控台这个需要大面积包裹的地方，由于是坐在车里第一眼所关注的地方，可以说是极为重要的地位，所以要求皮革必须是完美无瑕的。

在裁剪的过程中需要借助镭射光投影在皮革上，并且完美规避所有瑕疵。在缝制皮革的时候，双缝线之间的距离永远都是保持一致而且缝线是笔直的，如何在弯角处保持这种精度是相当考验工人技艺的。

每一辆劳斯莱斯汽车，从开始生产到结束平均需要 450 个小时，经过无数双手的淬炼，终究为飞天女神注入飞翔的灵魂。

资料来源：http://www.autov.com.cn/editinteractive/newview/1509/71776.html.

（二）奢侈品行业的特征

奢侈品行业有其特殊性，而这些特殊性似乎颠覆了某些传统市场营销的基本概念。简言之，奢侈品行业的特征就是违背常理的颠覆性！

1. 需求的颠覆性

按照传统市场营销学的观点，对于非奢侈品生产企业来说，如何尽最大的努力满足市场的需求是他们取得成功的要素。随时随地关注消费者的需求，并能够在第一时间提供合适的产品满足消费者的需求,是非奢侈品企业在激烈的市场竞争中立于不败之地的关键。相反,奢侈品生产企业则常常忽视市场上消费者的需求。为了维持奢侈品高贵的身份,体现奢侈品的稀缺性,增加获取难度,奢侈品生产企业往往会通过"限量"和渠道控制的方法人为地制造市场短缺。对于消费者的需求,奉行生产的产品永远满足不了市场需求的规则。

2. 产品的颠覆性

非奢侈品的市场营销是"产品迎合市场",通过仔细研究市场上消费者的需求,然后设计制造出迎合消费者需求的产品。例如,洗衣机的出现就是针对家庭主妇们不希望在清洗衣服上花费过多的时间而设计发明的,是典型的迎合市场需求孕育而生的。至于奢侈品,其市场营销是"市场迎合产品"。范思哲设计的时装不会考虑消费者的需求是什么,相反,消费者需要的是适应大师的天才设计。当然,并不是说在奢侈品营销中不需要市场调查,不需要研究消费者的需求并满足其需求,只是调查的内容和方向不同,它的重点是售中和售后,而非售前。

3. 价格的颠覆性

对非奢侈品来说,产品的成本和价格是一个不得不时刻考虑的问题,在保证质量的前提下如何用尽可能少的成本生产出适合消费者需求的产品,并以合理的价格销售是能否在激烈的市场竞争中获胜的一个重要条件。传统的营销价格策略是适应的。对奢侈品来说,成本固然重要,但产品品牌的"情感价值"和"符号价值"使成本、价格和成功之间的关系变得无足轻重。

每个人都有梦想,对于普通人来说消费奢侈的产品和服务就是最触手可及的一种。购买奢侈品本身就是一种追求梦想的过程。爱马仕的 Kelly 包和 Birkin 包虽然品质好到足以让你用上几十年,但似乎没有一幢房子实用吧?但是,奢侈品的精神价值就在于此,它也许真的能够凝聚一个人的梦想。《欲望都市》里的莎曼萨说出了大家的心声:"当我拥有 Birkin 的那一天,就是我真正出人头地的一刻。"

换言之,奢侈品可以实现人们的一部分梦想。梦想的价值是多少?谁能为梦想定价?对非奢侈品来说,竞争力是低成本、低价格、高品质、多功能……而对奢侈品购买者来讲,却是非理性的。消费者买香奈儿时装时,不会考虑这款产品比别的产品"好"或"不好"。买它,只是因为我喜欢。因为这让我高兴,或者说这满足了我的一个梦想,这是"我"的时装。就这么简单。

4. 终端的颠覆性

非奢侈品的终端更多地强调销售的便利性、集中性和快速性等,也正因为如此,"无处不在"就成为非奢侈品营销工作的一个主要目标,比如瓶装水的娃哈哈、乐百氏、农夫山泉等,一旦舍弃了"无处不在"这一渠道目标的追求,就不可能获得终端优势,而终端优势恰恰是决定它们能否成功的关键因素。

而奢侈品恰恰相反,奢侈品通常对终端的选择和控制极为严格。同时在零售终端极尽所能地进行交易氛围和沟通氛围的营造,以最大化地表现和烘托奢侈品的尊贵感、专有性、稀少性和传奇感,以支撑和维持奢侈品高价格、高品质、高品味和高享受的定位。过多过烂的销售点只会损害品牌形象,这就是世界顶级奢侈品品牌都选择在最繁华地段的高档商厦内设立自己的专卖店,并不惜重金进行装修和布置,却决不允许自己的产品出现在一般商场、便利店和超市的原因。

5. 宣传的颠覆性

非奢侈品一般需要借助大量的富有创造性的广告来塑造企业形象,突出产品的特点或功能,传递产品的信息,树立产品品牌的核心价值,引起消费者的注意和好感。广告是非奢侈品宣传和传播的重要工具和手段。而奢侈品则恰恰相反,奢侈品一般很少通过常规媒体做广告,因为其本身就已经带有象征和符号功能,没有必要做大量的广告。奢侈品的广告只不过是唤起消费者对于品牌的回忆而已。欧米茄是因为妮可·基德曼、辛迪·克劳馥、皮尔斯·布鲁斯南、章子怡等国际知名人士为其代言而被人们认识的吗?不,广告只是唤起人们对其的回忆。奢侈品往往更多地借助专门的杂志、非常规的赛事活动等来达到宣传的目的。

提供一种产品并希望市场能够适应它;价格永远高得离谱;产品数量总是满足不了市场的需求……奢侈品行业似乎是一个充满矛盾的行业,但这就是奢侈品,一个特立独行的行业。

(三)奢侈品生产消费的地域分布及特征

过去二十年,奢侈品行业历经数次变革。目前,随着经济趋势日益变化,数字化转型飞速推进,以及人们消费倾向的不断演变,新的竞争格局正在形成,传统企业战略岌岌可危。全球奢侈品市场究竟能否实现两位数增长,取决于地缘政治及其对旅游业的影响等诸多因素。即便如此,奢侈品行业仍将持续增长,这一点与许多其他行业不同。然而,要恢复稳健、强劲的销售增长,奢侈品公司必须勇于面对新挑战,并采取果断决策。

虽然奢侈品行业供应链和零售网络已遍布全球,但是销售额仍然大幅聚集在欧洲和美国。尽管奢侈品行业的运作向来由"西方主导",但近年来的趋势却表明,亚洲、中东、拉丁美洲和非洲市场越发重要。2017年,欧洲和北美地区时装与鞋类销售总额占全球50%以上,2018年这一占比降至50%以下。亚洲、拉丁美洲、中东和非洲整体销售总额超过全球50%,而且未来几年内还将继续攀升。

大部分行业观察者认为,这一发展趋势一方面得益于新兴市场的销售额增长,另一方面则归因于这些地区所采取的创新零售概念和商业模式。非西方奢侈品市场重要性提高的背后,是来自供应链领导力、科技创新和国际投资的支持。在这些因素的推动下,这些区域奢侈品市场将持续蓬勃发展(图1-2、图1-3)。

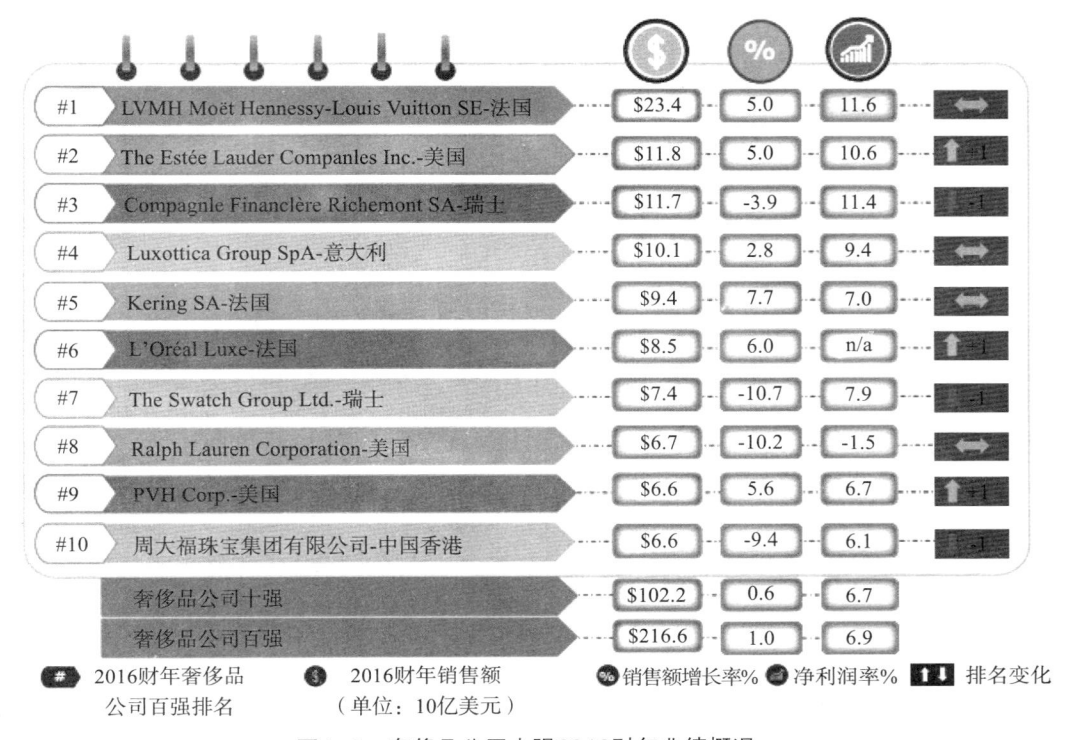

排名	公司	2016财年销售额(10亿美元)	销售额增长率%	净利润率%	排名变化
#1	LVMH Moët Hennessy-Louis Vuitton SE-法国	$23.4	5.0	11.6	↔
#2	The Estée Lauder Companies Inc.-美国	$11.8	5.0	10.6	↑1
#3	Compagnie Financière Richemont SA-瑞士	$11.7	-3.9	11.4	-1
#4	Luxottica Group SpA-意大利	$10.1	2.8	9.4	↔
#5	Kering SA-法国	$9.4	7.7	7.0	↔
#6	L'Oréal Luxe-法国	$8.5	6.0	n/a	↑1
#7	The Swatch Group Ltd.-瑞士	$7.4	-10.7	7.9	-1
#8	Ralph Lauren Corporation-美国	$6.7	-10.2	-1.5	↔
#9	PVH Corp.-美国	$6.6	5.6	6.7	↑
#10	周大福珠宝集团有限公司-中国香港	$6.6	-9.4	6.1	-1
	奢侈品公司十强	$102.2	0.6	6.7	
	奢侈品公司百强	$216.6	1.0	6.9	

2016财年奢侈品公司百强排名　　$ 2016财年销售额(单位:10亿美元)　　% 销售额增长率%　　净利润率%　　↑↓ 排名变化

图1-2 奢侈品公司十强2016财年业绩概况

图片来源:德勤《2018全球奢侈品力量》

由图1-2可知:

① 奢侈品公司十强销售额占奢侈品公司百强销售总额的47%。

② 十强中无新上榜者。榜单中六家公司排名发生变化。

③ 奢侈品公司前三强连续五年实现两位数利润。

	时装和鞋类	包具和饰品	化妆品和香水	珠宝和手表	多种奢侈品
销售额占比(%)	19.5	7.2	15.8	25.3	32.2
2016财年奢侈品销售额增长率	0.2	3.4	7.6	-4.0	2.1

奢侈品百强公司按产品领域划分: 38　9　11　31　11

2016财年奢侈品平均销售额增长率: 1.0

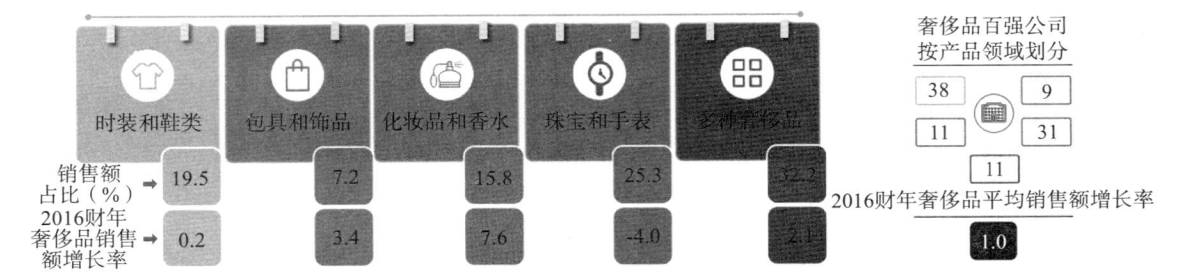

图1-3 奢侈品百强公司产品领域分析

图片来源:德勤《2018全球奢侈品力量》

由图 1-3 可知：

① 尽管整体销售额增长率和净利润率已连续两年下滑，许多小型时装和鞋类公司仍旧业绩突出。

② 2014—2016 财年，包具和饰品（包括眼镜）公司录得最高复合年均增长率，2016 财年复合销售额增长率为 3.4%，在所有奢侈品产品领域中排名第二。

③ 奢侈品公司百强中的化妆品和香水公司总体规模较大，以 7.6% 的销售额增长率跃为表现最佳的领域。

④ 珠宝和手表公司销售额下降 4%，增长率处于所有产品领域中的最低水平。

⑤ 奢侈品公司百强中，多种奢侈品公司规模最大，净利润率最高。

1. 奢侈品的主要生产地域

由于各国经济发展水平、科技水平、历史文化及国民消费习惯等因素的不同，在主要的奢侈品生产国家间，奢侈品等级、门类、风格等方面也各有特色（图 1-4）。

	公司数量	百强公司平均奢侈品销售额（百万美元）	百强公司奢侈品销售所占份额	2016财年奢侈品销售额增长率
中国大陆/香港	9	1 928	8.0%	-9.4%
法国	9	5 843	24.3%	5.8%
德国	5	886	2.0%	-4.3%
意大利	24	1 409	15.6%	1.0%
西班牙	4	741	1.4%	6.2%
瑞士	9	3 138	13.0%	-5.1%
英国	10	1 126	5.2%	3.2%
美国	13	3 351	20.1%	1.7%
其他国家	17	1 315	10.3%	5.8%

图 1-4 奢侈品百强公司地域分析

图片来源：德勤《2018全球奢侈品力量》

由图 1-4 可知：

① 2016 财年西班牙和法国的奢侈品销售额增长率最高。

② 美国和英国的增长主要归功于汇率因素。

③ 中国内地/香港、瑞士以及德国奢侈品公司销售额下滑 4% 左右。

④ 法国的奢侈品销售所占份额最高。

⑤ 意大利再度凭借奢侈品公司数量领跑全球。

⑥ 中国大陆/香港百强公司连续三年销售下滑。

⑦ 其他国家百强公司销售额持续增长。

（1）法国奢侈品行业分析

一提到奢侈品，人们自然而然就会想到法国，想到路易威登（Louis Vuitton）、香奈儿（Chanel）等，并不见得每个人都对法国奢侈品有足够的了解，但依然可以感受到法国在世界奢侈品行业独一无二的影响力。法国作为近代奢侈品的鼻祖，至今仍是世界奢侈品行业的中心。根据德勤公布的《2018全球奢侈品力量》，法国的奢侈品销售所占份额最高，且多数都是世界顶级品牌，如前文提到的路易威登（Louis Vuitton）、香奈儿（Chanel）、爱马仕（Hermès）、古驰（Gucci），此外，还有轩尼诗（Hennessy）、兰蔻（Lancome）、迪奥（Dior）等，法国奢侈品种类繁多，尤以服装、香水和酒类为代表，堪称世界同类奢侈品的典范。

法国奢侈品行业集团化程度非常高，拥有世界最大的奢侈品集团LVMH（由顶级时装与皮革制造商Louis Vuitton和一流酒制品生产商酒业家族酩悦·轩尼诗Moët Hennessy收购合并而成，成立于1987年），如今，该集团拥有的品牌已经超过70个，店铺数达到3860余个，其中超过70%分布在法国以外，2017年收入达426亿欧元，员工数145,000人，在销售额、市值、影响力等方面都独占鳌头。同时，世界第五大奢侈品集团Kering（开云）集团（Gucci是其奢侈品业务核心）亦为法国所拥有，旗下同样拥有相当数量的国际知名奢侈品品牌。

法国的奢侈品行业能取得现今的地位，同法国的科技水平以及自然地理环境和人文地理环境是息息相关的。奢侈品高标准、高品质的要求和特征决定了奢侈品的制造需要高度发达的生产力、先进的制造技术作为支撑。法国是老牌资本主义国家，是当今世界科技强国，能够为本国奢侈品的生产制造提供强有力的技术保障，并且创新技术层出不穷，可长期保持法国奢侈品优良的品质。反过来，依靠产业技术优势，法国所产奢侈品在国际市场上备受青睐，销售量和销售额必然增加，在获取高额利润的同时，将部分利润用于新技术的研发，转化为技术资本，再次投入奢侈品的生产过程中，用于生产更高品质的产品，对消费者保持一种长期的刺激效应，形成一个良性持久的循环。

自然地理环境对法国奢侈品生产的影响集中体现在酒类方面，法国之所以能够生产出世界顶级品牌的酒类，同法国的气候、土壤、地形等自然地理条件是密不可分的。法国酿酒最主要的原材料是葡萄，无论是葡萄酒还是白兰地，优质的葡萄都是其口感和品质的保证。世界上大部分葡萄园分布在北纬20～52度之间及南纬30～45度之间，绝大部分在北半球，海拔高度一般在 400～600 米，纬度和海拔是在大范围内影响温度与热量的重要因素。法国位于欧洲西部，处于北纬 42 度到 51 度之间，南临地中海、西濒大西洋，靠近海洋，吸收热量充足，无霜期较长。地势东南高西北低，以平原为主，大陆平均海拔约为 340 米。气候类型多样，西部属海洋性温带阔叶林气候，南部属亚热带地中海式气候，中部和东部属大陆性气候。土壤品种繁多，有白垩土和石灰岩等，土层厚度和土壤化学成分合理。种种优越的自然地理条件使得法国拥有世界上众多知名的葡萄产区，这是法国产生诸多世界顶级酒类奢侈品的先天优势。以世界第一干邑酒轩尼诗（Hennessy）为例，其总部位于法国最著名的葡萄酒产区干邑。轩尼诗于 1774 年设立的创始人酒窖，大多源自大香槟地区（La Grande Champane）的最佳葡萄园，少数源自小香槟区（La Petite Champagne）、边缘区（Les Borderies）及良木区（Les Fins Bois）的葡萄园。其品牌下属系列产品按等级分类，分别采用几十种、逾百种和上千种来自四大干邑区的"生命之水"混合调配而成，并在法国橡木桶中密封酿制至少 2 年，最长可达 50 年，在色泽、酒香、质感等方面堪称一流，这才造就了轩尼诗 200 多年来的品牌传奇。

在人文社会环境方面，14 世纪至 16 世纪在欧洲进行的文艺复兴运动极大地解放了人性，重视人的价值，科学成就突出，奠定了新兴资产阶级文化，在艺术领域的成就和风格深深影响着当今法国奢侈品的设计与文化内涵。同时期的地理大发现使得法国在资本主义快速发展、科学技术获得进步的同时，从世界各地带来了各种珍奇的物品，比如中国的丝绸、瓷器和茶叶等，颇受当时法国王室和贵族的青睐，成为显示身份、地位的象征。"上有所好，下必甚焉"，由于文艺复兴运动在传播过程中过分强调人的价值，在传播后期造成个人私欲膨胀，无论是贵族还是平民，当时整个法国社会追求物质享受，生活方式奢靡泛滥，产生了负面影响，但是客观上确实形成了奢侈品消费的氛围，产生了奢侈品消费的需求，奠定了法国近代奢侈品行业发展的基础。另外，法国奢侈品中诸多品牌最初都是为皇室服务的，比如路易威登（Louis Vuitton）和尚美巴黎（Chaumet），产品特征深受之前法国社会文化的影响。延续至今，依然保留了自身的风格，用料极为讲究，工艺极为精湛，设计极为经典，贵族气质浓厚。法国奢侈品另一显著特征是女性色彩突出。法国社会具有独特的女性文化，重视女性权益，强调男女平等，甚至女性地位要高于男性，整个社会更加关注女性的需求。观察法国的奢侈品，发现其代表性产品绝大多数是为女性服务的，比如香水、妆容、珠宝，服装门类同样是以女性服饰为主体。女性文化渗入奢侈品的设计和生产当中，是法国同其他奢侈品生产国相比一个很大的特点。

（2）美国奢侈品行业分析

美国近代奢侈品的产生时间并不晚，只是在初期更多的是对法国及其他欧洲国家的吸收，受其影响而导致美国本身的奢侈品发展并无明显的成就。两次世界大战中，美国获取了巨额财富，战争客观上极大地促进了新技术的发明和使用。"二战"之后，英法等欧洲国家忙于恢复，而美国在经济上大幅增长，政治环境稳定，很好地推动了美国奢侈品消费和生产双方面的发展。

美国奢侈品主要集中在化妆品、个人嗜好等领域，在汽车领域虽然技术先进，也有着诸多知名品牌，但都不算是真正意义上的奢侈品。化妆品行业的主要品牌有伊丽莎白·雅顿（Elizabeth Arden）、雅诗兰黛（Estee Lauder）等。个人嗜好奢侈品主要集中在文具、摩托车等领域，比如华特曼（Waterman）文具、哈雷戴维森（Harley Davidson）摩托和芝宝（ZIPPO）打火机等。进入20世纪60年代以后，美国的服装服饰业异常活跃，诞生了一些可和欧洲相抗衡的高端品牌，如1962年的寇驰（Coach）、1968年的拉尔夫劳伦（Ralph Lauren）、1985年的唐娜·凯伦（Donna Karan）等。

相比于法国和其他欧洲国家，美国奢侈品的品牌历史较短，涉及门类较新，产品定位于中低档奢侈品，批量化生产，消费群体主要为较为年轻的中产阶层，产品整体呈现出现代、简约、大都会的风格。分析美国奢侈品的门类、特征，不难发现美国的奢侈品很少是依靠某种稀缺的自然资源或优越的自然地理环境来生产制造的。因此，自然地理环境因素对美国奢侈品生产的影响较小，科学技术水平和人文社会环境则对美国奢侈品的生产和风格起着决定作用。

在两次世界大战中，美国凭借优越的地理位置得以免受战争的破坏，同时大批战争移民迁移至美国，形成了一个大融合的国家，社会文化多元，思想开放，崇尚自由、个性，生活节奏快，喜爱时尚和流行，而传统的欧洲奢侈品与美国社会新生的消费需求是不相符的。这就给美国奢侈品的发展提供了机遇和空间，利用诸多新生技术，美国生产出了更多门类的奢侈品，并对传统奢侈品进行改革，虽然仍选用高档原材料，但更多采用现代工艺制造，在保证高价格的前提下进行批量化生产，来满足新生消费群体的炫耀性心理需求。如果说欧洲依靠精湛的传统工艺和高贵典雅的风格攫取了近代奢侈品行业的"第一桶金"，美国则是依靠创新技术和正确的产品定位，打破了奢侈品行业欧洲一统天下的格局，成为另一重要的奢侈品生产中心。现今，不只是美国，许多新兴国家和地区的消费者，尤其是年轻的中产阶层，都对美国简约、时尚的奢侈品青睐有加。

（3）意大利奢侈品行业分析

意大利也是世界奢侈品行业非常重要的一极。在意大利，奢侈品是融入生活之中的气息，一切都显得自然而然，并不拘泥于任何领域。意大利奢侈品品牌是无处不在的，汽车、服装、家具、珠宝、皮具等无所不尽其极，意大利再度凭借奢侈品公司数量领跑全球。意大利的服装行业最初是在法国的基础上起步的，现今已是法国之外另一个以服装类奢侈品为代表的国家。与以高级定制为特色的法国服装奢侈品相比，意大利的服装品牌更趋于成衣化，设计风格更为简洁，其代表性品牌按创立时间排序有1913年的普拉达（Prada）、1923年的菲拉格慕（Salvatore Ferragamo）、1975年的阿玛尼（Armani）、1978年的范思哲（Versace）等。而且这些一线品牌几乎都拥有自己的香水，作为服装的延伸产品，这些品牌的香水在世界范围内也占有一定的市场份额。

意大利奢侈品另一个非常重要的组成部分是汽车，并集中体现在豪华跑车类，如1909年的布加迪（Bugatti）、1914年的玛莎拉蒂（Maserati）、1929年的法拉利（Ferrari）、1962年的兰博基尼（Lamborghini），这些品牌的汽车一直以精湛的手工技艺而闻名于世，设计独具匠心，个性十足，是世界跑车类奢侈品的领导者。

此外，意大利的珠宝和家具类奢侈品也有很高的声誉。比如创立于1884年的宝格丽（Bvlgari）就是一个由珠宝起家，产品延伸到皮具、香水、服装、首饰等多个类别的世界顶级品牌。意大利家具在世界史上占有举足轻重的地位，其设计能力闻名全球。意大利家具是奢华高端的代名词，拥有正宗的欧洲古典风格，代表性品牌包括卡帕奈利（CARPANELLI）、埃奇奥·拜洛迪（EZIO BELLOTTI）、阿列维（FRATELLI ALLIEVI）。

意大利奢侈品不单门类众多、涉猎广泛，而且在各领域均产生了世界顶级品牌，更有像跑车、家具类引领世界潮流的产品。意大利虽然不像法国和瑞士，拥有世界垄断地位的奢侈品集团，但是依然有着强大的品牌吸引力和市场号召力。意大利人口有限，自然资源优势并不突出，对意大利奢侈品行业产生重大影响的因素是人文环境，也可以说是文化艺术底蕴和传统工艺优势。

意大利是罗马帝国的发源地，处于丝绸之路的重要路段。在古罗马时期，当时的贵族阶层对奢侈品就已经相当痴迷，虽然以购买奢侈品为主，但是奠定了奢侈品成长的环境基础。由于意大利位于地中海沿岸，地理位置优越，到中世纪，意大利已经是欧洲的贸易中心，最早产生了资本主义萌芽。13世纪末，欧洲文艺复兴运动始发于佛罗伦萨、热那亚、威尼斯等工商业发达的城市，意大利成为文艺复兴的中心。在这段时间内，意大利的诗歌、绘画、雕刻、建筑、音乐等艺术取得了突出的成就，坚实的文化艺术底蕴为之后奢侈品的设计和品位奠定了良好的基础。同时，当时的社会还是一个生产、消费奢侈品的时代——教堂和宫殿的大兴土木、对绘画、雕刻和书籍的崇尚，使中、上层阶级需求大量的文化和艺术产品。这就促使了文化艺术成就较早地和社会需求相结合，一件件实物产品被生产制造出来。所以，一直到现在，所有与设计有关的行业意大利都领先一步。

在传统工艺的起源和继承上，意大利同法国有较多的相似之处。以珠宝行业为例，意大利最优秀的珠宝工匠起初都是为皇室和贵族服务的，当时罗马教廷财力雄厚，历任教皇都表现出对珠宝和金银器皿的狂热喜爱，投放大量金钱用于制作教皇与教廷专用的、独一无二、无法复制的珠宝和金器银器，其工艺和价值令后人叹为观止。之后，包括服装、家具在内的传统制作工艺被很好地保留下来并运用到更多的奢侈品制造中。现在，手工艺已经成为意大利奢侈品不可或缺的一部分，满足着人们对传统、完美和精致的追求。

意大利设计能够长期地保持世界领先水平，不仅仅单一依靠文艺复兴的底蕴。为了不断适应时代发展的潮流，意大利开设了一大批设计类的高等院校，涵盖其主要奢侈品的各个领域。米兰美术学院是意大利视觉艺术的最高学府，马兰欧尼学院是世界三大时装名校之一，欧纳菲珠宝设计学院是意大利珠宝设计与制作第一名校。意大利荟萃了千年的人文历史，正是缘于对传统工艺的传承和发展，以及现代科技手段的运用，意大利奢侈品以经典的设计、精湛的做工享誉全球。

（4）瑞士奢侈品行业分析

说起奢侈品，就不可不提有着"钟表王国"之称的瑞士。"瑞士制造（Swiss Made）"是世界著名的"原产地标志"，既代表可靠的技术质量，又是美观、优雅的代名词。瑞士钟表业的出现最早可追溯至16世纪中叶，世界上第一只双针手表于1690年在日内瓦问世；紧接着，第一代自动上弦表于1770年在瑞士研制成功，这为此后的瑞士精密机械师发明垂式上弦表奠定了基础；1776年瑞士研制出世界上第一只三针手表，由此确定了现代手表的基本结构。从那时起，手表制造业几乎成了瑞士的象征，只要一提到瑞士，人们就会想到高质量的瑞士手表。此后，瑞士钟表业以部件复杂、材料特殊、款式新颖、永不磨损、精密细致的机械日历表及秒表而著称于世。瑞士产生了众多钟表类的标志性品牌，1735年的宝珀（Blancpain），1755年的江诗丹顿（Vacheron Constantin）、1851年的百达翡丽（Patek Philippe）、1908年的劳力士（Rolex）等。这些产品定位于不同的市场类型和消费群体，因此，瑞士钟表的领导地位不只是在高档钟表类别，在中低档类别依然是行业的典范。瑞士拥有世界上最大的钟表类企业——斯沃琪（Swatch）公司，是世界第七大奢侈品集团，2016年销售额超过74亿欧元。斯沃琪集团同其他奢侈品集团最重要的差别是只涉足钟表领域，旗下品牌有欧米茄（Omega）、浪琴（Longines）、宝玑（Breguet）、雷达（Rado）。除了享誉全球的钟表奢侈品之外，瑞士还拥有世界第三大奢侈品公司——历峰（Richemont）集团，涉及珠宝、手表、附件以及时装四个领域，下属知名奢侈品品牌有珠宝、手表类的积家（Jaeger-LeCoultre）、卡地亚（Cartier S.A.）、梵克雅宝（Van Cleef & Arpels）等。同法国一样，瑞士奢侈品行业产业集约化程度很高，形成了两大垄断集团，是世界奢侈品行业的领导者。

瑞士钟表属于典型的"旧世界奢侈品"，生产工艺复杂，并以手工制造为主，制造周期较长、品牌历史文化深厚，针对高富裕人群。在世界钟表制造业采用精密机械进行大批量的产品生产浪潮中，瑞士能够始终保持着世界钟表业的主导地位，并且不断地创新，引领世界钟表行业潮流，决定因素是更精密、更先进的机械及技术、更富于经验的设计师及掌握高难度技巧的熟练工人等优势。其形成原因主要有三方面：一是社会历史因素。在宗教改革时代，瑞士当权的是新教加尔文派，他们残酷嗜杀，其他教派遂逃亡山麓，但山区生存条件困难。于是，当时的工匠们立志用最少的材料做出最有价值的东西，这种东西的制造工序多，可增加就业，用今天的话说，就是附加值率很高，由于钢铁用得少，运输也容易，中欧尤其是瑞士的精密工艺传统也因此而确立。二是政策因素。政治上的中立政策使其免受战乱之苦，在稳定的政治环境中，传统工艺的继承有着很好的连续性。三是生产力因素。"二战"后，瑞士经济迅速发展，很早就进入了创新导向型的产业阶段，不断地创新使钟表类精细经济发展更为蓬勃，这也是瑞士钟表长盛不衰的根本动力。

（5）世界其他主要奢侈品生产国

从产品风格、产品定位和生产方式等方面来讲，法国和美国是当今世界奢侈品行业最具代表性的两个国家。瑞士和意大利同样秉承着传统奢侈品生产理念，利用自身优势，特别精于某一类别或某些类别奢侈品的生产制造，在全球奢侈品行业中占有相当的地位。此外，还有一些国家虽然整体实力无法和以上四个国家相比，但是在世界奢侈品行业中也占有一席之地，如英国、德国、日本等。

英国是世界经济强国之一，思想文化影响波及全球。第一次工业革命的发生，奠定了英国坚实的机械工业基础，为英国奢侈品的生产制造提供了良好的条件。因此，英国现有奢侈品主要集中在与机械相关的汽车领域，产生了为数不少的奢侈品汽车品牌。其中代表性品牌有1919年的宾利（Bentley）、1904年的劳斯莱斯（Rolls Royce）、1922年的捷豹（Jaguar）。除此之外，英国还有像服装类的巴宝莉（Burberry）、登喜路（ALFRED DUNHILL），鞋类的罗赛布隆利（Russell& Bromley）这样的大牌。

目前，伦敦是仅次于巴黎和米兰的世界第三大奢侈品销售中心。但相比于法国和意大利等奢侈品大国的地位，英国在奢侈品行业上还缺乏自己鲜明的特色。英国奢侈品从业者认为，政府没有真正认识到奢侈品对于英国经济的重要作用，相对于法国、意大利，英国政府对奢侈品行业的重视程度不足。事实上，市场对英国特有的文化传承、精湛的工艺、可靠的质量有着巨大的需求，英国在奢侈品行业中还有巨大的发展空间。

德国的奢侈品行业和英国有些相似，在产品类别上，两国都是以机械制造类为主，主要奢侈品品牌也都集中在汽车行业。德国人严谨的态度、卓越的生产技术造就了一批耳熟能详的汽车类奢侈品品牌。从诞生时间来看，主要有1899年的保时捷（Porsche）、1921年的迈巴赫（Maybach），奥迪、宝马、奔驰的高档产品也可以列入奢侈品行列。德国的奢侈品分布较为广泛，其他工业产品也诞生了部分奢侈品品牌，如1731年的双立人（Zwilling）刀具，是世界上最为古老的品牌之一，1906年的万宝龙（Montblanc）文具，在世界钢笔行业是至尊无上的，1923年的波士（HUGO BOSS）男装，是目前世界上最为著名的西装生产和销售商。

日本在"二战"之后经济迅速发展，成为世界上名列前茅的工业国家。依靠先进的生产技术，制造出一些具有代表性的高端品牌，如1970年的三宅一生（Issey Miyake）、1970年的高田贤三（KENZO）、1989年的雷克萨斯（Lexus），这些产品虽然可以作为奢侈品，但是在世界范围内，排名是比较靠后的，竞争力较弱。日本工艺技术全面，在电子产品、手表、汽车领域仍有一些大众性名牌产品。比如，索尼（SONY）、勃朗尼卡（Bronica）、精工（SEIKO）等。日本的产品性能不逊于欧洲产品，但是历史文化传统和品牌内涵是限制这些产品成为世界一流品牌和顶级奢侈品的"瓶颈"。

除了以上国家之外，世界上仍有少数几个国家或地区依靠稀缺的资源或是在某个单一领域采用较为先进和擅长的制造技术、设计手法，生产出个别世界级的奢侈品。例如古巴的高斯巴（Cohiba）雪茄，对烟叶、烟皮的产地和制作方式有着极为严格的要求，苏格兰凭借独特的酿造技术和高标准生产出酒类奢侈品尊尼获加（Johnnie Walker）和芝华士（Chivas），另有匈牙利制造的珠迪丝·雷伯（Judith Leiber）眼镜，瑞典所产的绝对伏特加（Absolut Vodka）。这些产品都有极高的品质，品牌价值较高，深受消费者的追捧，成为世界同类奢侈品的典范。

2. 奢侈品的主要消费地域

全球奢侈品市场在经历了明显波动后，开始进入平稳增长时期。在全球宏观经济复苏乏力的大背景下，全球奢侈品市场的增长自2011年开始放缓，在2013年甚至出现负增长，随后在2014年和2015年两年开始呈现复苏迹象，并延续至今。2018年，奢侈品市场的表现依然令人瞩目，全球奢侈品市场销售额（包含奢侈品和奢侈体验）在汇率恒定的情况下增长5%，达到1.2万亿欧元。各个细分领域均呈正增长之势，其中个人奢侈品市场表现尤为突出，销售额增长6%，达到2600亿欧元，这表明个人奢侈品市场已经进入"新常态"时代。在良好的市场基础的推动下，未来个人奢侈品市场有望在2025年前继续保持3%～5%的年增速，届时市场规模将达到3200亿～3650亿欧元。然而，在社会政治、商业政策、潜在短期衰退等因素影响下，短期内，个人奢侈品市场增长可能会出现波动。

根据贝恩咨询统计，2017年全球奢侈品市场规模接近1.16万亿欧元，同比增长5%。分品类，占比最高的是奢侈汽车，市场规模4890亿欧元，占比42.2%；其次是个人奢侈品，市场规模2620亿欧元，占比22.6%；第三是奢侈酒店，市场规模1910亿欧元，占比16.5%；其余6类奢侈品市场规模较小，占比均小于10%（图1-5）。从增速来看，个人奢侈品、奢侈酒店、酒类、私人飞机&游艇增速超过市场整体增速，其中，私人飞机&游艇增长最快，增速达到14%，其余三类增速6%，略微超过市场整体增速。低于市场平均增速的品类中，汽车及艺术品增速4%，略小于市场平均水平，食品增速1%，定制家具则是唯一一个出现负增长的品类，增速为-2%。

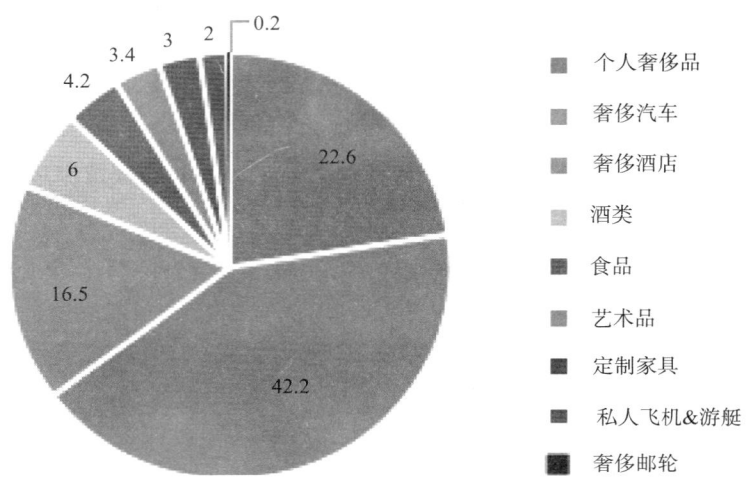

图1-5　2017年全球奢侈品市场分品类占比（%）

图片来源：观研天下整理

亚洲市场增长弹性大，复苏周期增速领先。从全球各地区来看，A.2007—2009年低迷：由于世界金融危机影响，全球奢侈品市场除了亚洲（不含日本）有快速增长（年均10%）外，其余全部地区均呈负增长；B.2009—2014年反弹：奢侈品全球市场有所复苏，但是亚洲地区增速仍远高于其他地区，年均增长15%；C.2014—2016年亚洲回落：受中国奢侈品消费增速下降影响，亚洲市场增速快速降至1%，为全球各地区中最低，且在随后2015年的反弹以及2016年的再次衰退中，均表现不佳（2015年增速仅超欧洲，2016年更是出现负增长-3%）；D.2017年亚洲反弹：但在2017年的全球奢侈品市场复苏中，亚洲再次增速领先，同比增长9%，远超其他地区。亚洲地区2017年的强势复苏主要归功于中国市场的快速复苏。按照固定汇率，2017年中国大陆市场增速达18%（当前汇率增速达15%），增速远超全球平均水平。从市场份额来看，中国人的奢侈品消费占比全球消费份额不断上升，从2000年的1%提升至2017年的

32%（较 2016 年增加 2 个百分点），成为最大消费者来源国；同期，日本从接近 1/4 的市场份额降至 2017 年的 10%，欧洲消费者占比也逐渐降至 18%。市占率方面，欧洲和美国仍是奢侈品消费的主要市场，2017 年各占比 33% 和 32%；中国大陆和日本均占比 8%，亚洲（除日本、中国大陆）占比 14%，其他国家和地区占比 5%。2017 年全年，中国本土奢侈品市场销售总额达到 1420 亿人民币，同比增长 20%，为 2011 年以来的最快增速。全球奢侈品市场的总销售额达到 2620 亿欧元（约合 2 万亿人民币），其中 32% 来自中国消费者，占比为所有国家和地区最高，美国（22%）和欧洲（18%）分别排在第二位和第三位（图 1-6）。

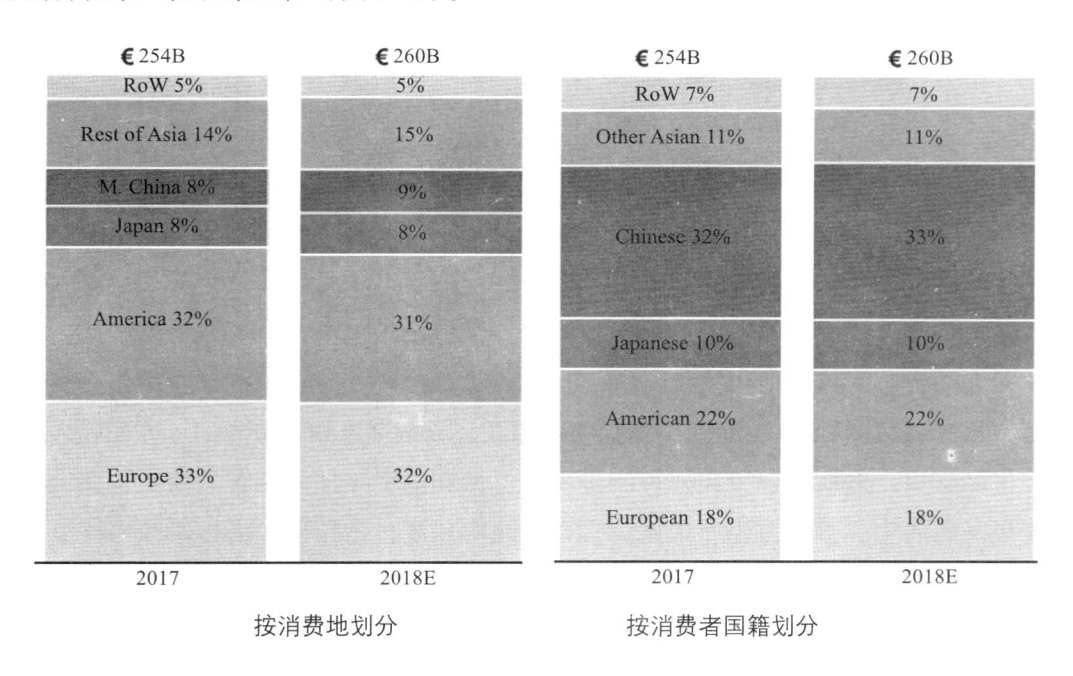

按消费地划分	2017 (€254B)	2018E (€260B)
RoW	5%	5%
Rest of Asia	14%	15%
M. China	8%	9%
Japan	8%	8%
America	32%	31%
Europe	33%	32%

按消费者国籍划分	2017 (€254B)	2018E (€260B)
RoW	7%	7%
Other Asian	11%	11%
Chinese	32%	33%
Japanese	10%	10%
American	22%	22%
European	18%	18%

图 1-6　全球奢侈品市场

图片来源：贝恩咨询《2018 全球奢侈品行业研究报告》

备注：RoW 为世界其他国家和地区

奢侈品的高价格性和象征性决定了奢侈品的消费群体为拥有较多财富、具备一定身份和地位的少数群体。在奴隶社会和封建社会时期，统治阶级拥有绝对权力，占有了大量珍稀物品。在人类进入现代文明社会之后，奢侈品开始更多地作为商品在各个国家和地区间流通。奢侈品消费群体的大小，消费额的多少，深受社会环境和经济环境的影响。人类社会在不断的进步中，产生了一些社会环境稳定、经济环境繁荣的地区，处于此环境中的人们会产生对奢侈品消费的强烈需求，这就形成了目前世界上主要的几个奢侈品消费国家和地区（图 1-7）。

奢侈品店铺分布与选址

图1-7 2018全球经济和奢侈品消费区域展望

图片来源：贝恩咨询《2018全球奢侈品行业研究报告》

（1）美国奢侈品市场消费

美国是当今世界头号经济强国，2017年人均GDP达到59501美元，而且美国位于北美大陆，与世界其他大国相隔绝，政治环境相对和平稳定。2017年奢侈品销售在美国增长5%，达到800亿欧元。积极的美国经济提振了当地消费者的可支配收入和整体奢侈品支出。然而，强势美元抑制了来自亚洲和拉丁美洲的游客的消费。在世界十大奢侈品商店中，美国占据5个席位，其中纽约2家，达拉斯、洛杉矶和佛罗里达州各1家。不得不说，正是由于美国强大的经济实力，中产阶层财富的积累，以及美国所产奢侈品的简约风格，才形成了美国日益高涨的奢侈品消费需求和庞大的奢侈品消费额。

美国的经济前景非常乐观。经济增长虽缓慢，但足以实现充分就业。通胀率和借贷成本均保持较低水平，资产价格在有限的波动幅度内稳步上涨，但仍存在潜在风险。尽管相较于其他国家，2017年增速较慢，但美国仍是全球最大的奢侈品市场，预计2018年仍将是全球最大的奢侈品市场，进一步巩固美国在全球奢侈品行业中的重要战略地位。由于拥有众多的本土及跨国奢侈品公司，美国奢侈品市场竞争激烈，格局多元。大型企业试图使产品组合更加多样化，以保持竞争优势。显然，由于精通数字化渠道的消费者日益增多，线上奢侈品销售额保持快速增长。

（2）欧洲奢侈品消费市场现状

欧洲是资本主义的发源地，是当今世界非常重要的经济体。西欧、中欧、北欧各国综合国力发达，人均GDP处于世界领先行列，社会保障制度完善，居民收入用于消费的比例较大。欧洲曾是世界最大的奢侈品消费市场,由于在两次世界大战中受创严重,消费环境和经济基础不足以支持奢侈品消费,之后被美国超越。随着战后恢复以及欧盟的成立和申根协定的签订,欧洲人的奢侈品消费热情重新被点燃,其中尤以欧洲四强最为突出。具体来讲,意大利和法国奢侈品行业历史悠久,个人奢侈品消费额较为稳定。英国人对奢侈品的感情最纠结,而且近年来英国经济相对低迷,居民奢侈品消费热情不高、能力不强。而一向以节俭、严谨著称的德国人,近两年消费观念发生明显变化,消费开始由俭入奢,奢侈品市场悄然兴起。

尽管各国的消费能力、市场潜力有所差异,但是整体来看,欧洲各国居民的奢侈品消费心理和消费行为趋于一致,进入了追求个人文化区别阶段。其消费的奢侈品不再只是豪车、服饰、名表类,对现在的欧洲消费者而言,一次有档次的合家旅行,一次高享受的服务都算是奢侈品。即使在传统的实物奢侈品消费上,欧洲人也有着强烈的设计师消费心理。因大多奢侈品原产地为欧洲本国,本国消费者更注重奢侈品品牌的设计师作品。根据世界奢侈品协会调查,在法国与意大利,75%以上的奢侈品消费者认为产品设计师的作品决定了奢侈品的价值,并不因为品牌本身的影响力而作为购买理由,大多注重商品设计内涵与自身生活方式和理念的结合。欧洲作为近代奢侈品的发源地,经历了百余年的发展,个人奢侈品消费心理、消费习惯已经步入稳定成熟期。

金融危机后欧元区首次出现信心提振,较前两年情况明显不同。欧元区经济增长的同时,萦绕数年的不确定因素也逐渐减少。人均国民生产总值增速已超过美国。德国、西班牙和荷兰的经济增速最快,法国经济不断回升,意大利初现经济向好态势。西欧地区仍是奢侈品市场中营收最多的市场之一。尽管欧洲大陆过去一年经历了全球奢侈品市场最大幅度的价格上涨,旅游业一直支撑着西班牙和法国的奢侈品市场。欧元坚挺以及外汇市场不稳定已使意大利和法国的奢侈品价格(美元计价7)增长13.5%。此外,由于全球金融危机后经济环境趋向乐观,德国本土的奢侈品需求出现增长。在瑞士,奢侈手表行业终于显现复苏信号:2017年全年出口增长,中国成为最大进口国。奢侈手表行业未来增长可期,因为千禧一代似乎更喜欢奢侈机械表,而非电子表。未来几年,预计东欧地区将成为奢侈品支出增长最快的市场。总体而言,得益于欧洲的乐观情绪,未来数月奢侈品市场将保持稳定增长。欧洲在2018年经历了温和的销售增长。但旅游支出的减速对整个欧洲市场产生了重大影响。追踪免税购物交易的Global Blue公司的数据显示,包括德国、英国、西班牙和意大利在内的大多数主要市场的免税支出都出现了大幅萎缩,原因是货币走强抑制了游客购物。法国仍然是一个亮点,免税交易增长了2%。

不确定情绪依旧笼罩着整个英国。由于英镑贬值,进口价格上涨,消费者不仅需要应对不断上升的通胀率，还要削减支出，因此经济增长十分乏力。英国消费者的购买力逐步下降，动荡不稳的政治和经济形势将使经济复苏更加困难。英国最多只能实现缓慢增长。由于脱欧的高度不确定性，英国奢侈品市场的整体情况仍不明朗。2019年，游客将成为驱动奢侈品市场繁荣发展的最重要因素之一。由于英镑疲软、汇率走低，大批游客将涌入英国采购。另一个有利英国奢侈品市场发展的趋势是国内奢侈品消费者正因为不利汇率而减少在海外购物，有助于刺激英国国内消费。而海外购物者希望在伦敦旅游期间买到便宜的商品，相较于中国，英国的奢侈品价格平均低22%，以微弱优势击败意大利（低21.6%）和法国（低21.4%）。根据目前的情况，英国将很快成为西方最实惠的奢侈品市场。

（3）日本奢侈品市场消费

日本在"二战"后经济迅速腾飞，国民财富快速增长。从20世纪末开始，日本的奢侈品市场进入了大繁荣时代，并在此后的二十年内大踏步前进，成为世界第一奢侈品消费大国，占世界市场份额长期保持在40%以上。近年来，日本经济的不景气，对奢侈品的销售造成了一定程度的影响。2010年，日本奢侈品消费额同高峰期相比下降了15%，占全球市场份额也从2005年惊人的47.5%下降到2011年的32%再到2018年的10%，日本人的奢侈品购买力也由世界第一下降到世界第三。

日本人对于奢侈品的追求几乎达到了痴迷的程度，无论男女，不分年龄，都对各类奢侈品情有独钟。从世界各大一线品牌在日本的店铺数量就可看出日本人对于奢侈品的极度追捧。日本共有252家LVMH集团专卖店、115家Coach店、50家蒂芙尼店和37家香奈儿店。对比数据看起来更加惊人：巴宝莉在日本有75家门店，在美国不过32家；爱马仕在日本有64家门店，在美国只有30家；普拉达在日本有35家门店，在美国只有15家。日本奢侈品消费基本上属于"炫耀性心理消费"，缘于日本人对"面子"特别看重，快速崛起的富裕人群特别钟情通过购买奢侈品来炫耀自己所取得的成就。日本奢侈品消费市场另一重要的特点是35岁以上的女性是消费主体，女装及其他女性用品是日本奢侈品消费的主体。

不过，在经济危机的影响下，日本居民以往的奢侈品消费习惯也在逐渐发生变化，国外诸多研究机构和奢侈品生产企业认为日本的奢侈品消费市场已经逐渐走向稳定和成熟。自2013年以来，日本政府出台了系列经济方案和货币政策，推动经济逐步复苏，失业率降低，出口强势增长，全球对日本出口商品的需求持续增长。日本明年的经济前景乐观。作为全球最大的奢侈品市场之一，日本奢侈品市场在历经长时间的全球及国内危机后，再次恢复稳定。未来数年，随着消费者信心回升和年青一代购买力的崛起，奢侈品消费有望实现增长。此外，入境游客购物对奢侈品市场销售额影响重大，预计2018

年游客数量将会增加，奢侈品市场消费也将得到提振。

（4）中国奢侈品市场消费

20世纪80年代开始，皮尔卡丹、梦特娇、金利来等高端品牌最早进入中国市场，点燃了当时极少数富裕人群的消费欲望。进入21世纪之后，中国富裕人群大量增加，消费能力大幅提高，对奢侈品消费的需求更为强烈。按照国外市场的经验，当一个国家的人均GDP达到1500美元时，奢侈品需求开始启动；当经济持续发展，人均GDP达到2500美元以后，奢侈品的消费将急剧上升。2008年中国人均GDP突破3000美元，2011年中国人均GDP已达5432美元，这段时间正是奢侈品消费和贸易发展的黄金时期。也就是在这一时期，世界各大顶级奢侈品品牌纷纷抢滩中国，争相占领中国这个潜力巨大的奢侈品消费市场。现在，几乎所有的世界一、二线品牌都在中国开设店铺。极大的消费需求和大量精美绝伦的奢侈品相结合，其结果是近十年中国奢侈品消费额跨越式地增长。

由于经济放缓、汇率波动，中国在2012—2016年奢侈品销售额增长为负。奢侈品市场在连续5年表现平庸和下滑后，在2017年取得惊人的整体增长。中国是奢侈品消费增长最快的国家之一，2018年这一趋势将继续保持。中国奢侈品消费者在全球奢侈品市场中占据较大份额，此外，随着热衷时尚的富裕中产阶级迅速崛起，将大大促进奢侈品消费。由于年轻的千禧一代等的购买力不断提高，中国人均消费额已跻身世界领先行列。由于消费者可在实体店现场查验产品，并享受品牌独有的客户体验，门店零售仍是消费者偏爱的购物渠道。然而，因为奢侈品顾客群体普遍年轻，去年奢侈品在线销售额实现了前所未有的快速增长。欧洲是中国消费者境外购买奢侈品的主要地域，其次是美国，而香港和澳门地区则是内地购买奢侈品的主要场地。事实上，作为香港的主要奢侈品消费群体，2017年内地游客在港奢侈品消费增长，为香港全年个人奢侈品市场创造了积极稳定的业绩。根据最新趋势，香港奢侈品消费者正热衷于寻找小众奢侈品牌，以形成独特的个人风格。从地域来看，中国现今已是世界最大奢侈品消费市场。中国的奢侈品消费市场由于受到本国文化的影响，具有非常明显的地域特点。

首先，在奢侈品消费心理层面，中国现在的奢侈品消费绝大多数属于"炫耀性"消费，这和日本人早期的消费心理是相同的，对奢侈品消费保持着狂热的态度。从奢侈品消费成长的三个主要阶段，即追求财富地位阶段、追求地位区别阶段、追求文化区别阶段来看，中国现在仍处于第一消费阶段。处在这个阶段内的消费者，购买奢侈品注重的是品牌价值，不太注重商品价值和品牌文化，大多消费者购买奢侈品是为了让他人看到自己的价值，相互以奢侈品来攀比和证明自己的财富能力和社会地位。根据世界奢侈品协会调查，70%的中国奢侈品消费者认为奢侈品是用来社交的重要符号、有攀比价值的必要性，而购买奢侈品完全出于自我、侧重品牌文化和设计师理念的消费者仅占少数。目前，中国消费者最热衷购买的奢侈品种类包括豪车、包袋、服装、名表等，而且奢侈品的品牌标志必须足够明显，这样可以最直观地将自己的财富能力传达给他人，达到"炫耀"目的。

其次，在消费的地域分布上，境外（包括港、澳、台）奢侈品消费数额巨大，中国是世界上在本土之外奢侈品消费数额最大的国家，其中尤以欧洲地区为主。欧美是知名奢侈品的原产地，款式更多，选择余地更大，而事实也确实如此。但是，中国游客在境外奢侈品消费类别上具有很强的主观选择性。他们乐于购买实物奢侈品，并不太注重个人体验与服务类的非实物奢侈品，更在意通过有形的物质向他人传达自己的财富，获得心理上的满足感。从消费金额占比来看，过去5年间，中国奢侈品消费主要发生地为境外，而境内消费仅占总消费额的25%左右。从消费增速表现来看，境外消费的增长在2015年之前均高于境内奢侈品消费增速，但这一趋势在2016年发生了逆转，境内消费占比也因此出现上升。这一转变主要受全球奢侈品调价、人民币贬值和税收政策引导等因素所驱动，导致境内奢侈品消费受到替代性消费拉动并发生明显回暖。财富品质研究院的奢侈品价差数据显示，对比2011年价差，2017年中国奢侈品价差已经出现明显下降。而从政策层面来看，政府出台的相关政策也刺激了境内奢侈品消费的增长，以进口关税为例，2015年和2016年政府多次出台政策降低了服装鞋帽、化妆品、日用品等品类的进口关税，在一定程度上对奢侈品的消费起到了促进作用。

最后，在奢侈品消费群体年龄阶段的分布上，中国低于国际平均年龄。国际上，奢侈品主要消费群体一般为30～40岁，而中国奢侈品消费群体从20多岁的年轻人横跨至50岁左右的中年人，但主力是20～30岁的年轻人，这一阶段的中国消费者是日本的11倍。中国市场的奢侈品消费者正呈现出越来越年轻化的趋势，据世界奢侈品协会数据，中国奢侈品消费者的平均年龄已经从35岁下滑到25岁，这一变化必然会影响奢侈品市场参与者的策略。预期未来，奢侈品消费客群的年轻化趋势将进一步深入。EUROMONITOR数据显示，2015年千禧一代和Z世代（95后、00后）消费者拥有全社会34%总收入，而这一比例预期在2025年将增加到50%。这意味着，新一代年轻消费者在未来将拥有一半社会总财富，收入效应下以千禧一代和Z世代为代表的新一代奢侈品消费者将在未来十年成为奢侈品市场的主力消费人群。

造成以上现象的原因主要有两个。一是中国目前处于快速发展的阶段，有大批年轻人取得了成功，积累了不少财富，抑或是依靠家庭的经济基础，有实力购买消费奢侈品，通过此举来彰显自己的财富和均值为2000～8000欧元（主要以名牌时装、法国化妆品、香水、皮具为主），部分顶级人均消费平均值为1万～5万欧元（主要以瑞士钟表、法国皮具、珠宝为主）。究其原因是绝大多数国人认为境外的奢侈品成功；另一原因就是那些还不具备消费奢侈品能力的年轻人同样有着奢侈品消费的欲望，用尽绝大部分积蓄来换取一件奢侈品，但这并不是理性的消费行为。此外，中国女性在奢侈品支出方面所占比例较大，经济独立的女性改变了原先男性为主导的消费基础格局，具有一定财力的都市女性对奢侈品非常迷恋，十分愿意通过购买奢侈品来满足自己、提升个人魅力。

（5）其他主要奢侈品消费地区

经济全球化的到来，加深了世界各国间的交往，加速了先进生产技术的扩散。在此基础上，一些国家利用人力资源或自然优势在经济上取得了较快的发展，国民收入增加，消费需求上升，成为新的奢侈品消费地区。比较有代表性的国家和地区有中东、俄罗斯、巴西、印度等。这些国家和地区消费群体的消费心理与消费习惯同中国较为相似，都处在追求财富地位的炫耀性阶段。虽然现阶段的个人奢侈品消费额和市场规模相对有限，但是，未来有着广阔的发展空间。

① 俄罗斯。俄罗斯经济似乎将走上复苏之路，增势平缓但参差不齐，远未实现强劲增长，但足以维持宏观经济稳定。虽然该国奢侈品市场已连续两年表现欠佳，但由于国内需求增长、游客销售额增加，现已呈现复苏态势。2018年，"免税"计划将进一步推动奢侈品市场增长。由于价格具有竞争力，产品范围广，百货商店成为奢侈品的主要零售渠道。国际品牌与进口商品在俄罗斯奢侈品市场占据主导地位，因此该市场严重依赖汇率。如果2018年经济形势稳定，随着中产阶级消费者的购买力提高，奢侈品市场将继续保持增长。

② 印度。在经历了一年的动荡和增长放缓后，印度经济正着力巩固近期改革成果，2018年年内有望恢复稳定，并在未来保持积极发展态势。印度的奢侈品行业仍处于早期发展阶段，增长缓慢但却稳定，同时为投资公司提供了很多机遇。尽管面临寻求政府支持等多重挑战，预计明年奢侈品需求依然强劲。另一问题在于奢侈品进口关税高企，这将使印度奢侈品价格难以与其他国家持平。此外，货币废止通用政策以及商品与服务税的推出，也会阻碍奢侈品市场的发展。然而，该国乐观的经济前景为奢侈品消费创造了充分条件，拥有更高可支配收入的城市消费者对奢侈品的热情高涨。

③ 中东。2017年，由于经济失稳日益严重，中东地区经济增长疲软，但2018年经济增幅有望从2017年的1.8%增至3%（根据世界银行报告）。地缘政治紧张局势、冲突以及油价下滑是威胁地区稳定的主要因素。由于财政限制放宽，以及整个地区的改革预期，油价将保持坚挺，进而助推经济增长。对于不依赖石油出口的中东国家来说，旅游业也是拉动经济增长的强力引擎。

不同于其他国家，该地区奢侈品市场的发展与油价紧密相关，只要油价保持稳定，奢侈品市场就有增长空间。2017年，迪拜仍是中东消费者以及中国和欧洲游客购买奢侈品的首选目的地。迪拜是全球最佳的奢侈品购物城市之一，同时是该地区重要消费中心，会集了来自世界各地的高端购物者。中东地区奢侈品行业增长面临的一大挑战是，留住那些可能去其他奢侈品市场（以欧洲城市为主）的购物者。中东是全世界年轻人口最多的地区之一，中东地区的千禧一代更加富裕，购物意愿也更加强烈。通过获得阿拉伯新一代奢侈品受众的青睐，企业可借机打造品牌忠诚度、刺激奢侈品消费，并助力市场增长。

2017年，阿联酋奢侈品市场增长相对缓慢，与该地区整体经济放缓趋势一致。由于租金及教育费用上涨，以及从2018年1月开始征收增值税，导致奢侈品需求下降，阿联酋奢侈品市场形势严峻。租金及教育费用高企，就业市场不稳定，是消费者节约开销、降低购物频率的主要原因。阿联酋是最受奢侈品品牌青睐的中东国家之一，进军该地区市场的公司均将其视为战略重点。因此，企业之间的竞争非常激烈，而线上购物的崛起使竞争更加白热化。虽然2017年业绩平平，但随着奢侈品市场逐渐成熟并适应全球趋势，未来前景将非常可观。

④ 拉丁美洲。尽管各国经济复苏仍旧脆弱且不均衡，2018年该地区奢侈品市场实现了可观增长。2017年，政治不确定因素、自然灾害、国内财政状况恶化以及美国保护主义思潮等因素使经济难以保持稳定。私人消费已成为该地区经济的重要推动因素，但投资缩水已使该地区经济连续四年遭受影响。未来几年，希望在私人消费与投资领域实现增长，尤其是商品出口经济，进而推动经济增长。墨西哥经济增长有望提速，而长期深陷萧条的巴西，继2017年的平缓发展态势之后，2018年以来缓慢增长。

● 巴西

2016年巴西奢侈品市场遭遇多重挑战，2017年市场增幅也未达到众多公司与零售商的预期。由于政治和经济危机，巴西消费者采取保守态度，普遍倾向于减少购买奢侈品与贵重物品。奢侈品销售额连续第二年下滑，其中受经济放缓影响最大的是入门级奢侈品。预计2018年奢侈品销售将迎来更加乐观的经济前景。

● 墨西哥

墨西哥是拉丁美洲最吸引奢侈品品牌的市场。尽管经济面临诸多挑战，但由于国内百万富翁不断增加，中等收入群体日益富足，未来几年奢侈品消费有望增长。此外，墨西哥人普遍偏爱名牌产品，促使众多奢侈品品牌赴该国投资。最有效的零售渠道是旗舰店和大型多品牌购物中心，因为消费者能够在这些场所购买汽车、服饰及珠宝等各种奢侈物品。

● 阿根廷

受益于2016年一系列经济改革措施，阿根廷奢侈品市场逐步复苏，早前经济危机时撤离该国的诸多品牌已逐渐回归。由于奢侈品严重供不应求，阿根廷市场对奢侈品品牌来说极具吸引力。很多高收入的阿根廷人更愿意去邻近的智利和巴西购买奢侈品，因为这些国家的产品种类更为丰富。对打算入驻阿根廷市场的奢侈品品牌而言，找到合适的店面是最大的难点。总的来说，预计2018年市场形势乐观：由于供应增加，预计奢侈品销售额将在今年实现增长。

3. 奢侈品生产消费的地域分布特征

（1）生产领域的地域分布特征

总的来看，目前世界奢侈品的生产主要集中在法国、美国、瑞士、意大利、英国、德国等发达国家。这些国家利用稀缺的自然资源、发达的生产力、精湛的制作工艺、独特的设计理念在奢侈品生产方面领先于其他国家，处于世界奢侈品生产的主导地位。从产品风格、制作工艺、品牌文化这一角度来看，形成了以法国、瑞士、意大利为代表的欧洲"旧世界奢侈品"和以美国为代表的"新世界奢侈品"并存的格局（部分欧洲国家也生产少量的"新世界奢侈品"）。这些国家的产品涵盖了各个等级、绝大多数门类的奢侈品，代表着当今世界奢侈品设计、制造以及营销的顶级水准。

综合各奢侈品生产国在行业中的地位、拥有的品牌数量和等级、产业规模等方面因素，可以将当今世界主要奢侈品生产国划分为"核心—外围—边缘"三个等级（图1-8）。其中，法国、美国、瑞士和意大利四国处于核心地位，英国和德国次之，日本、匈牙利、中国以及古巴等国则处于边缘地位。

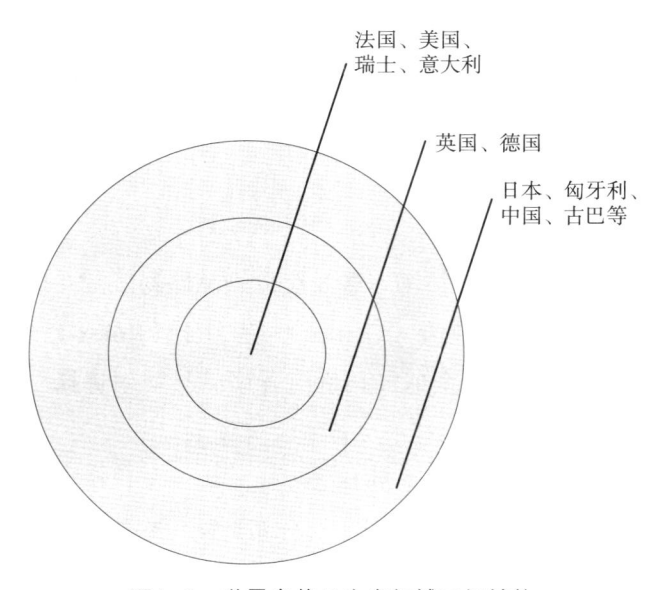

图1-8 世界奢侈品生产领域三级结构

（2）消费领域的地域分布特征

通过以上分析，可以看出当今奢侈品消费主要分布在美国、中国、日本、欧洲、韩国、俄罗斯、印度、巴西、中东等经济实力强大的国家和部分新兴经济体。这些国家和地区人均收入较高、政治环境稳定，对奢侈品消费有着极大的需求和热情。中国、日本及新兴经济体，是服装、珠宝、名表、包袋和汽车等传统奢侈品的主要消费地，而欧美地区除了消费一定数量的传统奢侈品外，还是品质旅行、高档音乐会、尊贵服务等能够带来更高心理享受的新生奢侈品消费地。

按照各主要奢侈品消费国的个人奢侈品消费额、市场规模和潜力、购买力等因素，将当今世界主要奢侈品消费国划分为"核心—外围—边缘"三个等级（图1-9）。其中，美国、中国、日本和欧洲处于核心地位，韩国、俄罗斯、印度、巴西和中东则属于外围消费国，其他国家和地区属于边缘奢侈品消费国。核心消费国整体呈现出稳中有升的趋势，外围消费国未来潜力巨大。

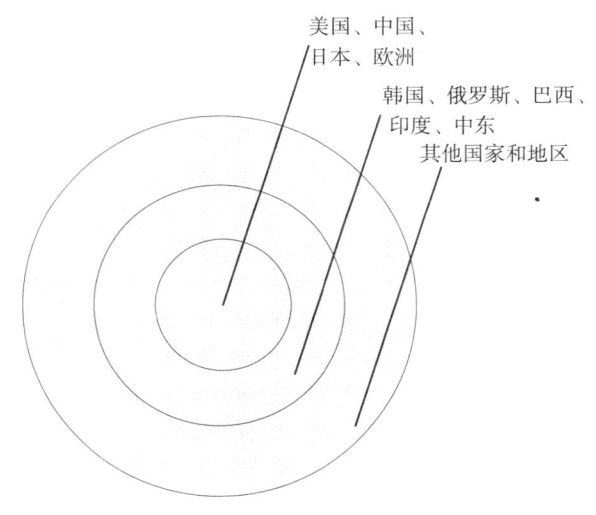

图1-9 世界奢侈品消费领域三级图

二、学习活动

全班同学分小组开展合作学习活动，各小组分别从路易威登（Louis Vuitton）、古驰（Gucci）、爱马仕（Hermès）、卡地亚（Cartier）、劳力士（Rolex）、迪奥（Dior）、香奈儿（Chanel）、普拉达（Prada）等全球最具价值奢侈品品牌中选择一个品牌进行研究讨论，完成以下学习任务：

①完成所选择品牌基本情况介绍（表1-2）。

②在世界地图上描绘出该品牌的生产消费分布地图（图1-10）（生产发源地用黑色描绘，消费地用红色描绘）。

表 1-2 ＿＿＿＿＿＿品牌简介

品牌名称		创办时间		创办人	
所属国家		总部（城市）		现任CEO	
品牌价值 （亿美元）		销售额 （亿美元）		官网地址	
产品线 及经典产品					

三、要点归纳

1. 奢侈品具有身份和地位的象征、显而易见的"好"、个性化、专一性、距离感、先进技术的集合、悠久的历史和文化、符号标记、购买群体的固定、地域性、前瞻性和超凡细腻的手工等特点。

2. 奢侈品行业具有需求的颠覆性、产品的颠覆性、价格的颠覆性、终端的颠覆性和宣传的颠覆性等特征。

3. 奢侈品生产消费地域的分布特征：目前奢侈品的生产主要集中在法国、美国、瑞士、意大利、英国、德国等世界发达国家；奢侈品消费主要分布在美国、中国、日本、欧洲、韩国、俄罗斯、印度、巴西、中东等经济实力强大的国家和部分新兴经济体。

四、心得体会

_____
_____
_____
_____
_____
_____
_____

任务2 实地走访奢侈品店铺

一、知识准备

（一）奢侈品店铺选址策略

1. 零售业态分类

零售业态是指为满足特定的目标客户需求，对全部零售要素进行组合而形成的不同经营形态。2004年10月1日，我国开始实施重新修订的《零售业态分类》国家标准。新标准按照零售店铺的结构特点，根据其经营方式、商品结构、服务功能，以及选址、商圈、规模、店堂设施、目标顾客和有无固定营业场所等因素将零售业分为食杂店、便利店、折扣店、超市、仓储式会员店、百货店、专业店、专卖店、家居建材、购物中心、工厂直销中心等有店铺零售业态（表1-3），以及电视购物、邮购、网上商店、自动售货亭、电话购物等无店铺零售业态（表1-4），并规定了相应的条件。❶

表1-3 有店铺零售业态的分类和基本特点

序号	业态	基本特点						
		选址	商圈与目标顾客	规模	商品（经营）结构	商品售卖方式	服务功能	管理信息系统
1	食杂店 traditional grocery store	位于居民区内或传统商业区内	辐射半径0.3km，目标顾客以相对固定的居民为主	营业面积一般在100m²以内	以香烟、饮料、酒、休闲食品为主	柜台式和自选式相结合	营业时间12小时以上	初级或不设立

---

❶ 资料来源：商务部关于贯彻实施《零售业态分类》国家标准的通知，http://www.mofcom.gov.cn/aarticle/b/d/200408/20040800269666.html。

续表

序号	业态	基本特点						
^	^	选址	商圈与目标顾客	规模	商品（经营）结构	商品售卖方式	服务功能	管理信息系统
2	便利店 convenience store	商业中心区，交通要道以及车站、医院、学校、娱乐场所、办公楼、加油站等公共活动区	商圈范围小，顾客步行5min以内到达。目标顾客主要为单身者、年轻人。顾客多为有目的购买	营业面积100m²左右，利用率高	即食食品、日用小百货为主，有即时消费性、小容量、应急性等特点，商品在3000种左右，售价高于市场平均水平	以开架自选为主，在收银处统一结算	营业时间16小时以上，提供即时性食品的辅助设施，开设多项服务项目	程度较高
3	折扣店 discount store	居民区、交通要道等租金相对便宜的地区	辐射半径2km左右，目标顾客主要为商圈内的居民	营业面积300m²至500m²	商品平均价格低于市场平均水平，自有品牌占有较大的比例	开架自选，统一结算	用工精简，为顾客提供有限的服务	一般
4	超市 supermarket	市、区商业中心、居住区	辐射半径2km左右，目标顾客以居民为主	营业面积6000m²以下	经营包装食品、生鲜食品和日用品。食品超市与综合超市商品结构不同	自选销售，出入口分设，在收银台统一结算	营业时间12小时以上	程度较高
5	大型超市 hypermarket	市、区商业中心、城郊接合部、交通要道及大型居住区	辐射半径2km以上，目标顾客以居民、流动顾客为主	实际营业面积6000m²以上	大众化衣、食、日用品齐全，一次性购齐，注重自有品牌开发	自选销售，出入口分设，在收银台统一结算	设不低于营业面积40%的停车场	程度较高
6	仓储式会员店 warehouse club	城乡接合部的交通要道	辐射半径5km以上，目标顾客以中小零售店、餐饮店、集团购买和流动顾客为主	营业面积6000m²以上	以大众化衣、食、用品为主，自有品牌占相当部分，商品在4000种左右，实行低价、批量销售	自选销售，出入口分设，在收银台统一结算	设相当于营业面积的停车场	程度较高并对顾客实行会员制管理

/35

续表

序号	业态	基本特点						
		选址	商圈与目标顾客	规模	商品（经营）结构	商品售卖方式	服务功能	管理信息系统
7	百货店 department store	市、区级商业中心、历史形成的商业集聚地	目标顾客以追求时尚和品位的流动顾客为主	营业面积6000m²至2万m²	综合性，门类齐全，以服饰、鞋类、箱包、化妆品、家庭用品、家用电器为主	采取柜台销售和开架面售相结合方式	注重服务，设餐饮、娱乐等服务项目与设施	程度较高
8	专业店 speciality store	市、区级商业中心以及百货店、购物中心内	目标顾客以有目的选购某类商品的流动顾客为主	根据商品特点而定	以销售某类商品为主，体现专业性、深度性，品种丰富，选择余地大	采取柜台销售或开架面售方式	从业人员具有丰富的专业知识	程度较高
9	专卖店 exclusive shop	市、区级商业中心、专业街以及百货店、购物中心内	目标顾客以中高档消费者和追求时尚的年轻人为主	根据商品特点而定	以销售某一类品牌系列商品为主，销售量少、质优、高毛利	采取柜台销售或开架面售方式，商店陈列、照明、包装、广告讲究	注重品牌声誉，从业人员具有丰富的专业知识，提供专业性服务	一般
10	家居建材 home center	城乡接合部，交通要道或消费者自有房产比较高的地区	目标顾客以拥有自有房产为主的顾客	营业面积6000m²以上	商品以改善、建设家庭居住环境有关的装饰、装修等用品、日用杂品、技术及服务为主	采取开架自选方式	提供一站式购足和一条龙服务，停车位300个以上	较高
11	购物中心 shopping center/shopping mall 社区购物中心 community shopping center	市、区级商业中心	商圈半径为5~10km	建筑面积5万m²以内	20~40个租赁店，包括大型综合超市、专业店、专卖店、饮食服务及其他店	各个租赁店独立开展经营活动	停车位300~500个	各个租赁店使用自己的信息系统

续表

序号	业态	基本特点						
		选址	商圈与目标顾客	规模	商品（经营）结构	商品售卖方式	服务功能	管理信息系统
11	购物中心 shopping center/shopping mall	市区购物中心 regional shopping center	市级商业中心	商圈半径为10~20km	建筑面积10万m²以内	40~100个租赁店，包括百货店、大型综合超市、各种专业店、专卖店、饮食店、杂品店以及娱乐服务设施	各个租赁店独立开展经营活动	停车位500个以上	各个租赁店使用自己的信息系统
		城郊购物中心 factory outlets center	城郊接合部的交通要道	商圈半径为30~50km	建筑面积10万m²以上	200个租赁店以上，包括百货店、大型综合超市、各种专业店、专卖店、饮食店、杂品店及娱乐服务设施	各个租赁店独立开展经营活动	停车位1000个以上	各个租赁店使用自己的信息系统
12	工厂直销中心 factory outlets center	一般远离市区	目标顾客多为重视品牌的有目的的购买	单个建筑面积100~200m²	为品牌商品生产商直接设立，商品均为本企业的品牌	采用自选式售货方式	多家店共有500个以上停车位	各个租赁店使用自己的信息系统

表1-4 无店铺零售业态的分类和基本特点

序号	业态	基本特点			
		目标客户	商品（经营）结构	商品售卖方式	服务功能
1	电视购物 television shopping	以电视观众为主	商品具有某种特点，与市场上同类商品相比，同质性不强	以电视作为向消费者进行商品宣传展示的渠道	送货到指定地点或自提
2	邮购 mail order	以地理上相隔较远的消费者为主	商品包装具有规则性，适宜储存和运输	以邮寄商品目录为主向消费者进行商品宣传展示的渠道，并取得订单	送货到指定地点
3	网上商店 shop on network	有上网能力，追求快捷性的消费者	与市场上同类商品相比，同质性强	通过互联网进行买卖活动	送货到指定地点

续表

序号	业态	基本特点			
		目标客户	商品（经营）结构	商品售卖方式	服务功能
4	自动售货亭 vending machine	以流动顾客为主	以香烟和碳酸饮料为主，商品在30种以内	由自动售货机器完成售卖活动	没有服务
5	直销 direct selling	根据不同的产品特点，目标顾客不同	商品单一，以某种商品为主	采用销售人员直接与消费者接触，进行推介，以达到销售其产品或服务的目的	送货到指定地点或自提
6	电话购物 tele-shopping	根据不同的产品特点，目标顾客不同	商品单一，以某类品种为主	主要通过电话完成销售或购买活动	送货到指定地点或自提

根据《零售业态分类》标准，从销售的商品结构来讲，奢侈品企业零售终端应当属于专卖店；从选址特点、门店的建筑面积以及经营的商品结构的角度来讲，奢侈品企业零售终端可归入百货店、购物中心和工厂直销店。现今，奢侈品企业也纷纷建立网上商店进行销售。

2. 奢侈品分类

奢侈品可以存在任何产品类别中，只要有必备品存在的领域，就可以有奢侈品的生存空间。人们享受奢侈品的同时也在追求高品质的生活，从更高层次来看，奢侈品实际上就是一种生活方式。

国际上按产品类型，把奢侈品分为十二类：时装和皮具；游艇；汽车和摩托车；珠宝和腕表；钢笔；香水和化妆品；葡萄酒；家居和家纺；厨具、餐具；物件设计；豪华酒店；手机和电脑。清科研究中心按消费用途，把奢侈品主要分为五大类：衣、食、住、行、娱（图1-10）。

（1）高级成衣

包括具有独特性和选择性的男女士高级成衣，如Prada、Burberry，它们都具有选择性，同时也包含传统的品牌，如DAKS、Céline等，另外，还有在分销和产品开发具有选择性的Hugo等。

（2）珠宝和手表

一则珠宝和手表本身的材质炫美异常、夺人眼球，这种质朴的自然美给人带来视觉上的极大享受；二则此类饰品往往由能工巧匠呕心沥血、妙手而成，这种创造过程中凝聚的艺术美能带给人们更高层次的审美满足。它们通常有自己的专卖店，或者使用很少的选择性分销商。

（3）香水和化妆品

随着时代的发展和科技的进步，化妆品承载了很多时代意义，它不仅反映了人们对美的追求，更体现了人们对健康的追求。而当代的高档化妆品又融入了绿色和生物概念，使其功能不再是单一的美容，更具有养颜的作用，呵护肌肤的健康。

（4）高档酒

在漫长的人类文明史中，酒逐渐渗透进人类的文化，然后又逐渐发展出属于酒自身的文化。例如，葡萄酒代表法兰西的浪漫，伏特加代表俄罗斯的刚烈，中国的白酒则体现了中华五千年历史。在当代，由于在生产过程中融入了更科学的混合技术，并且在消费时有了更多的选择性，于是酒类也被归入奢侈品范围。

（5）豪华汽车

豪华汽车的美不仅体现在车身的颜色、曲线，还体现在车体内外的装饰符合现代工艺美学的科学设计。通过对品牌的知晓度、成熟性和产品的精巧性的评价，就可以决定归入奢侈品范围的品牌汽车。

（6）豪华酒店服务

当下的豪华酒店因为其名贵豪华的设施、舒适优雅的环境、特色周到的服务打造出一种顶级的居住氛围，在这种豪华的酒店里，顾客不仅能享受到尊贵的物质生活，更有体贴的管家式服务，使顾客在身心方面都能得到极大的满足。

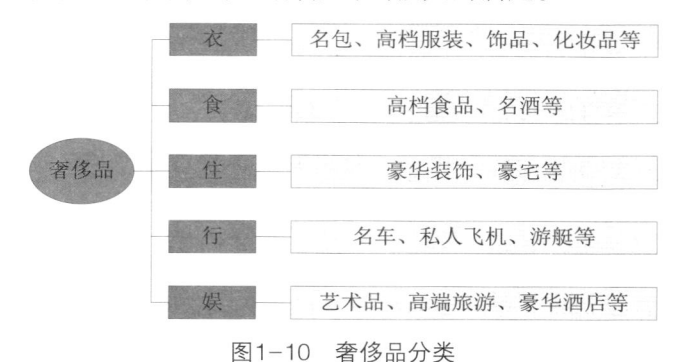

图1-10 奢侈品分类

参考世界奢侈品协会对于奢侈品行业的划分，整理了目前国际上的主要奢侈品品牌（表1-5）。

表1-5 世界顶级奢侈品品牌汇总

分类	品牌名称
顶级香水化妆品品牌	香奈儿Chanel、雅诗兰黛Estee Lauder、兰蔻Lancome、娇兰Guerlain
顶级珠宝品牌	卡地亚Cartier、宝格丽BVLGARI、梵克雅宝Van Cleef&Arpels、宝诗龙Boucheron、蒂芙尼Tiffany&Co.

续表

分类	品牌名称
顶级钟表品牌	劳力士Rolex、百达翡丽Patek Philippe、江诗丹顿Vacheron Constantin、欧米茄Omega、泰格豪雅TAG Heuer、芝柏Girard Perregaux
顶级皮具品牌	路易威登Louis Vuitton、爱马仕Hermès、迪奥Dior、普拉达Prada、古驰Cucci、芬迪Fendi
顶级服装品牌	乔治·阿玛尼Giorgio Armani、巴宝莉Burberry、巴黎世家Balenciaga、杰尼亚Ermenegildo Zegna、范思哲Versace、唐纳卡兰Donna Karan、纪梵希Givenchy、胡戈波士Hugo Boss、菲拉格慕Ferragamo
顶级汽车品牌	法拉利Ferrari、阿斯顿·马丁Aston Martin、劳斯莱斯Rolls Royce、玛莎拉蒂Maserati、兰博基尼Lamborghini、宾利Bentley、迈巴赫Maybach、保时捷Porsche、布加迪Bugatti
私人飞机	雷神Raytheon、庞巴迪Bombardier、湾流Gulfstream、达索Dassault、贝尔Bell
豪华游艇	阿兹慕Azimut、法拉帝Ferretti、丽娃Riva Yachts、公主Princess Yachts、博纳多Beneteau
顶级奢侈名酒	拉菲Lafite、拿破仑Courvoisier、绝对伏特加Absolut Vodka、马爹利Martell、人头马Rémy Martin、轩尼诗Hennessy
高档房酒店及度假村	迪拜伯瓷酒店Burj Al-Arab、柏悦酒店Park Hyatt、威斯汀精益酒店Westin Hotel、四季酒店Four Seasons、首长国宫殿酒店Emirates Palace

3. 奢侈品店铺选址

奢侈品不能改变其高度依赖零售的本质，选址是重要的问题之一。国际经营大师们认为，零售业成功的关键是"Place-Place-Place"，即选址—选址—选址，这说明了零售业选址的重要性。零售店铺的正确选址，不仅是零售业成功的先决条件，也是实现零售企业经营规模化、标准化、网络化、专业化的前提条件和基础，是在当今购物中心、百货店、大型综合超市和一般超市、折扣商店、仓储式商场、便利店、专业量贩店等多种业态并存发展、互为竞争的局面下赢得竞争优势的必要条件。奢侈品由于其特殊性，其经营成果不像普通商品的零售极大地依赖其店址选择的正确与否，但奢侈品品牌与一般品牌的店铺选址基本思路和方法具有共同点。

根据地区、商圈、具体位置的决策顺序，把选址过程分为三个基本环节：第一，选择适合开店的城市；第二，城市测评工作完成后，需要在此基础上进行商圈分析；第三，确定了目标商圈后，就可以拟定备选店址，进行具体位置分析。选址还包括两类问题：一是根据商品类别和特性，选择适合的零售业态和终端形式。二是选择一个单一的门店位置还是在现有的门店网络中布新点。单一店铺选址是指选择一个独立的新的门店地点，其运营不受现有门店网络的影响。门店网络中的新点选择包括两种情况：各个门店相互独立、各个门店相互作用。

奢侈品具有独特的属性，一旦有悖于奢侈品定位，降低了奢侈品品牌进入市场的门槛，对奢侈品的打击将是毁灭性而无法弥补的。奢侈品品牌对店铺的选址往往代表着品牌的一种态度和实力，一个理想的购物空间对于每个奢侈品品牌的文化构建和传播意义是至关重要的。奢侈品品牌对选址极为挑剔，从进驻的城市、商圈和具体位置都有严格的标准。准确选址——从选定目标城市到决定具体的店铺位置——是一件非常困难的事情。一些奢侈品店大获成功，而另一些则门庭冷落，不得不悄然关闭后另行选址。正确选择门店形式，这是另一个重要决策，经验表明，在中国的大城市里，购物商场中独立门面的奢侈品商品比其他零售业态（如精品店或百货公司专卖店）吸引的客流量多3～5倍！

（二）奢侈品店铺的常见形式

1. 奢侈品品牌的销售模式

奢侈品品牌一般会选择直营销售方式和间接分销方式相结合的方式在世界范围内销售。这种销售模式，既能够保证奢侈品企业在世界范围内有完善的销售体系覆盖，同时能有效地控制销售成本。当然，虽然奢侈品企业会力求销售网络的全面覆盖，但是企业会着重把握销售点的整体素质，宁缺毋滥。

（1）品牌直营销售

这种销售方式是由奢侈品品牌直接面向顾客进行销售，奢侈品企业直接建立旗舰店、专卖店等，其优势在于，减少了中间环节，使流通环节产生的费用大大降低；对于产品和服务的管理高度、有效的统一，更加有利于品牌建设和品牌形象发展；更加专业准确地向顾客传递产品的特征和性能，使顾客对产品有更为全面准确的理解。对于大多数奢侈品品牌，直营式销售是其主要销售模式。

截至2019年6月，奢侈品品牌"路易威登"在我国大陆地区25个城市设有36家专卖店。[1] 每一家店都是"路易威登"一直以来坚持的销售模式——直营销售。一方面，"路易威登"可以保证其在销售终端销售产品的真实性和协调性，有利于品牌的统一销售和管理；另一方面，LV店铺的艺术化风格环境和销售人员的专业服务在一定程度上，为"路易威登"的品牌文化和价值起到了有效的传播作用。

直营销售模式也存在一定的不足：奢侈品企业虽然减少了流通环节的成本，相应地也增加了销售环节的成本，而奢侈品品牌的直营店在店铺选址和装修风格、人员聘请等方面都有严苛的要求，因此，建立直营店的投入也十分庞大。奢侈品品牌在建立直营店时，会追求少而精，一般会首选一线城市，但是随着二线、三线城市的快速发展，奢侈品品牌要想全面有效地建立销售网络就不得不选择间接的分销模式。

---

[1] 根据路易威登中国官网统计。

（2）特许经营分销模式

奢侈品企业会针对一些二、三线城市或了解熟悉程度不够的市场选择这种销售模式。特许经营分销模式主要有三种运作方式：地区性代理、免税品、品牌授权。

① 地区性代理销售。地区性代理对于奢侈品品牌来说，更加有利于新市场的开发，由于地区代理商较之奢侈品品牌而言更加熟悉本土市场，因此，不仅品牌的推广成本较低，市场销路打开的速度也会加快。2002年，德国"万宝龙"进入中国市场，对于中国消费者来说"万宝龙"是一个十分陌生的品牌，于是，"万宝龙"选择了上海国瑞信（集团）有限公司作为中国内地总代理，为"万宝龙"的品牌推广和传播、产品销售起到了至关重要的作用。

② 免税销售。免税品是指经营单位按照海关核准的经营品种，免税运进专供其免税店向规定的对象销售、供应的进口商品。免税品在价格上有其他销售模式无法相比的价格优势，每一家奢侈品品牌的免税品销售地都是门庭若市，销量庞大。对于奢侈品品牌来说，降价虽然可以增加销量，然而对于品牌形象和价值来说无异于饮鸩止渴，而免税品模式既能在价格上给予消费者优惠，同时又能维护奢侈品品牌形象和价值。据统计，很多奢侈品品牌的免税品销售占总销售额的20%～30%。

③ 品牌授权。奢侈品企业会将自身品牌按照双方协议向其他公司授权，授权内容包括经营活动、产品研发生产、销售渠道建立等。对于奢侈品企业来说，如何有效地进行品牌控制管理，维护品牌形象尤为关键。"巴宝莉"会将墨镜和手表等产品特许授权给专业制造商生产，法国"LACOSTE"将皮具产品相关经营活动特许授权给了"新秀丽"。

奢侈品品牌采取特许经营分销模式有利于销售网络的全面覆盖，与此同时，由于中间商环节的加入，奢侈品企业和消费者之间的沟通效率会有所减低，而品牌形象的成功维护与管理也会成为在这一模式下奢侈品企业首先考虑的问题。

2. 奢侈品店铺形式的选择

对于奢侈品品牌来说，销售店铺形式的选择对于品牌价值的提升、品牌文化的传播、品牌形象的维护至关重要。

（1）店中店

店中店，即店铺内包含的商店。最初在20世纪奢侈品刚进入中国市场时，店中店的形式广为采用，这种形式多依托于五星级酒店内，最终希望能获得更多的目标消费群体，为客户提供优质的购物环境以及便利，但通常店中店的营业面积有限，商品样式范围也相对局限。例如，早期时，杰尼亚，LV，Omega等顶级奢侈品品牌陆续入驻北京王府井半岛酒店，由于这些著名企业的引领，更多品牌逐渐在此设立门店。其实这正是这些奢侈品零售商对中国市场的试探，反响与口碑都达到甚至超过他们的预期之后，他们便逐渐开始在中国设立独立的门店发展其他形式的商铺店面。

（2）专业店

随着奢侈品业在中国市场稳固发展，在了解行情之后，由于消费者的需求也在不断扩大，奢侈品企业需要更多更广范围的店面来宣传其品牌以及展示售卖商品。于是，各个奢侈品品牌分别扩张增加门店的数量，店中店的形式已经不能满足发展形势，于是专业店作为店中店的升级扩充版本应运而生。当然，店中店继续被保留，产品和形式均获得了进一步的延伸。

不同于店中店，专业店铺具有以下独特的特征：

首先，专营店的店铺地址非常便利，大多在 CBD、繁华的商圈、人流量密集的地方；营业面积普遍较大，带有主营商品的特征；销售的商品与品牌具有较高的影响力；品种丰富，主营商品带有店铺特色；店铺工作人员素养较高，服务意识较强；通过开架与定价两种面售方式，潜在高端客户群体较多。

其次，精心的内部空间布置与设计。奢侈品零售者发展到此阶段，主要目标仍是占少数的高端顾客群，因此提供一个宽敞、舒适、高雅的营业环境可以让用户感受并享受到休闲的生活方式与高质量的服务，从而稳固其群体与其在市场的地位。

最后，专业店与高档购物中心、百货商店相辅相成。刚开始专业店的设立更注重于本身的品牌与产品，随着百货商店、购物中心的迅速发展与升级，专业店产生了竞争压力，但专业店的优势在于"专"，专业店与高档百货都开始注重内外部高档环境设计的营造与高品质的设施以及服务。例如，成都市仁恒置地广场，整体外观用玻璃装饰，许多奢侈品品牌纷纷入驻，将奢侈品的高端与神秘感展现出来。

（3）精品店

精品店指的是专门经营各类精致的服饰等货物的小型店铺，这种门店首先是由法国设计师勒隆（Lucien Lelong）于1929年所创立，精品店一般面对的目标群体较小，主要出售高级时装、皮包、高端化妆品等。20世纪中期之后此种店铺开始流行于全球，发展到现在，许多大型百货内均设置精品屋或精品柜。

当奢侈品市场发展到较成熟的阶段后，各个奢侈品企业依据顾客对于奢侈品专属性、独特性以及稀有性的追求和相关的市场调查反馈，做出了相适应的方略调整。如图1-11所示，便是迪奥杭州大厦精品店，其店铺占地504平方米，店内设计承袭了迪奥巴黎蒙田大街总店的一贯风格，融合了浓浓的法式优雅建筑特色，店铺由世界权威设计专家彼得·马瑞诺先生（Peter Marino）精心设计，尤其对装饰进行了彻底的改造。

除了独立的店铺以及依托于高端百货或广场的形式，精品街也是一种吸引人的类型。相比于前两者的形式，精品街的装饰设计风格更加统一，奢华且高端。

图1-11　迪奥杭州大厦女装精品店

图片来源：http://fashion.ifeng.com/media/detail_2013_12/17/32207613_0.shtml

与传统的购物中心和百货商店相比，精品街的购物环境更加高级，档次属于低调、奢华有内涵，还能将奢侈品的发展历程、品牌文化形象地呈现。并且，精品街的选址大多是在具有较高知名度与人流量的旅游景点区域，以此借助景点增强店铺的历史文化底蕴，而优美的风景又能和奢侈品良好地结合，形成一种非常浪漫又独特的店铺风格，受到消费者的喜爱，从而让消费者获得良好的购物旅程感受。

精品街的开业不仅可以建造良好的消费环境，而且还有助于增强品牌的影响力，发挥品牌马太效应的作用。从奢侈品牌的角度来看，不仅需要较高的客单量，而且也十分重视实际的潜在消费群体。如果是许多高端的奢侈品牌得到整合，可以最大限度地发挥高品牌的连锁反应，形成良好的竞争，这样有利于扩大客流量，创造精品街营销业绩的共赢。

（4）旗舰店

旗舰店一般代表着某品牌或企业在城市中最繁华区域所建立的设计装修最奢华、系列商品最全的商店。这一类型商店出现的前提是奢侈品品牌已经在市场上处于稳固地位。对于奢侈品购物空间来说，不仅仅局限于室内的设计，也开始注重整体外部的设计与展示，为了进一步展示自己的品牌文化、氛围而形成旗舰店。

图1-12所示为顶级意大利奢侈品品牌古驰（Gucci）在成都远洋太古里的旗舰店。从外观看去，其为移动古色古香的独栋建筑，与附近的名胜古迹大慈寺相映成趣，红木和大理石，抛光玫瑰金、烟熏古铜色等设计元素与周遭环境映衬有致。上图为旗舰店配

合全新涂鸦系列产品而装饰的外观，结合内外部造型与设计来看，实现了中西结合、时尚与古典的相互结合及映衬。

图1-12　成都远洋太古里Gucci旗舰店

图片来源：http://www.sohu.com/a/67611346_102281

伴随商品市场的蓬勃发展，消费者对商品的要求与需求逐渐增多，奢侈品行业不仅仅将购物空间视作单纯的建筑与店铺，而是逐渐开始融入艺术，将品牌的背景、内涵注入门店当中，目的是将内外部空间的设计与品牌、产品与艺术魅力完美结合。

（5）在线商店

如图1-13所示，互联网的发展速度惊人，超乎想象，网上购物也成为越来越普及的购物方式和发展趋势。2004年，意大利奢侈品品牌古驰（Gucci）在美国开始在线销售，2005年，法国奢侈品品牌路易威登（Louis Vuitton）在德国和法国开始在线销售，迪奥（Dior）在法国开设在线专卖店。"在线商店的最大优势就是价格优势，根据淘宝网的相关数据显示，网上商店营销成本比实体店铺低55%，渠道成本降低47%，这就导致同样的产品在线上和线下确定存在20%～30%价差。"

2018年，全球奢侈品消费在零售渠道增长为4%，其中有75%源自销售额同比增长。高端百货尚未摆脱颓势，导致批发渠道仅取得1%的增长，而专卖店渠道则陷入了与线上渠道的激烈竞争，导致增长放缓。与实体店相比，2018年奢侈品购物在线上渠道继续提速发展，增长22%，销售额达到270亿欧元。其中美国市场几乎独占半壁江山（44%），而亚洲市场正在快速崛起，已领先于欧洲市场，成为奢侈品线上渠道销售的新增长引擎。在渠道类型方面，品牌商自营电商平台贡献了31%的线上渠道整体销售额。对比网络零售商39%的占比和零售商电商平台30%的占比，我们发现品牌自营渠道正在赶上其他类型的线上渠道。

贝恩公司全球合伙人布鲁诺（Bruno Lannes）先生表示："新的技术正快速丰富线上和移动购物体验，让实体店面临被替代的风险。奢侈品品牌正在放缓开店速度，未来将会出现渠道整合。因此，品牌商必须重新考虑自己的实体店渠道，将它们的角色从销售点转变为接触点，同时利用新技术来强化客户店内体验。"

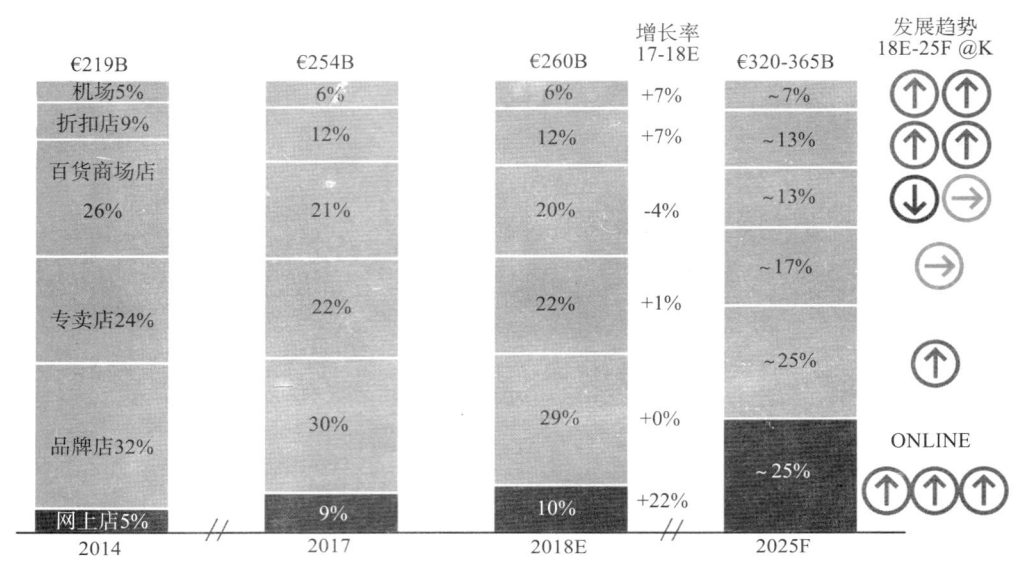

图1-13 个人奢侈品营销渠道发展趋势

图片来源：贝恩咨询《2018全球奢侈品行业研究报告》

备注：€B（10亿欧元）

（三）奢侈品店铺的空间变迁

尊贵是奢侈品的精神共性，为了营造这种尊贵的感觉，奢侈品品牌常常刻意保持与大众消费者的距离，有种若即若离的神秘感。因此，我们很难看到奢侈品铺天盖地的电视广告、乐此不疲的卖场促销。缺少了如此多"亲近大众"的信息传播工具，奢侈品的购物空间对其品牌文化的构建和传播意义变得尤为重要。其独特的文化品位、价值取向、历史积淀最终在消费空间中凝聚和释放。消费者也只有徜徉在包裹着文化、艺术气息的消费空间中才能真正领略到独一无二的低调奢华。

奢侈品的购物空间对其品牌文化的构建和传播有重要作用。结合奢侈品品牌在国外购物空间的发展历程，奢侈品品牌的购物空间伴随着中国奢侈品市场的发展展现出四种不同的形态：Selling Spot（销售点），Shopping Mall（购物中心），Boutique Zone（精品街），Architecture（独立建筑），它们分别有着不同的传播目的，构造出奢侈品品牌购物空间的整合传播体系。国际奢侈品企业应该以发展的眼光构筑属于品牌的在中国的建筑空间。鉴于中国相对不发达的奢侈品传播系统，店面成为国际奢侈品品牌与中国消费者接触的最重要也最直接的方式，因此，及时抢占黄金地段成为很多奢侈品品牌提高知晓度的首要因素。

2004年上海外滩3号开幕，2005年34个国际顶级品牌进驻杭州湖滨名品街拉开了我国Boutique Zone时代的帷幕，标志着国际奢侈品品牌在我国的空间建设达到一个高潮。自1991年杰尼亚首先登陆中国，国际奢侈品品牌在中国走过了28年的历程。这20多年间，奢侈品品牌的购物空间伴随着我国城市建设的发展不断变换容颜。我们将奢侈品品牌在我国购物空间的建设划分为四个时代——四种形态，它们先后产生，又在同一个时空中并存，分别承担着不同的传播目的，全方位、立体地构造出奢侈品品牌购物空间的整合传播体系，以一首空间协奏曲演绎出花样年华般的时代变迁。

1. Selling Spot（销售点）：品牌汇聚的前奏

20世纪80年代，中国刚刚敞开自己的大门。对于西方世界而言，这是个神秘的古老国度。各大奢侈品集团对这个市场完全没有认识，开设店铺的选址非常强调所处环境的针对性和消费者接触的准确性。所以，一批最早涉外的五星级酒店，如北京王府半岛酒店（图1-14）、广州中国大酒店和上海商城波特曼丽嘉大酒店等，因其与奢侈品的目标人群有着高度的相关性，就成为奢侈品品牌进入中国最初的落脚点。其高端的客户群体以及典雅的市场氛围汇聚了包括路易威登、登喜路和杰尼亚等第一批进入中国的顶级奢侈品品牌，也拉开了奢侈品全面进入中国的帷幕。这一时期，各大奢侈品公司在中国还只是试验阶段，它们大多把品牌在国际上的既有形象直接移植到中国国内。精心装修的店铺包裹着五星级酒店的神秘外衣，与出入此地的人群默默地交流和碰撞着，而对广大普通消费者则保持着距离感。

图1-14　北京王府半岛酒店

图片来源：http://www.wzpm123.cn/wzpm123tuku/000104004/

2. Shopping Mall（购物中心）：朝圣地的初级华章

由于中国经济的迅速腾飞，奢侈品市场的销售额得到迅猛发展。各大奢侈品品牌也开始进驻那些具备一定人流量的精品百货商场，以便达到扩大品牌知名度的目的。1993年，全球最大的奢侈品集团——路威酩轩集团旗下的著名男装品牌纪梵希（Givenchy）在深圳西武百货开设了形象专柜。随后路易威登、巴宝莉（Burberry）、波士（Hugo Boss）等也先后入驻该商场，开启了奢侈品品牌在中国Shopping Mall的时代。现如今，北京的国贸商城、上海的恒隆广场（见图1-15）、广州的丽柏广场和杭州大厦这些名字在中国消费者的心目中无疑已是奢侈品朝圣的殿堂，并且越来越具有一定的世界影响力。

图1-15　上海恒隆广场

图片来源：http://www.guandian.cn

奢侈品品牌云集的Shopping Mall往往有三个特点：一是地理位置能代表城市人心目中的新贵形象；二是Shopping Mall的总体建筑凸显艺术感与品位感；三是内部空间构建往往安静而空旷。寸土寸金的城市商业中心以及高档商务写字楼的围绕凸显了奢侈品品牌的尊贵地位。北京国贸商城地处高档商务写字楼圈，而上海恒隆本身就是一个集写字楼与Shopping Mall于一体的综合商务楼。这些高档写字楼中的城市精英正是城市财富和生活风尚的代表。而汇聚奢侈品品牌的Shopping Mall借此向消费者传递着一个信息：精英阶层。因此并不是所有的核心商业地带都能成为奢侈品选址的候选。上海南京东路是一条久负盛名的商业街，并处在上海的核心地带，但在上海人的旧有印象中，这条人头攒动、摩肩接踵的街道是"外地人"来上海旅游购物的地方，而不是中产新贵选择商品的场所。因此，国际高档奢侈品品牌对这条路反而望而却步。

建筑外形也是奢侈品品牌选择 Shopping Mall 的重要依据。北京国贸商城所在的国际贸易中心由美国著名设计公司 ARQUITECTONICA 担纲整体设计，循环式的结构布局展示出流畅的弧形曲线；上海恒隆采用流线型的纯玻璃主体，曾有人评论说："上海恒隆就如同浓缩版的纽约第五大道"；香港中环广场大厦是香港最高的建筑，简洁三角外形设计，像埃及金字塔的顶部，整体蓝色及金色的色调更显其高雅的风格。

　　相比大众品牌，宽敞与安静是奢侈品门店的主题。Shopping Mall 内各品牌专门店宽敞的布局让消费者在购物的同时欣赏与享受生活，在近距离接触消费品的时候体会到一种优雅与轻松。Shopping Mall 内柔和甚至有一点昏暗的灯光营造出一种安静的氛围并以此来衬托一种神秘和高雅的感觉，走在奢侈品品牌云集的 Shopping Mall 里，没有人大声喧哗、没有人高谈阔论，人们陶醉在身边的一件件艺术品当中，时间仿佛静止了一般。专门店中很多展示品牌历史的非售品让消费者了解到品牌的文化和内涵。销售顾问从不急于推销的姿态与高雅的氛围相得益彰。

　　这一时期，国际顶级奢侈品品牌集体亮相，从金字塔中漫步走出，接受大众消费者的审美眼光。中国市场的巨大潜力，吸引着它们纷纷开疆扩土。法式的浪漫、美式的奢华、宫廷的高贵……中国消费者接收着层出不穷的奢侈符号。

　　3. Boutique Zone（精品街）：消费空间的高潮独白

　　Shopping Mall 中的集体亮相，加快了奢侈品在中国的市场步伐，但同时束缚了各个品牌自我个性的发挥。在一番与大众消费者的亲密接触后，奢侈品品牌重新寻找到更具私密性和专属性的归属，那就是 Boutique Zone——精品街。

　　"Boutique"一词源自法语，从 20 世纪开始和小商店、时髦酒店形影不离。来到新世纪，这个形容词已经变成名词"Boutique"，概念意义广泛，以独立经营、富有个性、讲究独特设计感、标榜量身订造的贴心服务，区别于包罗万象的 Shopping Mall。所谓 Boutique Zone——精品街，即国际顶尖品牌 Boutique 聚集的地方。著名的巴黎香榭丽舍大街、伦敦摄政街、米兰蒙特拿破仑大街、纽约第五大道和东京表参道，不仅是时尚都市的潮流地带，更是各国游客的必到之处。

　　2004 年上海外滩 3 号开幕，2005 年 34 个国际顶级品牌进驻杭州湖滨名品街，拉开了我国 Boutique Zone 时代的帷幕，标志着国际奢侈品品牌在我国的空间建设达到一个高潮。不同于高档 Shopping Mall 总是被包围在城市商业中心高档却冷冰冰的商务写字楼的玻璃幕墙丛林之中，自然街道形式的 Boutique Zone 传达着奢侈品品牌舒适亲和的低调奢华。一幢幢青砖灰瓦的小楼，独自低吟，仿佛将其独特品位和深厚历史娓娓道来。

除了对建筑的挑剔选择外，Boutique Zone 还有一个很突出的特点，就是依傍在拥有极高知名度又能留下无限浪漫遐思的景点。外滩——深厚历史沉积下来的百国建筑群博览般的殿堂，放眼望去是绚烂无边的黄浦江景以及对岸浦东陆家嘴的生机勃勃；西湖——浪漫的代名词，美丽醉人的湖景缠绕在中华历史上无数对西湖的缠绵悱恻中，迎面吹来的总是浓妆淡抹总相宜的优雅气息（见图1-16）。

图1-16　杭州湖滨名品街

图片来源：http://blog.sina.com.cn/s/blog_609b288d0100eh18.html

整个 Boutique Zone 的气质出奇的统一，奢华，却低调。比起百货商场或购物中心的专柜销售，它具有更高的私密性和专属性，更能够体现奢侈品品牌的文化和地位。品牌的组合同样非常重要，"与竞争对手为邻"这个被一般大众品牌所尽量避免的戒条，在奢侈品的 Boutique Zone 之中却显得相当重要。高质量的"品牌组合"能带来整个 Boutique Zone 和其中各个品牌的共赢。一个平衡的组合可以满足同一个顾客在一天中不同时间段、不同场合、对不同产品风格的需求，提供购买的便利，从而吸引更多高质量的客流群。

选址的精心也一样体现在店内的装潢和设计上。在三层楼高的专属空间内，墙体、地面、色彩、灯光，甚至一处楼梯的拐角，挥洒出品牌运用的独特韵味，在购物的同时，带给人全方位的感官享受。同时，创新也是每个成功品牌不断成长的精神动力，很多品牌店面装潢风格会在半年到一年内根据新品转换一次，从而带给渴求新奇事物的年轻顾客以不断的惊喜。

4. Architecture（独立建筑）：购物殿堂的终极幻想

建筑艺术则是奢侈品品牌打造购物空间的终极追求，中国目前还没有这种品牌独立建筑的购物形态，但纵观世界奢侈品购物终端的发展史，我们可以做出大胆的设想：奢侈品在中国将迎来建筑艺术时代。事实上，世界顶级奢侈品品牌的购物终端大多经历了由集中于店铺内设计到以整体建筑艺术风格为核心的演变过程。当单纯的内部装饰不能充分体现出品牌的独特个性，奢侈品品牌则开始追求将建筑风格、内部装饰，产品包装、陈列相融合以最大限度地展现品牌的核心价值。

1837年诞生的顶级珠宝商蒂芙尼（Tiffany）在经历了长足发展后，决定迁址百老汇，简单的建筑形态不能满足它的要求，为此著名艺术家Henry Frederick Metzler为其创作了肩托精美时钟的亚特拉斯雕塑。如今，亚特拉斯大钟成为Tiffany纽约第五大道旗舰店的象征。这座于1939年兴建、1940年开幕的建筑以简约的美式风格著称，其以大量哑光和亮面不锈钢作装饰材料，外形明净高雅，洒脱傲气。以杉木精雕、外层加铸青铜的亚特拉斯雕塑，经过岁月的洗礼，今天已经变成了铜绿色，倍添一分古雅韵味。蒂芙尼（Tiffany）所强调的冷静超然的明晰、令人心动的优雅，以及每一款珠宝的精神空间就在这样的建筑内悠然释放（见图1-17）。

图1-17　蒂芙尼纽约第五大道旗舰店

图片来源：http://www.CRNTT.com

一向以简洁、时尚著称的意大利服装代表普拉达（Prada）自1999年开始将注意力投向前卫创新的建筑设计，并与世界知名的建筑师合作，致力于将崭新的购物文化融入现代的时尚生活之中。其"新旗舰店计划"借助与世界知名建筑大师的合作，在全球特定地点开设风格独树一帜的新店，以此开创奢华品牌与建筑设计相结合的新理念。2003年，普拉达（Prada）和举世闻名的建筑大师赫尔佐格（Herzog）和德默隆（de Meuron）合作的东京全新旗舰店开幕。东京旗舰店是一个高达六层的玻璃体大楼，犹如一块巨大的水晶，幕墙由数以百计的菱形玻璃组成，利用全方位凹凸或平面玻璃的反射，产生虚幻却透彻的特别视觉效果，通过多种角度的透视效果反射着店内陈列的服饰、店外景观，以及顾客自身的瞬间变幻。店内的一部分特意不做任何修饰，营造出一种仿佛置身于欧洲广场的舒畅感觉。传统理念和时代感的完美结合，传递出普拉达独特的时尚气息（见图1-18）。

图1-18 普拉达（Prada）东京旗舰店

图片来源：https://feng.ifeng.com/author/9284

　　路易威登为了更高层次的艺术追求，专门成立了自己的建筑部门，在各个国家吸纳专业人才，其目的就是在全球创作最富有创意的品牌标志性建筑。2004年，为庆祝其品牌创立150周年，路易威登将巴黎香榭丽舍大道的总店规模扩大了两倍。由于整个装修过程长达2年，路易威登不惜在此期间特意制作两个超大的旅行箱，架在店的大楼外面，赚足了过往行人的眼球。装修完成的新店共高7层，其中4层都提供零售服务。其设计具有全新的概念——店内的漫步长廊，是向香榭丽舍的历史和文化地位致敬。当顾客进入店内，见到的不是传统式的分层设计，而是接连不断的走道。每一条走道都提供新的景象、新的观感和新的体验。作为时尚旅游的始创者，路易威登又开创一个备受瞩目的店铺探索之旅。店内的地面铺砌了优雅的棕色和米黄色石灰岩，与店外街道上的地面图案如出一辙。而坐落于店铺中央的中庭拥有相当于6层楼的高度，分解了由纤巧钢管发射的光线，其设计灵感源自香榭丽舍大道上著名的半球形泉水。这里不仅展出有路易威登历史上28件珍贵的古董行李箱，而且位于店内7层楼的美术馆是专门用作陈列艺术作品，首次选用了一群尖端艺术家的作品，在店内做永久性的陈列。其中一件由白女人裸体构成的字母"L"和黑女人裸体构成的"V"组成的图案更是带来了强烈的视觉冲击。徘徊在店内的漫步长廊，你将发现美国艺术家James的灯饰雕塑，以及丹麦概念艺术家Olafur专门为路易威登设计的作品。消费者完全可以把这样的精品专卖店视为当代艺术展馆。而自从重新开业以来，每天都有来自全球几千名顾客前来顶礼膜拜，据说这家店已经成为巴黎排在埃菲尔铁塔和巴黎圣母院之后最有人气的旅游胜地（见图1-19）。

图1-19　路易威登巴黎香榭丽舍总店

图片来源：www.2inlove.hk

当然，目前路易威登在中国的专门店基本还是以店中店的形式，却依然致力于赋予每家店以别具一格的外观形态，将品牌独有的建筑外延风格和商场融为一体。路易威登之家北京国贸店延续了巴黎香榭丽舍大街总店的设计风格，以巨大的品牌传统Monogram图案箱包的形象装点整个专门店的外墙，使得国内的消费者也感到了品牌建筑那具有时代感的潮流文化气息。路易威登之家北京国贸店坐落于北京中心地带，正对建国门外大街，共三层，拥有既私密又相互融合的不同区域。由建筑师 Peter Marino 设计，店内备有路易威登全线精品，包括女士和男士成衣、皮具、鞋履、配饰、珠宝、腕表和旅游相关产品（见图1-20）。

图1-20　路易威登北京国贸店

图片来源：https://www.louisvuitton.cn/

可以说，LV 是最早将建筑艺术带到中国的奢侈品品牌。2004 年进入杭州之初，LV 杭州大厦店以巨大的 LV 传统 Monogram 图案箱包的形象装点整个专门店的外延，2005 年又将整个外观改为印有巨大 LV 标志的全透明玻璃箱体，使专门店更具时代感。

二、学习活动

小组合作调查所在城市某一奢侈品品牌进驻情况，并实地走访这一品牌的所有奢侈品店铺，采集和分析信息，按照表 1-6 所列调研项目完成调研并形成调研报告。要求如下：

①每一个团队在实训过程中既有分工，又有协作，对每个人在实训中担任的角色，需要制作任务分配表附在实训报告最后一页。

②完成规定调研项目，字数不少于 1000 字。

③实训报告格式要规范并且按时上交。

④实训报告中必须有实地调研的照片等资料。

⑤严格按照实训背景规定的内容开展实训活动，严禁抄袭。

⑥组织一次全班的讨论，完成考察的个人或小组在全班宣读实训报告。

⑦相互评价，选出 2～3 份优秀的实训报告，老师做出讲评。

表 1-6 ＿＿＿＿＿＿品牌店铺调研表格

品牌名称		所在城市		店铺个数	
店铺序号	地址	面积	主营商品	销售模式	店铺形式
1					
2					
3					
…					

三、要点归纳

1.零售业态分为食杂店、便利店、折扣店、超市、仓储式会员店、百货店、专业店、专卖店、家居建材、购物中心、工厂直销中心等有店铺零售业态，以及电视购物、邮购、网上商店、自动售货亭、电话购物等无店铺零售业态。

2.国际上从产品类型把奢侈品分为十二类：时装和皮具；游艇；汽车和摩托车；珠宝和腕表；钢笔；香水和化妆品；葡萄酒；家居和家纺；厨具、餐具；物件设计；豪华酒店；手机和电脑。

3. 奢侈品不能改变其高度依赖零售的本质，选址是重要的问题之一。奢侈品品牌与一般品牌的店铺选址基本思路和方法具有共同点，根据地区、商圈、具体位置的决策顺序，把选址过程分为三个基本环节。奢侈品具有独特的属性，奢侈品品牌对选址极为挑剔，从进驻的城市、商圈和具体位置都有严格的标准。

4. 奢侈品品牌的销售模式分为品牌直营销售和特许经营分销模式（地区性代理销售、免税销售和品牌授权），店铺形式有店中店、专业店、精品店、旗舰店和在线商店等。

5. 奢侈品店铺在中国的空间变迁经历了 Selling Spot（销售点）、Shopping Mall（购物中心）、Boutique Zone（精品街）和 Architecture（独立建筑）。

四、心得体会

项目二　奢侈品店铺分布的城市

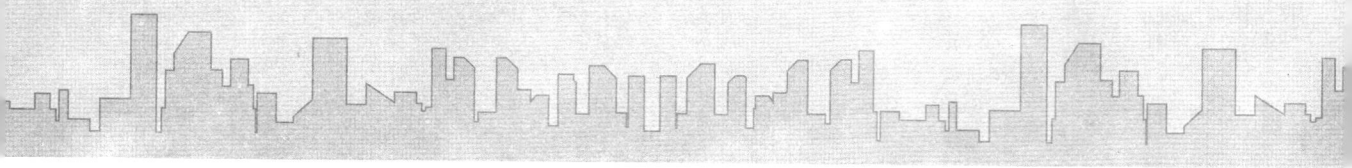

教学目标

知识目标：
1. 了解五大时尚之都的发展过程、地位和文化等；
2. 了解时尚、时尚产业和国际时尚之都的概念和特点等；
3. 掌握国际时尚之都具备的要素；
4. 了解国际时尚之都发展时尚产业的经验。

技能目标：
对标国际时尚之都具备的要素和发展经验，初步调查和分析国内城市的优势和不足。

案例与思考

中国离国际时尚之都还有多远

从20世纪90年代后期起，很多人兴奋地以为如果出现第六个国际时尚之都，那一定在中国。确实，中国人有这种梦想的资本，因为从1994年起，中国的服装业一直拥有全球服装产业第一、出口第一的荣耀，中国的制造业具有雄厚的实力，中国的创意产业和文化产业经过10多年的努力已经取得很大成就。而且中国是文明古国，文化底蕴深厚，何况中国还是世界上最大的潜在市场。21世纪以来，随着中国国力的空前提高，中国的部分城市也或明或暗地将成为国际上第六个时尚中心作为奋斗目标，其中最受关注的无疑是北京和上海。北京市人民政府于2004年提出了将北京建设成"时装之都"的口号，2009年提出建设世界城市、2012年作为"设计之都"加入联合国全球创意城市网络，全市时尚产业内涵不断丰富，逐步形成以时尚设计为核心、时尚传播和时尚消费为支撑的时尚产业体系。上海的时尚中心城市地位也被国内外看好，2014年据总部设在美国的"全球语言观察"机构（GLM）调查显示，在世界时尚城市榜单中，上海挤掉东京当选"亚洲最时尚城市"，名列世界时尚城市第十位。但比照五大时尚之都的种种特点，我们可以更加清楚地看到中国的城市离世界时尚之都还有多远。

从人文地理角度看，北京和上海均具有较为优越的气候、城市规模、人口和交通条件。

从国家和城市背景来看，中国的经济40年来保持高速增长，GDP已经位于世界前茅，雄厚的生产能力、消费潜力和灿烂的文化历史，以及举办奥运会和世博会的机遇，已经使得北京和上海初步具有成为国际时尚之都的可能。2008年的金融危机使得西方的时尚产业深受打击，中国经济的良好表现成为世界的焦点，这也给中国时尚产业和时尚城市脱颖而出提供了难得的机会。就城市而言，北京是中国的政治和文化中心，上海市政府则将国际经济、金融、贸易和航运中心作为政府工作的总体目标。随着国家和城市综合实力与地位、影响的进一步提升，中国离拥有国际时尚之都越来越近。

从产业基础角度来看，无论北京还是上海，尽管时尚产业具有一定的实力，但是均面临商业和制造业转型和再发展的问题。由于时尚产业的产业链较长，有待于通过自身建设以及与周边城市的分工合作进一步完善。

从人文基础和时尚文化角度看，由于历史的原因，中国悠久的服饰文明在近现代产生了断层，即便作为文化古都和政治中心的北京和曾有"东方巴黎"之称的上海，在日常着装中已难觅传统服装的形式与格调，服装流行虽几乎与国外同步，但并未拥有足以让全球侧目的自有风格，时尚消费概念也只是初步形成。而这可能会是短期内中国出现世界时尚都市的最大阻碍。

从特色标志层面来看，中国的时尚产业虽已取得较大进步，北京和上海均涌现了一批设计师和品牌，但几乎没有具有国际影响的自有品牌，品牌层次和产品结构的雷同使它们往往容易淹没在时尚的海洋中。在大型时尚活动和展览方面，北京借助全国政治文化中心的地位而有较大进步，但是均不具有国际性的时尚导向力。在公共管理和城市开放性方面，中国由于处于时尚经济的初期，北京和上海在这方面还有许多工作要做。

五大时尚之都是很多奢侈品品牌的发源地，而奢侈品品牌门店在中国的布局相对集中于北京和上海这两个城市，因此，它们也是中国最为时尚的地区。进入中国的奢侈品品牌，如路易威登、卡地亚、爱马仕等，都是在北京和上海立足后，才开始向深圳、广州、成都、重庆、大连、杭州、南京、哈尔滨等城市拓展。

请思考并回答以下问题：

1. 从案例中看，国际时尚之应具备的要素有哪些？
2. 对比五大时尚之都，北京和上海距离国际时尚之都都有哪些优势和不足？

任务1 走进国际时尚之都

一、知识准备

通过上一章的学习，我们了解了奢侈品的生产地主要集中在法国、美国、瑞士、意大利、英国、德国等世界发达国家；奢侈品消费主要分布在美国、中国、日本、欧洲、韩国、俄罗斯、印度、巴西、中东等经济实力强大的国家和部分新兴经济体。一般来说，奢侈品发源于上述生产地的重要城市，而奢侈品则进入形成需求规模的任何城市。从国际知名的奢侈品来说，店铺扩张有两种路径：一种是从国际时尚之都开始设店，然后向其他国际化城市繁衍，再向中小城市延伸；另一种是在本国发展，然后向国际时尚之都繁衍，再向其他国际化大都市延伸。本节主要介绍众多知名奢侈品发源地——五大时尚之都，重点关注奢侈品产生和发展的内部条件与外部环境等。

（一）巴黎：时尚花都

巴黎不仅是世界级城市，更代表一种鲜明的文化标志。这个城市的建筑物各形其异，街市繁华，市内到处是琳琅满目的商品和美不胜收的园林，因此在各国名城之中，它享有世界"花都"之誉。巴黎作为时尚花都，有着悠久的历史和深厚的时尚文化底蕴，虽然在发展过程中经历了不少高峰和低潮，但其在时尚界中的花都之美名和地位，却没有其他哪个城市能够替代。巴黎得天独厚的自然条件、深厚独特的历史文化底蕴，加上巴黎的时尚产业和时尚人群，让巴黎在其政治、经济、文化的作用下，顺理成章地成为世界时尚之都的先驱。

1. 巴黎时尚产业的发展阶段

在巴黎，服装业是其最具代表性的时尚产业之一，服装业的发展又引领着化妆品、香水、皮具等相关产业的稳步前进。以服装为代表的整个巴黎时尚产业的发展，与巴黎的政治发展状态是紧密相关的，以服装产业的发展分期作为时尚产业发展阶段的时间节点的基本划分依据。

（1）路易十四时期以前（1643年以前）

14世纪前，巴黎并没有"时尚"的概念，各国经济政治都在传统的封建阶段。在路易十三执政时期（1610—1643）出现了一种法式着衣风格，这可以说是巴黎时尚的开端。这种法式时尚仅限于皇宫以内的高等贵族以及一小部分高等资产阶级。路易十三大刀阔斧地改变了穿衣的方式，并赋予其一定的意义——大胆打破陈规，相互比较。法国人使用香料和化妆品始于13世纪，主要流行于贵族社会之中。这些文化历史也成为巴黎时尚产业发展兴盛的先天条件。

（2）路易十四时期到19世纪中期

在这一时期，巴黎的时尚产业蓬勃发展，一直呈现着引领世界潮流的趋势，并逐步奠定了其时尚"花都"的地位。此时的服装以手工制作为基本特征，创造着极度奢华的流行，这个时期的巴黎时尚受到全球的追捧（图2-1）。

路易十四时期（1643—1715），巴黎的时尚产业开始发展起来，时尚成为一种诉求。凡尔赛宫的奢华排场、人数激增到一万多的贵族、朝臣明争暗斗愈演愈烈——种种因素导致时装式样成为权力争夺的关键砝码。到了路易十五时期（1715—1774），法国时装风靡欧洲。但是，法国的威望并不仅仅局限于服饰，还在于文学、艺术、美食、装饰和建筑等领域。18世纪中期出现了一种新的社会特征，即出现了一个新的社会阶层，他们对服装有着艺术的认知。这个阶层包括服装手工艺者、设计师、量体师、服装商人、皮匠等，他们都是19世纪和20世纪伟大设计师的先驱。法国大革命成为法国服装业发展的一个新的转折，大革命导致了新兴的象征性的改革，对服装有了从极度奢华回归简洁的追求。

图2-1 路易十四及其发明的高跟鞋和领带时尚

图片来源：http://blog.sina.com.cn/s/blog_d0a10b550101e3hs.html

19世纪可以称为法国时装的世纪。社会的稳定发展，加上强大的政治和经济基础导致巴黎彻底改变。在建筑业、生活方式、时装业、美学等方面都不断鼓励改革。因此，高级时装出现于1857年的巴黎也就不足为奇。时装的发展不是孤立的，在蓬勃发展的大环境下，它会随着社会、文化一起发展。"黄金巴黎"在19世纪代表了所有艺术的发光点，绘画艺术证明和散布了法国的风格，很多文学大家（巴尔扎克、雨果等）都来自法国。在世界上，法国的文化和法语得到了广泛的传播。在近一个世纪里，法国的建筑、雕塑、汽车和巴黎这个城市以及法国这个国家给人以创新、革新的印象。报纸是时尚传播的重要途径，报纸的形式多样，有地方报纸、日报和各种形式的杂志，到处都是宣传高档法国汽车和巴黎时尚的广告，给人以高贵和美丽的印象。所有这一切都为巴黎成为时尚之都起了决定性作用。

（3）19世纪中期到20世纪60年代

在这个时期里，巴黎的时尚业进入改革的顶峰阶段。19世纪初，法国高级定制时装产业已初具雏形。19世纪50年代出现了影响高级定制时装发展的两位重要人物，一位是电动缝纫机的发明者美国人梅萨特·胜家（Merritt Singer），另一位则是公认的高级定制时装开山鼻祖英国人查尔斯·弗雷德里克·沃斯（Charles Frederick Worth）（见图2-2）。巴黎从此凭借高级定制时装引领女装潮流。服装走出手工定制的传奇，开始进入机器批量生产阶段，香水业的发展也达到了无人能及的顶级地位。"巴黎制造"成为世界的狂热追捧对象，引领着世界时尚的潮流。

图2-2　查尔斯·弗雷德里克·沃斯

图片来源：http://m.sohu.com/a/164743825_165955?_f=m-article_23_feeds_12

第一次世界大战以后，法国时装的霸权地位及扩张得到淋漓尽致的体现，人们对于"巴黎制造"的膜拜如此强烈，直至今日仍可见一斑。这种膜拜的产生应归功于裁缝、设计师、造型师、生产者、分销商等，也得益于稳固的政权、传媒的开放以及积极提意见的人士。曾聚焦于服装的品牌也开始发展其时尚帝国产业，香奈儿于1921年推出了香奈儿5号香水，成为其永恒的经典，开始了其香水市场的攻略。很多品牌也于同期开始走入香水领域，使得巴黎的香水产业成为继服装之后的又一大代表性支柱产业。

第二次世界大战影响了时尚产业的发展，使得巴黎的时装业出现萎缩。不过"二战"后，长期压抑的对享乐的渴望催生了一大批艺术创作，遍及各个领域，包括电影、喜剧、音乐、造型艺术、装饰艺术等。奢侈品也得到发展，高雅和现代化是高级时装的特征，重新占据了市场，尤其是美洲市场。克里斯汀·迪奥（Christian Dior）在这一时期进行了最根本的改变并取得了最瞩目的成就。迪奥于1947年推出的一款服饰在时尚界引起了不小的轰动。迪奥的"新风貌"在全世界范围内掀起浪潮，引领法国高级定制达到一个新的高潮（见图2-3）。时装店掌门人开始让位于时装设计师们。

图2-3 迪奥新风貌

图片来源：www.dior.com

（4）20世纪60年代以后

20世纪60年代以后，巴黎不再是一枝独秀的国际时尚都市，米兰、纽约、伦敦和东京的崛起，使巴黎不得不在时尚之都中找到属于自己的地位和价值。它不断吸收国际新生力量，成为时尚的国际大熔炉，始终保持着其优雅、个性的风格，在时尚界发挥着举足轻重的作用。

由于经济的发展、成衣的进步以及经济危机等多种因素，巴黎高级时装的热潮渐渐退去，定制业不可避免地萎缩。时装师们保留了美国与中东市场，并致力于发展配饰、香水等衍生产品。

1970年后，一种新型的创作模式——造型设计出现，造型设计为时装界带来了一缕清风。不同的时尚方式带来了不同的消费方式。年青一代需要不同的时装来打破常规，奢华与精致不再是时尚的宠儿。造型设计师以及他们的成衣时装成为新的时尚热点。

2. 巴黎时尚产业的现状和地位

（1）巴黎时尚产业的现状

随着各国时尚产业的崛起，巴黎时尚之都的领先地位有所下降。服装业是巴黎的第一产业，也是第三产业。随着多年的建设与发展，巴黎香水的名望是其他城市遥不可及的，与服装相配套的饰品、鞋帽、化妆品等产业样样俱全，包括与服装相关的服装信息业以及服装设计教育都相当发达，这些都得益于巴黎时装的发展，它们的工业生产能力已经赶上甚至超过巴黎服装业。巴黎的人文环境陶冶了众多时尚群体。巴黎大区的时尚展览会每年接待72.5万名参观者和2万家参展企业，其中有40%的国际观众和43%的国际参展商。

巴黎时尚地位的降低还有一个比较特别的因素。巴黎时尚大熔炉的发展，使得巴黎的品牌越来越倾向于聘请国外设计师，如迪奥聘请英国设计师约翰·加利亚诺（John Galliano，2011年因反犹太言论被开除）。这种趋势导致巴黎品牌逐渐失去了自己的身份标签。此外，大量国外投资商购买法国品牌也是导致法国品牌身份消亡的因素之一。巴黎品牌名气的剧增，使得它们需要大量的投资，这就导致他们无法维持或勉强维持，或需要依靠其他金融集团的帮助才能度日（如酩悦轩尼诗－路易威登集团、开云集团）。即使巴黎依旧有人才涌现，但经济方面的拮据使得他们在国际舞台上捉襟见肘。因此，早在20世纪90年代，巴黎奢侈品集团酩悦轩尼诗－路易威登集团、开云集团就已沦为金融集团的子公司。

（2）巴黎在国际时尚界的地位和作用

巴黎作为花都，在时尚界的领头羊地位是不容置疑的。巴黎是高级定制的发源地，把时尚产业作为第八艺术，是时尚的风向标，是奢侈品的聚集地，更是社会名流最为活跃的场所。巴黎时尚产业的设计、制作、销售中的每个环节都极具特色。与其他时尚城市不同，巴黎时尚业最值得一提的是其设计师品牌，并逐渐发展为多产品线以及同一品牌多个品类共同发展的局面，相互之间共同促进，一起推动时尚品牌的进展，并提高其知名度。巴黎除了纺织服装业的蓬勃发展以外，化妆品、香水、配饰等各类品牌都在世界时尚产业中拥有自己的一席之地。总之，巴黎的时尚产业链非常完善，加之政府适当的政策扶持以及时尚教育的推进，它总能给人们带来欣喜与振奋，吸引了一批又一批来自世界各地的优秀人才。

如今各国的时尚产业都有各自的特点，米兰的设计和生产加工是一体的，比如阿玛尼旗下有23条子线，但是都被总公司掌控得很好，因为从设计到生产都在公司内部，各个公司就是一个完整的产业链，每一个环节都是紧紧相扣，组成一个完整的群体，因此可以说意大利的品牌是非常懂得商业经营的。而纽约，甚至可以说是个没有设计师的国家，所有的一切都是为了将品牌推向世界。他们大多是设计师群，设计师品牌非常少。对纽约来说，设计师不重要，品牌才是发展的关键，他们将资金集中在树立一个世界级的品牌形象而非设计师形象之上。巴黎却是一个分工十分清楚的城市，设计、生产、加工互不干涉。巴黎在商业经营上较其他时尚之都而言是最弱的，因此出售特许经营也成为巴黎的产业特点，许多家族型的大企业就依靠出售特许经营取得利润。这样的背景也使得巴黎品牌在对整个品牌形象的控制上不如米兰好，在特许经营售出后对产品质量无法把关，完全靠对方公司进行生产加工，长此以往，对巴黎品牌形象的维持埋下隐患。

即便在各国的时尚产业都欣欣向荣的今天，巴黎凭借其得天独厚的条件，也必将引领时尚潮流，在时尚产业中发挥不可替代的作用。

（3）巴黎时尚品牌和设计师

巴黎享誉世界的品牌与设计师数不胜数，他们在国际时尚界的地位也是不可估量的，而巴黎的品牌与设计师之间的关系也有着属于巴黎的特点。在巴黎，从高级定制诞生之日起，其服装品牌就多为设计师品牌。设计师在自己的工作室中设计、制作、销售极具特色的服装，并多以设计师自己的名字来命名其服装品牌。例如，路易威登，克里斯汀·迪奥等。设计师品牌体现了设计师自身的风格和价值取向，在创始人退位后，后继的设计师及设计师群的创作中也都保留着该品牌最原始的风格特征。这也是巴黎服装品牌的特点，这种设计师品牌的特征最突出地体现在五大时尚之都中的巴黎身上。自19世纪中期高级定制概念出现后，巴黎在不同时期均有设计天才出现，也有许多代表性品牌。

20世纪巴黎时尚最具特色的就是设计师品牌，而且在不同时期有不同的代表，其中有些已经湮没在历史长河之中。表2-1和表2-2所示分别为巴黎不同时期的典型设计师品牌以及非服装类品牌。

表2-1　巴黎不同时期的代表品牌和设计师

年代	品牌和设计师名称
20世纪50年代以前	巴黎世家、香奈儿、克里斯汀·迪奥、爱马仕、皮尔·巴尔曼、朗万
20世纪60年代	克里斯汀·迪奥、皮尔·巴尔曼、纪梵希、库雷热、尼娜·里奇、卡纷、伊夫·圣·洛朗、卡宾、姬龙雪
20世纪70年代	蒂埃里·穆勒、蒙塔娜、让·保罗·戈尔捷、阿莎罗、卡尔·拉格菲尔、华伦天奴、克洛耶、高田贤三
20世纪80年代	阿涅斯、鳄鱼、高田贤三、三宅一生、桑妮雅、山本耀司
20世纪90年代	洛丽塔、马丁斯·特本、瑟琳、卡尔·拉格斐

表 2-2 巴黎不同时期非服装类代表品牌

品牌种类	品牌名称	品牌创立时间
餐具，器皿	昆庭	1842年
化妆品	HR赫莲娜	1902年
	卡尼尔	1903年
	巴黎欧莱雅	1907年
	薇姿	1931年
	兰蔻	1935年
	碧欧泉	1952年
	卡诗	1964年
珠宝	茂宝仙	1827年
	卡地亚	1847年
皮具 包袋、鞋靴、配饰	珑骧	1948年
	阿涅斯	1975年

资料来源：http://www.chinawatchnet.com；http://www.haibao.cn/brand。

3. 巴黎的时尚文化和时尚群体

巴黎的时尚文化有其独特的风格与韵味，而时尚群体在各个时期也是各不相同的。

（1）巴黎时尚文化的特性

以巴黎为代表的法国时尚界经过了自路易王朝起数百年的努力，在国际上享有极高的声誉。不但有全球著名的高级定制服装，还有众多高级成衣品牌（尤其是女装）和普通成衣品牌。就像巴黎的时尚一样，法国的服装名牌风格传统而优雅，迷恋华丽和高贵，崇尚时装的艺术性和文化性，甚至有点孤芳自赏式的清高。

巴黎的时尚可以用"优雅、浪漫、个性"来形容。这里是一个国际时尚大熔炉，日本、英国、美国、意大利都有设计师在为巴黎的女装服务（三宅一生、约翰·加利亚诺等）。她是时尚的鼻祖却不张扬，她是浪漫的标签却能脱俗。她的空气中都混合着女性柔美、优雅的气息。巴黎人从小受艺术熏陶，每个人都有极强的审美观念。所以，巴黎人有着自成一体的优雅生活模式。从美食到服装再到香水，生活中里里外外的细节都十分在意，讲究但不失个性。巴黎人在什么场合该穿什么，什么衣服该配什么鞋，是永远不会出错的，他们永远都是那么得体。尤其是典型的巴黎女人，她们都知道自己想要什么，什么是最适合自己的，从来不盲目跟风，非常有自己的主见。在这个时尚历史悠久、时尚意识极强的城市里，你打扮成什么样都不会觉得过于讲究，因为你走在这个城市，就像走在时装秀场一样。

（2）影响时尚文化的因素

从文艺复兴时代上流社会的服饰到现在令人眼花缭乱的时装设计，法国始终处于时装大潮的风口浪尖。设计人才辈出，服装款式面料新颖，引领着欧洲乃至世界的时尚潮流；巴黎作为时装之都，每年都举行无数的时装发布会和各种时装博览会，吸引世界各地的时装设计者前往观摩和交流。领导法国服装发展的法国时装公会胸襟宽广，热烈欢迎全球各地热爱服装的有志之士前来发展。且该协会在法国服装界能够一呼百应，所以有了其大力支持，很多英国、美国的设计师都前往法国发展。该协会并未要求三宅一生、川久保玲和山本耀司这些风格独特的日本设计师为推广"法国风格"而努力，而是大力支持他们按自己的风格发展，协会甚至帮助川久保玲的"像男孩一样"系列服饰获得了1亿美元的年销售额。

在这种背景下，薇薇安·威斯特伍德、约翰·加利亚诺、亚历山大·麦昆、侯赛因·卡拉扬这些绝顶天才的英国人纷纷东渡，"安特卫普六君子"也在此地获得成功。这些来自日本、英国和比利时的殿堂级时装设计师，几乎每一个都是通过巴黎走进了世界的视野，通过巴黎这个舞台实现了自己的梦想。中国设计师谢锋携他的品牌吉芬（Jefen），马可和她的品牌无用（Useless）都已经在巴黎崭露头角。相信不久的将来会有更多的中国设计师出现在巴黎时装周上。来自全球各地的设计师通过巴黎展示了自己，巴黎也通过吸纳这么多优秀人才而扩充了自己的设计力量，这个双赢的开放性的决策巩固了巴黎经久不衰的"时尚圣地"的地位。

（3）时尚群体

17—18世纪，缝衣匠和裁衣匠主要为王室贵族服务。他们也仰仗王室为其扩大影响和声誉。而此时的时尚是只有王室才追求的。

法国大革命之后，英格兰青年查尔斯·弗雷德里克·沃斯在巴黎的出现，改变了时装界。但是他仍然为王室贵族服务，此时的时尚人群依旧集中在上流社会。20世纪60年代之后，青年力量的诞生逐渐打破了只有上流社会才能追捧时尚的局面。

现在的巴黎，时尚不再是谁的专利，现代时尚人群聚集的现象十分明显，不同的人群追崇着不同的时尚风格，走在时尚尖端的是中产阶级和年轻人。最时尚的要属设计师人群，他们不只是服装设计师，还包括平面、广告、建筑等各行业的设计师，在巴黎引导着整个城市乃至整个国家的时尚。这群人特立独行，而每一种风格的设计师甚至都可以引领一种潮流。紧跟在设计师们时尚圈后的要属明星们，演艺界和乐坛的明星潮流可以说是紧随着自己所喜爱的设计师风格而演绎成的。这群人的出镜率高，因此他们的时尚引导对巴黎大众的影响也比较大。当然，艺术家、电影制作人、音乐制作人等也是不可忽视的时尚群体,这一群人对巴黎时尚的影响也有一定作用。

(二)伦敦:保守绅士和激进青年

伦敦是英国的首都、第一大城及第一大港,也是欧洲最大的都会区之一和四大世界级城市之一。伦敦曾经是全球的纺织业中心,现在则是与纽约并列的国际金融中心。伦敦是全球重要的传媒中心,包括BBC和路透社在内的多家电视及广播媒体都在伦敦设立总部。伦敦是全球三个广告产业中心之一,2/3以上的国际广告公司将它们的欧洲总部设在伦敦。伦敦是全球三大最繁忙的电影制作中心之一,英国电影产业中2/3以上的全职工作人员在伦敦,并包揽了全国73%的电影后期制作活动。同时,伦敦已经成为全球国际化程度最高的零售业城市,吸引了全球60%的顶尖零售商,伦敦也成为世界公认的购物天堂。伦敦作为国际设计之都的声誉也为人所称道,它拥有最前卫最时尚的设计艺术学院,世界各地才华横溢的设计师或艺术家均来到伦敦深造,培养发掘出一批批新锐设计师,源源不断地补充了伦敦的新鲜血液。以上这些因素无疑都促成了伦敦这座千年都城发展成为世界知名的时尚之都。伦敦既保留了大英帝国时期的传统,又有帝国日落以后的前卫。20世纪90年代以后,伦敦通过对创意产业的强调,为其成为国际时尚之都增添了新的活力。

1. 伦敦时尚产业的发展阶段

伦敦是一座有着千年历史的古都,它融合了历史与现代、传统与前卫。18世纪末期的工业革命大大推动了英国的经济,同时也使得伦敦的纺织业和时尚产业迅速发展。英国雄厚的经济实力是促使伦敦成为国际时尚中心的物质基础。时尚产业界以服装产业为中心,在英国,服装产业和纺织产业的发展密不可分,因此,服装产业以及纺织产业的发展历程成为时尚产业分期的重要依据。

(1)英国资产阶级革命以前

英国资产阶级革命以前,时尚在伦敦仅限于英国贵族阶级的奢靡生活。而在这一时期英国的棉毛纺织业逐渐壮大。从14世纪到17世纪初,英国民众并不喜欢棉织品,甚至有人指责一些织造商在毛织品中掺杂棉布是不道德的。但是,从17世纪40年代起,棉纺织业在英国发展后不久,人们就开始喜欢棉纺织品了。17—18世纪,英国至少有1/5的人口依靠毛纺织业生活,毛织品占了英国出口额的1/3。毛纺织业的发展为伦敦时尚产业的出现提供了良好的物质条件。

(2)17世纪英国资产阶级革命至18世纪末

18世纪以前,英国的棉纺织品原料主要靠进口,生产技术相当落后,其手工的棉纺织品无论在外观还是质量方面都难以和印度生产的精美棉织品相比。进入18世纪的英国由于社会经济实力和生活水平的提高,其社会生活时尚发生了重大变化,穿着时尚的变化最为突出和引人关注。与此同时,棉纺织品已经取代毛呢织品成为最受欢迎的布料。18世纪初期,棉纺织品在英国伦敦和各大城市均已成为非常时髦的东西。社会时尚的变化以及棉布在市场上的走俏,使18世纪的欧洲各国对棉制品的需求量日益上升,造就了棉纺织品消费的广阔市场。

（3）19世纪至第二次世界大战

19世纪是大英帝国的全盛时期,自称"日不落帝国"。英国作为"世界工厂"、纺织工业中心的地位确立起来。经济的发展、人民生活水平的提高,促进了当时社会时尚的变革。人们关注服装,而且有能力购买更多服装。众所周知,欧洲女装的中心在巴黎,男装的中心则在伦敦,衣着考究的男士都是到伦敦定制服装的。伦敦更成为世界定制男装的圣地,目前的伦敦仍然是众多服装设计师寻求男装设计灵感的重要城市。

19世纪下半叶,百货公司扮演了重要的角色,让中产阶级女性可以借由消费得到自我认同。百货公司提供中产阶级女性闲逛、漫步、享受、思考和观赏的机会。利伯蒂（Liberty）、哈罗斯（Harrods）、范维克（Fenwick）等百货商店均创立于19世纪。自1884年起玛莎百货（Marks & Spencer）成为伦敦普通民众最常光顾的消费场所之一（图2-4）。

图2-4　Anderson & Sheppard（1873年建店/伦敦最负盛名的裁缝店）的裁缝们

图片来源：http://www.eeff.net/wechatarticle-253930.html

（4）第二次世界大战至20世纪90年代

第二次世界大战中的伦敦受到重创,战后的伦敦面临工业衰退,环境、住房等社会矛盾日益加剧的难题,这是伦敦发展时尚产业的大背景。20世纪50年代,英国出现的"垮掉的一代"是嬉皮士风潮的一部分（见图2-5）。20世纪60年代,英国设计师玛丽·奎恩（Mary Quant）设计的超短裙风靡全球。自20世纪70年代开始，摩斯族、光头党、朋克、哥特等各种青年文化和亚文化群体相继出现，他们是英国前卫时尚的主力军，其独特的服饰和装扮是英国街头时尚的一大特色，而"垮掉的一代"则是朋克等亚文化群体的精神内核。

图2-5 伦敦的"垮掉的一代"

图片来源：KEYSTONE-FRANCE/Gamma-Rapho via Getty Images

20世纪70年代以前，伦敦几乎是没有设计师时尚的，伦敦人更不像法国人那样注重穿着。与其他国家服装生产商在服装产业中居于主导地位不同，伦敦的零售商掌握了伦敦服装业更多的话语权。20世纪80年代，以撒切尔夫人为代表的英国政府将时尚产业提到一个很高的地位，设计师更加受到政府的重视。原来以服装为主的时尚产业逐渐扩展到音乐、电影、广告、媒体、珠宝等其他行业。最终在20世纪90年代，英国政府明确提出"创意产业"的概念，至此，在伦敦，创意产业涵盖了时尚产业。伦敦涌现出一批在艺术、创意和商业上都取得成功的优秀设计师，他们不仅在英国创立了自己独立的设计师品牌，还为全球的时尚产业服务，伦敦更是不断向全球输出设计师人才。伦敦从不缺乏创意，再加上它高度成熟的商业运作理念与模式、发达的传媒广告业和享誉全球的设计师人才，使得伦敦以其独特的风格成为世界时尚之都。

2.伦敦时尚产业的现状和地位

（1）伦敦时尚产业的现状

从20世纪70年代开始，伦敦出现了真正意义上的设计师时尚，伦敦政府加大了对时尚产业的扶持，20世纪90年代，英国政府明确地提出了"创意产业"的概念，创意产业涵盖了时尚产业的设计创意部分。伦敦的时尚产业中创意和人才输出成为新的亮点。

从20世纪70年代中期伦敦制造业衰退到现在，伦敦已经把重心全部转移到创意设计，而将生产外包到欧洲甚至全球其他更廉价的生产加工区。伦敦的时尚设计教育世界领先，每年培养出大批时尚设计师，为世界时尚设计界输送大量新鲜血液。以扶植新人为使命的伦敦时装周尽管不像纽约、米兰、巴黎时装周那样吸引关注，长期以来却也因其大胆新奇的风格而成为欧洲设计师汲取灵感的源泉，更是向大品牌输送新人的平台。即便英国的大品牌，其风格也更多地体现了设计师的风格和喜好，例如薇薇安·威斯特伍德、约翰·加利阿诺、亚历山大·麦昆、侯赛因·卡拉扬。伦敦时尚产业当中的跨国性并不多，占比重大的其实是中小型企业，因此，伦敦市政府也特别关注企业创新在伦敦时尚产业发展中所起的作用，重点扶持中小型企业。进入21世纪，创意产业已经成为伦敦重要的经济支柱和核心产业，而时尚产业在伦敦创意产业当中占据了非常大的比重。在伦敦，文化时尚创意产业已经彻底改变过去的商业模式，不再以生产制造为中心来思考，更强调创意、营销等概念。

伦敦的各家百货公司里，从英国皇室御用的高级店至超低价的大型超市连锁店应有尽有，商品也各式各样，从高价珠宝到服饰、食品等。哈罗斯百货公司是世界上最高级、最负盛名的老字号百货公司之一，面积达63万平方米，汇集了世界上最顶级的品牌（见图2-6）。所售商品向来以奢华高级著称，其历史已经超过150年，至今仍然是伦敦著名景点之一。尽管伦敦这个国际大都市汇集了众多世界顶级品牌的专卖店、旗舰店，但并不是所有的消费者都承受得起那些昂贵的大品牌。大部分年轻时尚消费者更倾向于Topshop这一类俗称"高街时尚"的店铺。

图2-6 哈罗斯（Harrods）百货

图片来源：联商网

（2）伦敦时尚产业的地位和作用

正如英国时装协会CEO希拉里·瑞瓦（Hilary Riva）所言"伦敦永远不能与米兰、巴黎同日而语，但她的创意与多元化是无与伦比的"。创意与多元化是伦敦时尚的血液和灵魂，她的有趣之处是她的年轻和活力，讽刺和勇气。她正是以这种不可阻挡的先锋创意和昂扬激情吸引着世界各地的目光。

伦敦的街头时尚风格显著，是创意和灵感的源泉与发源地，为世界主流时尚界起到了很好的补充作用。在英国任何一座大城市的任何一条街道上，都不难发现，到处是打扮看似随意、并不高级却有些奇异的人，多年以来，英国街头文化一直深受全世界时尚界的关注。摇滚、性解放、麻醉剂、艺术青年及带着邪恶黑夜诱惑力的东西都为英国街头时尚刻上了深深的烙印。

伦敦的男性时尚地位是毋庸置疑的，尤其是高级定制男装。自19世纪以来，伦敦的男装时尚已经处于世界领先的地位，伦敦男装的任何改变都牵动着世界男装的方向。伦敦拥有闻名于世的男装高级定制街——塞维尔街，还有专门销售男士用品的特色街——杰明街，它们都体现了英国传统绅士的优雅生活。

伦敦的年轻时尚席卷全球，直到今日。20世纪60年代是伦敦年轻文化集体迸发的时代，当时的伦敦，出现了披头士乐队、设计师玛丽·奎恩和她开创的迷你裙风貌、维达沙宣和五点剪式波波头。这些都是个性独特、作风自由开放的人物，正因为他们的存在而开启了无限突破、无穷创意的年代。20世纪70年代，薇薇安·威斯特伍德和性手枪乐队煽动了极具影响力的朋克运动。20世纪80年代，加利亚诺等年轻设计师在伦敦Taboo、Hell等夜店展现他们对时尚的想法，当时展示在这些夜店的时装每周都在变化。20世纪90年代，来自圣马丁的加利亚诺、亚历山大·麦昆、斯特拉·麦卡特尼、侯赛因·卡拉扬等天才设计师们纷纷入驻世界顶级大牌，为百年老牌带来年轻的血液和无穷的创意。20世纪，超模凯特·摩丝（Kate Moss）、摄影师大卫·西姆斯（David Sims）和尤尔根·泰勒（Juergen Teller）、时尚编辑爱德华·恩宁弗（Edward Enninful）和亚历克斯·怀特（Alex White）、发型师吉多·帕劳（Guido Palau）、化妆师帕特（Pat）和麦格拉（McGrath），这些名字主宰了全球的时尚创意圈。另外，即便你没有任何时尚教育背景，只要你有创意，也能在这里一夜成名。

伦敦创意时尚的一个非常显著的特点就是拥有众多创意人才。天才级的时尚人都选择留在伦敦，他们完全无法想象自己在伦敦以外的生活。正是伦敦这样一座充满活力和创意的城市才能提供给他们取之不尽、用之不竭的灵感源泉，让他们的创作呈现变幻莫测的万花筒似的精彩。这个融合了新与旧、富与贫的既传统又前卫的城市，每隔几年都会向我们展示其出众的一面，通常这些变迁都是在音乐界、夜店、同一着装的小团体、地下愤青和时尚风格杂志之间传递进行的。

（3）伦敦时尚品牌和设计师

伦敦时尚给人的第一印象就是"创意有余而实用不足"，创意可以理解为英国众多天才设计师天马行空的设计思维和高超的制作技艺，实用则更多地涉及设计师优秀作品在商业层面衍生下的品牌运作。可以说，英国的设计师与品牌之间的关系不同于其他任何一个国家。首先来看一个现象，就是自1996年约翰·加利亚诺进入法国迪奥担当设计总监开始，亚历山大·麦昆、斯特拉·麦卡特尼也先后曾任纪梵希、克洛耶的设计师，许多才华横溢的英国优秀设计师纷纷入驻世界各国顶级品牌。在达到一定程度后，他们才纷纷回国建立自己的同名品牌，优秀的才能与创建品牌之间的脱节是他们那个时期的大问题，当然，后来建立起的相关政府机构起到了相应的扶持新人的作用。其次，伦敦是一座给新人设计师充分展示自己才华的城市，有许多设计师甚至不是学设计出身，如从早期的玛丽·奎恩，薇薇安·威斯特伍德到包袋设计师安雅·希德玛芝（Anya Hindmarch）。安雅·希德玛芝于2007年凭借一只售价5英镑的"I am not a plastic bag"环保包袋引领全球环保时尚，进而成功地将她的同名品牌拓展到世界各地。她的成功例子凸显出英国时尚的包容性以及现代品牌运作的成熟度，未经专业训练的时尚人士一样可以在获得机会与认可的同时，进一步建立起具有国际影响力的品牌。总之，设计师是一个品牌的灵魂人物，是使品牌精神得以延续的关键，而行之有效的经营策略更是一个品牌得以运作的重要手段。

在不同时期，伦敦各行业都出现过享誉世界的知名时尚品牌（表2-3）。

表2-3 英国不同时期的代表品牌

创立年代	品牌名称	主要品牌类别	品牌特点
18世纪中后期	韦奇伍德（Wedgwood）	陶瓷	拥有高贵品质、高度的艺术性和洗练的创作风格，成功地将陶瓷的制作提升为艺术的创作。
	阿斯普雷（Asprey）	珠宝首饰	高贵气质和顶尖品质的代名词，其钻石饰品华贵、典雅大方，适合在多种场合佩戴
19世纪中期	巴宝莉（Burberry）	服装	从早期的防水布料、其后的明星产品风衣及其专属格纹到完成品牌年轻化后的高级成衣系列，始终具有英国气质的服装品牌
20世纪20年代	宾利（Bentley）	汽车	以豪华和昂贵著称的汽车品牌，生产过程中贯彻创造卓越、极速之车中极品的设计理念

续表

创立年代	品牌名称	主要品牌类别	品牌特点
20世纪80年代以前	Topshop	服装	英国快速时尚品牌的典范，产品涵盖面广，包括服装、配饰、化妆品、玩具等。
	玛百莉（Mulberry）	包袋	专于皮革制品，结合实用、原创和皮料独特触感，注入时尚元素的同时走经典仿古格调。
	美体小铺（The Body Shop）	化妆品	时尚环保的领军美容护肤品牌，产品均以纯天然植物成分制造，适合任何人使用
20世纪80年代以后	大内密探（Agent Provocateur）	内衣	不同于其橱窗陈列的诱惑性，产品以平易近人的风格和高品质建立起一定的知名度。
	薇薇安·威斯特伍德（Vivienne Westwood）	服装	不讲究服装剪裁，关注服装穿在身上的状态，透过拉扯撕开、略微滑离身体的服装演绎朋克风潮。
	约翰·加利亚诺（John Galliano）	服装	以精湛的斜裁技术演绎品牌的不规则、多元素、极度视觉化的非主流特色，展现其天马行空的创作思维
20世纪末	周仰杰（Jimmy Choo）	鞋	设计高贵典雅，穿着舒适

英国每年都会出现很多新锐品牌，这些新锐品牌大都以其独特的设计吸引着时尚界的目光（见表2-4）。

表2-4 英国代表性新锐品牌

品牌名称	品牌类型	品牌特点
彼得·皮洛托（Peter Pilotto）	服装	女装设计注重将新式和经典融合的优雅体现，脱俗的印花与柔和的建筑感轮廓，形成这对设计师组合的签名式设计
贾尔斯·迪肯（Giles Deacon）	服装	将各种矛盾突兀的元素集结在一起，致力于创造出一种新英伦风貌，具有别致的小古怪
加勒斯·普（Gareth Pugh）	服装	风格大胆诡异，设计充满了隐喻和象征，招牌作品则是关于"形式与内容"的实验性创作
克里斯托弗·凯恩（Christopher Kane）	服装	具有实用主义性质的先锋派设计，将实用与创意结合得恰到好处
尼古拉斯·柯克伍德（Nicholas Kirkwood）	鞋	以建筑轮廓创意设计的高级鞋履设计而闻名，如同装置艺术的高跟鞋充分兼顾实用性

续表

品牌名称	品牌类型	品牌特点
汉娜·马丁（Hannah Martin）	珠宝	珠宝作品中带有雕塑品所特有的痕迹和质感，具有贵族的典雅、另类和迷离的独特气质
安雅·希德玛芝（Anya Hindmarch）	包袋	以制作个性化独特包袋闻名，从自选照片图案手袋到"I'm not a plastic bag"环保包装的推出，都大获成功
露露·吉尼斯（Lulu Guinness）	包袋	以精致纯手工著称，有着独特的英伦风情，以20世纪40至50年代怀旧的元素作为设计灵感，其作品带有高贵英国的淑女优雅气质
奥兰·凯利（Orla Kiely）	配饰	以追求完美著称，注重细节，设计灵感多来自于20世纪60至70年代。设计风格是：复古感觉+现代元素+始终缤纷的颜色

3.伦敦时尚文化和时尚群体

（1）伦敦时尚文化特征

伦敦是一个真正的国际化大都市，也是名副其实的创意中心。这座城市因其开放性与包容性而吸引了来自世界各地的创意工作者，产生了丰富的多元文化，包括独特的男装文化、酒吧文化、古着文化、摇滚文化等，使这座拥有800多年历史的古老城市仍保有源源不断的创造力。遍布英国的大小城市，无论是现代城市文化的代表，还是老牌帝国辉煌历史的象征，以及活跃在伦敦街头的进行创意装束打扮的不同群体，人们都可以感觉到这种多元文化。正是这种文化上的多元造就了伦敦时尚文化的多元，在这个复杂而缤纷的背景下，时尚被赋予了很多特别的含义和暗示，同时折射出这个古老帝国在某些领域一直不灭的光辉。

（2）影响时尚文化的因素

① 主流传统。伦敦有着悠久而深厚的传统文化，英国人崇尚"绅士风度"和"淑女风范"，讲究"女士优先"。在日常生活中，英国人注意仪表，讲究穿着，男士每天都要刮脸，凡外出进行社交活动，都要穿深色的西服，系戴条纹领带；女士着西式套裙或连衣裙。而英国的男装文化则是英国悠久的绅士传统文化的代表。英国拥有两条世界上独一无二的街区，它们各自的风格鲜明，充分体现了英国男装在世界男装界的地位。其中一条叫杰明街（又名"男人街"），如今成为全球男士的"衣橱"。从量身定做的衬衣、皮鞋、西装、帽子，到剃须用品、烟丝烟斗等，凡是男士需要的服饰物品，在这里一应俱全。另一条叫塞维尔街（又称男装定制街），位于伦敦中心位置的上流住宅区，以传统的男士定制服装闻名。短短的一条街被誉为"量身定制的黄金地段"，其客户包括温斯顿·吉尔森勋爵和拿破仑三世等。

② 亚文化。伦敦文化融合了传统与前卫，如果说绅士文化作为传统文化的代表影响了伦敦的主流时尚，那么英国的亚文化则是作为前卫文化的代表影响着伦敦富有创新的前卫时尚风格。在这种多元文化的滋养下催生了众多的亚文化群体，如摩斯族、光头党、朋克、哥特、小混混（CHAV）等亚文化群体。这些群体擅长以标新立异的装扮凸显自己，在不同群落中起到标识作用。在大街上，你很难看到有一种所谓的流行趋势，取而代之的是多样的与众不同的不妥协风格。因此，在英国定义"时尚"这个词的时候，在不同的阶层和不同的群体当中有着截然不同的内涵。同时，古着文化在英国发展至今已拥有一个特定的消费群——古着一族。她们年龄大多为18～40岁，有学生、律师、医生、太太等。她们的共同点是情迷古着，都想显得与众不同，都想借古着服饰的独一无二穿出自己的个性与创意。与此同时，这类服装要穿出时尚感需要不凡的搭配功力，一般是由设计师把现代元素加入古着服饰中，洗掉"土味"保留经典是其不二法则，而非形式上的纯粹复古。

③ 少数民族文化。伦敦是一个多民族聚集的城市，各少数民族文化也影响着伦敦形成自己的时尚风格。无论是在政治生活、经济交往还是宗教文化等各个方面，每个族群的市民都有相当的自由度，从而使得宗教服饰以及民族服饰在英国的不同种族中犹如百花齐放、争奇斗艳。也因此为英国的前卫时尚设计提供了肥沃的土壤和无限的灵感源泉。除了本地白人和早期因为黑奴贸易而生活在这里的非洲后裔以外，还有几大主要的少数族裔，其中印度裔和巴基斯坦裔的数量最为庞大。

④ 各类艺术。伦敦被公认为世界上最重要的艺术中心之一。这主要得益于20世纪80年代以来英国涌现出大批富有创造性的当代艺术作品，大批艺术家走出了欧洲以及美国现代主义的影响，创造出属于他们自己的艺术世界。这种鲜活的艺术独立性和蓬勃的艺术能量使得公众和媒体对艺术重新产生了兴趣，而这种兴趣在近些年变得越来越浓烈。伦敦也有许多艺术场所，如国家美术馆、国家肖像馆、泰特艺术馆和多维茨画廊。同时，英国有着辉煌的艺术史，著名的"拉斐尔前派""新艺术运动"都兴起于英国，"波普"也是英国开创的品牌，新世纪的艺术家以大胆与狂暴的姿态，虐恋式的自我暴露与欣赏，刺痛灵魂的深刻及明察秋毫的广博，登上了世界艺术的舞台。

（3）时尚群体

① 权贵人士（20世纪以前）。20世纪以前，由于经济、政治等各种因素决定了伦敦当时的时尚群体主要集中在皇室、宫廷贵族、富商、地方乡绅等群体之间，他们的衣着时尚品位影响着整个伦敦甚至是英国的时尚潮流。1625年，查理一世登上王位，在他统治期间，越来越多的大贵族开始定居于威斯敏斯特，而其他中小贵族及其家庭开始在每年的某些时候来到伦敦，购买衣服、饰品、书籍等，享受伦敦社交生活，这就是伦敦

社交季节的开始。

18世纪，伦敦是英国王室与政府的所在地，因此，众多的人口中，皇室、宫廷贵族、地方乡绅、富商等社会中上层的人比英国其他地区多。这些一方面需求精美的食物、舒适的住处，还对衣着服饰特别关注，将服饰作为身份的象征。他们总是设法为自己和家人甚至仆人都穿上时尚的衣服。同时，社会上层的这种消费行为还影响了伦敦社会的其他阶级，中等阶级和普通市民竞相效仿。伦敦社交季在18世纪发展到了成熟时期。参加了伦敦社交季的上层人士，返回到乡村后骄傲地向人们描绘或展示最新奇的物品，引来人们的羡慕与模仿。那时，社交界比较有名的人物有乔治亚娜·德文郡公爵夫人，一个一生都在引领英国时尚风潮的美丽女人。

② 各类人群（20世纪以后）。从20世纪开始，伦敦的时尚群体呈现多样化趋势，既有正统的皇室贵族，又有前卫个性的街头时尚群体。在伦敦，不同的人群对于"时尚"有着不同的理解。

● 皇室贵族群体

英国皇室是英国贵族的主体，作为传统贵族，英国皇室素来有深谙穿衣时尚的传统，他们注重时尚品位的着装风格，给人温文尔雅、干净整洁的美好印象，并且具备高贵的人文品质和素质操守，敢于担当社会责任，有知性与道德的自主性，能够引领时尚与潮流，又继承了传统贵族理念，皇室贵族也因其持久永恒的魅力而为全世界的名流仕族所推崇。例如，曾经的名流仕族温莎公爵被皮尔·卡丹誉为男性时尚领域真正的大人物，他在时尚界绽露的光芒，至今未曾消退。而戴安娜王妃则是英国时尚领袖的代表人物，她以优雅高贵的形象成为20世纪八九十年代高级女装的第一代言人。人们已经完全习惯了把她视为一位超级模特，其衣着形象曾一度成为英国上层社会的时尚坐标。从过去的传统华贵转向现代女性的健康性感，追求简洁明朗、能体现女性优美自然的服饰，成为广大独立女性追逐效仿的对象。英国皇室成员的每次公开露面，在着装方面都非常考究，也正是这种严谨的作风，很好地展示了英国文化中的绅士淑女传统，深受英国民众的追捧。英国皇室贵族由于其特殊的身份和地位，其着装往往有些保守但却非常精致，而皇室贵族可以说是英国传统时尚的代表。

● 中产以上阶级和主流时尚群体

这群人大多拥有多件顶级奢侈品，年龄多在30岁以上，事业有成、收入颇丰、见多识广，外在形象趋于成熟、自信、典雅、个人气质与奢侈品的华丽外表相得益彰。比较热衷于巴宝莉、阿玛尼等国际大牌。其中也包括时尚产业的设计师、时尚媒体从业人员、时尚造型师、模特等，如名模崔姬·劳森、凯特·莫斯。他们中的大部分往往是主流时尚的追随者，而其中部分处于时尚发展前沿的人群也是主流时尚的创造者，如作为造型师与时装编辑的伊莎贝拉·布罗、摄影师尼克·奈特等人。

● 亚文化群体

英国的亚文化群体是世界前卫时尚的代表,他们反对主流,注重自我和个性,他们的装扮标新立异,甚至有些诡异。而他们往往是前卫时尚的创造者,属于时尚的先锋群体,他们的衣着、行为也成为设计师们获取灵感的源泉。英国著名设计师薇薇安·威斯特伍特当属这一人群的代表人物。

● 普通街头流行时尚群体

作为最大众的年轻团体,他们可以来自各种不同的文化、种族、教育背景。如同全世界的每一个社会,他们是组成该社会时尚定义最重要、最完整的那个部分。在英国也不例外,无论那些亚文化团体怎么折腾,最终都要被沉淀到这一群大众中去,然后或完整、或残缺地被他们的日常时尚和流行观念再呈现出来。同时这些也是普通人最容易理解和接受的一种大众时尚的媒介。他们可以被看作前卫时尚的追随者。

(三)米兰:成衣王国

米兰作为意大利时尚产业的中心和世界时尚之都,无论从地理位置、经济、文化还是历史发展方面来看,都有着得天独厚的条件。地理上,米兰位于欧洲的东西及南北交界之处,是意大利北方地区重要的交通枢纽,公路铁路四通八达,原料、技术的输出和输入都很便利。经济上,米兰是意大利国内生产总值最高的城市,是国民经济的支柱。文化上,米兰不仅继承了意大利独特的历史文化传统,还在其基础上不断创新,是意大利风格的代表,成为时尚产业的典范。在米兰时尚产业迅速发展的几十年间,米兰以其开放包容的态度、迅速发展的经济和强大的工业背景、高度国际化的设施与服务保证了时尚业的发展,在世界时尚产业上长期占有很大的份额。米兰,以其梦幻的格调、精湛的手工艺和优质的成衣闻名于世。米兰与巴黎、纽约、伦敦和东京并称,是世界上公认的最重要的国际时尚都市之一。

1. 米兰时尚产业的发展阶段

米兰时尚产业主要包括纺织服装业、皮革业和制鞋业,但以纺织服装业为基础。依托于意大利纺织服装产业,米兰成为意大利时尚经济的核心地区,其产业发展可以分为三个阶段并各具特点。

(1) 20世纪50年代之前

20世纪之前,米兰的时尚业以手工制作产品为主。20世纪初到20世纪50年代期间,米兰并没有像今天一样在时尚界享有盛誉。在当时,米兰作为伦巴第的中心,生产了相当数量的服装和饰品,虽然那时意大利的纺织品和精致的手工艺品已经名扬世界,但米兰却不是其制造和销售中心。这个阶段，时尚产业的中心集中在意大利的佛罗伦萨、罗马等地，整个意大利的纺织与手工业在两次世界大战的背景下发展壮大，为米兰日后成长为时尚之都打下了基础。

（2）20世纪50至70年代

20世纪50到70年代是米兰作为时尚之都的发展阶段。在这个时期，米兰的纺织服装和手工业都逐渐强大，成为能够与佛罗伦萨、罗马相抗衡的时尚都市。20世纪50年代，佛罗伦萨与罗马开始了一场"时尚之都"争夺战。佛罗伦萨和罗马的对立与冲突并没有更好地推动意大利服装业的发展，最后这种对立为以工业为中心的北部地区尤其是米兰提供了很好的机会。

第一位真正意义上的意大利成衣设计师沃尔特·阿尔比尼（Walter Albini）在这个时期从法国回到米兰，并作为一名自由设计师同时为5个品牌设计服装，此后他也创立了以自己的名字命名的服装系列，这是当时国际服装界的大创举。此后，他加入了进驻米兰的队伍，而他在米兰的成功也使得越来越多的设计师选择走入米兰。

米兰之所以会成为设计师们倾心的目标，主要是因为当时其拥有具备国际和国内航线的大型机场、高级酒店和良好的城市设施，它始终以一种开放的姿态面向欧洲和世界，其迅速发展的经济和强大的工业背景可以很好地保证服装业的发展。米兰融合了工业、创造、风格、社会交流和艺术等多种因素，这样的融合给了服装业很大的提升空间。

（3）20世纪70年代至20世纪末

20世纪70年代早期，伴随着服装业的发展、市场的成熟以及服装品牌的集中诞生，经过不断的探索和发展，米兰成为与法国巴黎、英国伦敦并列的世界时尚之都。这个时期，是米兰成为时尚之都的确立和继续发展阶段。

从20世纪70年代初开始，米兰就成为世界最重要的时装中心城市之一。米兰的成衣虽不像高级时装那样强调艺术和定制，但依然极度华丽与时髦。此时的米兰时装保留了经典但不乏味的剪裁，强调富于创新却不矫揉造作的设计。自1972年起，一些成衣设计师以个人名义在米兰举办时装秀。到1974年，意大利女装展示已全线退出佛罗伦萨皮蒂宫移至米兰。而设计师乔治·阿玛尼的首场时装发布会受到世界范围内的好评，标志着米兰成为国际时尚之都。1978年9月，男装展示也逐渐开始了由佛罗伦萨向米兰的过渡。

米兰完美地融合了敏感的市场和别致新颖的创意，成为联结意大利服装和世界各国服装企业家的重要通道，在20世纪80年代被称为"城市的钥匙"。在米兰，手工艺、高质量的皮革和面料也备受全世界设计师的青睐。米兰还被称为"城市之窗"，因为米兰百货商店的陈列和展示甚至都可以创造和引发流行（见图2-7）。

图2-7 米兰的橱窗展示

图片来源：http://blog.sina.com.cn/s/blog_e2cb2be30102vego.html

米兰的时装贸易拓展到海外，也为全球的买家们创造了神话。1985年，意大利出口贸易额为97亿美元，超过法国成为世界上纺织品服装出口第一大国。1986年的纺织服装出口额则达到130亿美元，仍居世界之首。名设计师总是需要不断面对新晋设计师的挑战，但是在米兰，新的理念和创意永远受到人们的欢迎。

2. 米兰时尚产业现状和地位

（1）米兰时尚产业的现状

20世纪，米兰成长为时尚之都经历了开端、发展、确立到继续发展的几个阶段。从最初几十年作为意大利制造的追随者，到20世纪60年代产业重心向其转移，20世纪70年代登上国际舞台，20世纪80年代贸易的增长和品牌扩张以及20世纪90年代在管理经营上的不断完善，米兰终于在世界上确立了时尚之都的地位，这是个复杂曲折的演进过程。传统手工艺、创新设计、现代化工业技术以及生产和经营模式在不同时期都发挥着各自的作用并且相互融合，设计师与生产商、工业与文化的有机结合有效地促进了米兰时尚产业的发展。

21世纪以来，米兰作为世界五大时尚之都之一，以其鲜明的色彩、大胆的剪裁和精湛的工艺成为全球时尚产业的引导者。如表2-5所示，2016年意大利再度凭借奢侈品公司数量（24家）领跑全球。

表2-5 意大利奢侈品百强企业（根据销售额排名）

2016财年奢侈品销售额排名	公司名称	奢侈品品牌精选	2016财年总收入（百万美元）
4	Luxottica Group SpA	Ray-Ban, Oakley, Vogue Eyewear, Persol, Oliver Peoples；授权眼镜品牌	10051
19	Prada Group	Prada, Miu Miu, Church's, Car Shoe	3515
24	Giorgio Armani SpA	Giorgio Armani, Emporio Armani, Armani, A|X Armani Exchange	2791
31	OTB SpA	Diesel, Marni, Maison Margiela, Viktor&Rolf	1747
33	Max Mara Fashion Group Srl	Max Mara, Sport Max, Marina Rinaldi, Max & Co, Penny Black	1610
34	Salvatore Ferragamo SpA	Salvatore Ferragamo	1591
36	Dolce & Gabbana	Dolce & Gabbana	1549
39	Safilo Group SpA	Safilo, Carrera, Oxydo, Smith；授权眼镜品牌	1386
42	Valentino SpA	Valentino, REDValentino	1294
44	Ermenegildo Zegna Holditalia SpA	Ermenegildo Zegna, Z Zegna, Zegna Sport	1260
46	Moncler SpA	Moncler	1151
47	TOD'S SpA	Tod's, Hogan, Fay, Roger Vivier	1150
54	Gianni Versace SpA	Versace, Versace Collection, Versus Versace	746
63	Brunello Cucinelli SpA	Brunello Cucinelli	506
67	Marcolin Group	Marcolin；授权眼镜品牌	489
68	Furla SpA	Furla	474
69	De Rigo SpA	Police, Lozza, Sting；授权眼镜品牌	467
78	Liu.Jo SpA	Liu.Jo	351
79	Gefin SpA	Etro	339
81	Aeffe SpA	Moschino, Pollini, Alberta Ferretti, Philosophy	318

续表

2016财年奢侈品销售额排名	公司名称	奢侈品品牌精选	2016财年总收入（百万美元）
82	Euroitalia S.r.l.	Reporter, Naj-Oleari 授权香水品牌：Moschino, Versace, Missoni	312
85	TWINSET - Simona Barbieri SpA	Twin Set、SCEE	271
92	Fashion Box SpA	Replay	246
97	Finos SpA	Trussardi	225

资料来源：德勤《2018年全球奢侈品力量报告》。

（2）米兰时尚业的地位和作用

相对于巴黎时尚注重艺术性而不注重市场的现状，米兰更注重设计与经济效益的结合。如今，米兰的时装所占全球市场的份额已经超过了巴黎。米兰时尚产业的特色鲜明：

第一，以小企业为主，大中小企业密切合作，构成了完整的产业链。其产业半径覆盖了整个意大利，而意大利作为米兰的大后方，以产业集群为特点，创造了"意大利制造"的优质品牌。

第二，知名品牌众多。许多设计师还是品牌的经营者，这些知名品牌的经营状况也较好。而米兰以展示中心为基础的时尚产业结构不但为这些品牌提供了展示平台，也是米兰时尚产业的特色之一。展示中心通常设立在品牌总部或是品牌在米兰建立的豪华分部，其时尚的设计和橱窗为米兰增加了时尚气质，同时在米兰数量众多的展示中心又形成了规模效应。作为时装周的销售环节，展示中心系统比较成熟，其便利也吸引了全世界的媒体和买手。

第三，文化特性也是米兰时尚知名的重要原因。米兰时尚产品之所以成功，就在于其优良的品质。米兰设计的鲜明用色、大胆利落的剪裁，加上精致的手工艺传统和高档面料，成就了米兰的成衣文化。米兰成衣的实用性，符合了20世纪以来大众消费时装的趋势，不仅保证了米兰服装产业的销售，而且以其高品质在国际上独树一帜。

"时尚"与"米兰"是两个不能分离的词语。每年，成千上万的人来到米兰，感受米兰的时尚气息。从专业买手到时尚爱好者，都在消费米兰的时尚产品，影响着米兰时尚产业的进步。米兰时装周发布的潮流趋势辐射到全世界，成为世界的时尚（见图2-8）。米兰展出的时尚产品销售到世界各地，使全世界的人都能够接触到最新的时尚潮流。米兰是名副其实的世界时尚之都。

图2-8　2018春夏米兰时装周

图片来源：mz.mop.com.

　　对于产业发展，米兰的时尚产业为其他国家提供了一种可以借鉴的模式。在米兰模式中我们可以看到，一方面，时尚业不仅仅是表面的浮华，要有原创性的设计，还要注重本民族的传统，注重质量和细节，更不能只关注经济利益；另一方面，米兰有效的时尚结构也值得借鉴。

　　陆逊迪卡集团是世界上最大的眼镜公司，其产品覆盖高端时尚、奢侈品牌和运动系列。在2016财年度，集团总收入为100.51亿美元。在全球100强中意大利服装和时尚用品企业排名首位。集团的国际扩张已将其地理足迹扩展到全球。该集团的全球批发分销网络覆盖五大洲的150多个国家，并拥有约9100家门店的广泛零售网络。产品设计、开发和制造在集团位于意大利的六个制造工厂，在中国的三个工厂，在巴西的一个工厂和在美国的一个专门用于运动和高性能眼镜的工厂中进行。自家品牌组合的基础是全球领先的生活方式眼镜品牌之一雷朋（Ray-Ban）和运动与性能类别的领导者奥克利（Oakley）。这些支柱由高端市场的Persol、Oliver Peoples和Alain Mikli，运动市场的Arnette和时尚市场的Vogue Eyewear补充。旗下拥有20多个授权品牌，其中包括时尚和奢侈品品牌领域的知名品牌，名单包括Giorgio Armani, Emporio Armani, Armani Exchange, Brooks Brothers, Burberry, Bulgari, Chanel, Coach, Dolce & Gabbana, Michael Kors, Prada, Miu Miu, Ralph Lauren, Polo Ralph Lauren, Ralph Eyewear, Starck Biotech Paris, Tiffany & Co, Tory Burch, Valentino和Versace。集团在设计领域的重大突破伴随着两个举措：一是与世界著名设计师合作，二是收购知名品牌。1988年首度与世界顶尖时尚品牌阿玛尼合作，签订其品牌产品的授权生产协议。随即又和其他一些重要的大型国际公司签署合作协议。这样的举措使得陆逊迪卡集团进入了更高端的市场，并获得了更高的知名度。陆逊迪卡品牌概况见表2-6。

表 2-6　陆逊迪卡集团概况

品牌	陆逊迪卡
创立时间	1961年
总部地址	意大利，米兰
创始人	莱昂纳多·德·维克沃（Leonardo Del Vecchio）
品牌线	雷朋（Ray-Ban）以及Oakley, Vogue, Persol, Arnette等品牌。陆逊迪卡集团的授权品牌包括Bulgari, Burberry, Chanel, Donna Karan, Polo Ralph Lauren等
核心业务	太阳镜、光学眼镜、眼镜架
目标消费群	中等以上收入的阶层

（3）时尚品牌和设计师

全世界的人都来到米兰，感受和购买意大利的时尚，包括服装、针织品、鞋、皮革制品、毛皮等。设计师知名、品牌众多是米兰时尚产业的发展特点之一。

米兰的时尚品牌云集、历史悠久，而且各个品类都有分布，在国际上，这些品牌的知名度也相当高。米兰的品牌与设计师之间有十分密切的联系。在米兰，大多数品牌是以设计师的名字命名的，设计师不仅是品牌的创立者和经营者，负责品牌的运营工作，还是掌管品牌设计的设计者。

在米兰时尚产业发展的不同时期，设计师、品牌层出不穷，影响了米兰如今的时尚产业格局。详细内容见表2-7。

表 2-7　米兰不同时期代表品牌

年代	品牌
20世纪20年代以前	普拉达、芬迪、古弛、图沙蒂、萨尔瓦托·菲拉格慕、杰尼亚
20世纪50年代	克里琪亚、米索尼、马克斯·玛拉
20世纪60年代	贝纳通、华伦天奴、吉尔·桑德、陆逊迪卡、玛佐多
20世纪70年代	贝博洛斯、詹弗兰科·费雷、范思哲、乔治·阿玛尼、玛丽艾拉·普拉尼
20世纪80年代	罗密欧·吉利、多尔切与加巴纳、莫斯奇诺、阿尔巴特·费露迪、IT集团
20世纪90年代	伦斯·斯蒂尔

在以上品牌中，虽然有一些已经在国际上消失，但另一些仍以强势姿态在时尚行业占有很大的市场份额。

3. 米兰时尚文化和时尚群体

时尚是米兰的城市名片。无论是小的独立设计品牌，还是实力雄厚的奢侈品品牌，都体现着米兰的时尚魅力。米兰之所以能够成为时尚之都，与其时尚文化密不可分。

（1）米兰时尚文化的特性

在经历了一个多世纪之后，米兰发展出了独特的设计风格。独创性、艺术性、成衣化是米兰时尚风靡全球的原因。米兰时装、鞋子的高级质感以及高级的服装材质和手工技巧，都展示了米兰时尚的精致。在意大利，高级女装的中心在罗马，而米兰则是成衣的王国。

米兰的时尚设计不仅有设计的独创性，还具有技术的先进性。现代米兰的时尚设计与意大利的传统文化相结合，继承了意大利精湛的传统手工艺，使得"意大利制造"成为好手工、高品质的代名词。意大利产品优良的品质使其畅销全世界。在意大利，不论是对于不同种类的皮革，还是不同出产地的牛皮、猪皮和羊皮以及牛身上的背部硬皮和肚皮软皮等，其加工处理的方法都各有讲究。

除此之外，米兰设计的最大特点是创新。无论是服装还是鞋子、皮具，每年的款式几乎没有重复的。每年的米兰时装周和各大国际性展会就是流行趋势发布的盛会。设计师们不断开发新的创意，引领全世界的时尚潮流。

（2）影响时尚文化的因素

米兰时尚文化的特性，第一，来自于米兰人热情奔放的民族性格；第二，来自于米兰悠久的历史文化和艺术传统；第三，来自于米兰人悠闲随意的慢节奏的生活方式。

米兰人具有意大利人充满活力的性格，他们热情奔放，追求自由。这样的性格使其对生活充满激情，具有创造力。于是，在设计和选择服装时他们就追求一种戏剧化的效果。米兰的时装在用色上大胆鲜明，经常使用蓝色、橙色等亮丽的颜色，具有地中海的特色；在形态上，米兰的设计线条和廓形简洁、性感奔放，很多人提到米兰的服装，第一个联想到的词语便是性感。

优秀的文化艺术传统为米兰的设计奠定了底蕴，时尚产品具有设计感强的特点。米兰的设计风格有一种休闲中带着高雅的味道。这来源于意大利人天生的艺术感，来自于充满想象力和人性化的设计。从文艺复兴到未来主义，意大利从来都是艺术的活跃之地，艺术从古到今都在影响米兰人的审美。注重审美，将事物外观的美视为"第一位重要"，是"意大利制造"的精髓。

米兰社会历来注重个人日常生活品质，他们生性喜欢享受生活，悠闲的慢节奏生活一直是他们根深蒂固的生活方式。这种随意的生活方式使得米兰时尚不像法国时尚那样高高在上，而是更多地注重实用性。虽然在现代社会各个国家的风格定位逐渐模糊，但米兰时装展现出来的鲜明风格与注重艺术性和创意的法国服装有明显的区隔。巴黎时装强调时髦的外形，做工精细、质地华丽、价格昂贵，有不少属于偏重展示效果的舞台装，更多的是一种新的概念。而米兰时装的鲜明特征，是高级时装平民化、成衣化，以高雅大方、简洁利索的便装为主。具有这些特点的成衣使得大众和平民也能够消费最前沿的时尚，体现出米兰时尚平易近人的亲民气质。

意大利一直以来的精细的手工艺传统，使得米兰人对于服装质量具有较高的要求，于是优质近乎完美的面料成为米兰成衣的一个特点。意大利是文艺复兴的发源地，文艺复兴为意大利先进的手工技术奠定了良好的基础。现代米兰的时尚设计与意大利的传统文化相结合，继承了意大利精湛的传统手工艺，使得"意大利制造"成为好手工、高品质的代名词。在米兰，时尚产品生产的技术和工艺流程非常重要，没有这两个流程的支持，再好的创意也不能实现。

（3）时尚群体

时尚群体在不同时期、不同层次上接受、传播并影响着米兰时尚。历史上，米兰的贵族曾经是艺术和时尚的主要消费者与资助者。著名的美第奇家族和斯福尔扎家族是其代表。而在第二次世界大战期间，由于法国高级时装的匮乏，本土客户不得不转向本地出品的服装消费，进而形成了一个重要的市场空间，上流社会开始资助本土设计师，女装设计师在战争期间从罗马贵族那里获得许多赞助和支持。这些贵族是设计师获得成功的重要支持因素。

随着时代的发展，米兰的时尚品位已经不仅仅是贵族的品位。米兰本土民众的时尚尤其是着装风格正向着多样化的道路发展。民众在时尚表现方面分为不同的阶层，每个阶层都有其独特的风格与品位。米兰是近几十年才成为时尚之都的，其风格也是20世纪70年代以后才得到国际承认。之前，米兰时尚一直在效仿法国，所以，对于来自巴黎的时尚，米兰人多多少少有些排斥。而后来美国的崛起，使得美国式的休闲生活方式被大众接受。对于美国服装，米兰的年轻人并不排斥。随着经济和社会的发展，米兰的民众越来越注重个性化的风格和个人思想感情的表达，对于时尚消费品的选择也较之前的范围更加宽广。不仅有传统的范思哲品牌风格流行，还出现了新兴街头风格品牌迪索等。

除了本土民众之外，不得不提及一些米兰的先锋时尚人群。米兰时装周作为米兰潮流的发源地，每年在全世界范围内辐射最新的时尚潮流，而参与其中的活跃分子自然成了时尚的领军人物，他们对于最新的流行时尚最先接受并引导其传播。像意大利《L'UOMO Vogue》时装编辑吉欧万那·巴塔利亚（Giovanna Battaglia）和时装圈内呼风唤雨的时尚杂志顶级元老安娜·皮亚姬（Anna Piaggi）等都在时尚背后影响着大众对潮流的品味（见图2-9）。

图2-9　安娜·皮亚姬

图片来源：广州日报

（四）纽约：时尚的大苹果

如果从纽约的服装业进入机器生产时代算起，至今不过150多年，纽约在如此短的时间内一跃成为国际时尚之都，其发展历程和经验值得深思。纽约是风情万种的大熔炉，多元、宽容，甚至有点玩世不恭的城市文化造就了纽约的生命力，也造就了纽约时尚的创新力。与巴黎、米兰、伦敦等世界时装之都相比，虽然纽约进军世界时装之都起步较晚，历史文化的积淀也显得单薄，但时装行业发展所需要的时尚人物、高消费人群、文化艺术氛围、广告宣传理念与手段等关键要素都是纽约这座号称"世界之都"的城市所引以为豪的特征。纽约既是世界的金融商业中心，又是世界重要的文化艺术中心，这里有着来自世界各地的社会名流，有着高度成熟的商业运作理念与模式，有着高度集中的新闻传媒广告业，也有着标新立异、兼收并蓄的多元文化。因此，纽约能够在较短时间内走完其他老牌时装名城用很长时间才走过的路，成为世界时装之都中的后起之秀也就不足为奇了。

1. 纽约时尚产业的发展阶段

纽约的服装业在城市发展过程中发挥了重要作用。以服装业为主体的时尚产业的发展阶段不仅与城市进步相互映射，服装产业发展的一些关键时间节点也成为时尚产业分期的基本依据之一。

（1）殖民时代初期至19世纪中期

在这一时期，纽约的时尚业处于萌芽期，但已经隐约成为新大陆的中心。服装业等则以手工制作为基本特征。时尚风格效仿欧洲。最初，纽约的服装业主要是进口其他产地尤其是欧洲的服装。随着国家的发展、需求量增大，纽约裁缝行业逐渐发展起来，并且服装越来越具有独特的美国风格。他们针对不同社会阶层的需要，不仅为社会中上阶层服务，也很快为水手、工人和去西部淘金的探险者生产实用主义的服装。在纽约，富人和上流社会人士去第五大道的服装公司，而普通家庭和一般阶层去下东区（the Lower East Side）的迪威臣街（Division Street）。大多数裁缝在东区的公寓中工作，这促进了出售其生产的成衣的百货店的兴起。梅西百货（Macy's）于1858年开店，劳德及泰勒（Lord & Taylor）则在第二年开始营业。

此间纽约以及新大陆的时尚以欧洲为准，纽约发达的定期班轮服务将欧洲的时尚服饰迅速带到纽约，批量生产后由纽约商人控制的分销渠道销售到西部、南部及全国各地。纽约在新大陆的时尚中心地位在此期间初具雏形。

（2）19世纪中期至20世纪30年代

在这将近100年的时间里，纽约的时尚业进入加速发展阶段。服装业进入机器批量生产阶段，化妆品和皮具行业也有较大发展。但是纽约的时尚依然没有自己的风格，欧洲才是时尚源头，纽约则亦步亦趋。此间的每一个重大历史时间均给纽约以发展的机遇。美国南北战争给纽约和华尔街带来了意想不到的繁荣，纽约一举击败费城而成为美国最重要的金融中心和世界第二大证券市场。一战让纽约成为世界金融体系的核心，世界经济中心开始转移至美国。

一系列新科技的出现，让纽约服装业进入机器批量生产时代，其中以缝纫机的商业化生产和使用为标志。1905年，纽约服装企业普遍用上了电力缝纫机。到1910年，美国70%的女装和40%的男装都在纽约生产。在此期间，纽约时尚产业中的其他部分也有所发展。就香水和美容产品而言，1922年，第一款伊丽莎白·雅顿（Elizabeth Arden）自己配制的香水正式推出。此后，雅顿开发了许多化妆品，并推出了一系列安全有效的护肤用品。在商业方面，目录邮购商业迅速发展起来并成为延续至今的消费方式。时尚业的发展使得百货店进一步兴旺，1872年是布鲁明戴尔（Bloomingdale's）开张，1895年是韩瑞·班德尔（Henri Bendel's），再之后有1898年的萨克斯（Saks）（见图2-10），1899年是贝尔格道夫（Bergdorf's）。到20世纪初，纽约的百货业格局初步形成。

图2-10　萨克斯第五大道（Saks Fifth Avenue）

图片来源：https://www.saksfifthavenue.com

纽约的时尚传媒兴起，1867年开始发行《哈泼周刊》（Harper's Weekly），1901年开始以《哈泼·芭莎》（Harper's BazAar）月刊的形式发行（见图2-11）。就时尚风格而言，纽约服装业的特点是大批量生产、适应性设计和工业化，并不以创造性和美感擅长，所以在时尚方面依然以欧洲尤其是巴黎为标杆。

图2-11　哈泼·芭莎

图片来源：www.bookschina.com

（3）第二次世界大战至20世纪60年代

"二战"切断了欧洲与美国的时尚关联，纽约的设计师群体趁机崛起。在战争的背景下，纽约的女装形成了自己的特色并奠定了纽约风格的基调。"二战"以后到20世纪60年代末，尽管巴黎又占据了时尚的主导权，但是美国及纽约自己的风格也逐渐显现。纽约成为最具实力的时尚消费城市。青年群体不仅逐渐成为时尚的焦点，也成为纽约时尚关注的对象。在此期间，纽约的服装制造业的发展达到顶峰。随着"二战"的爆发，巴黎被德军占领，许多设计师精品店均关门停业。美国和纽约那些忠实于法国时尚的顾客将目光转向国内，纽约涌现了一批本土设计师。另外，很多欧洲的设计师和时尚业人才流亡到纽约，推动了纽约时尚业的发展。因为纽约的妇女们走上传统中男性的工作岗位，功能性、实用性和舒适感成为女装的重要特征并一直延续至今，成了纽约风格的象征。纽约时尚产业的其他环节在"二战"期间也有所发展。1942年，在纽约的一间阁楼中诞生了以皮具著称的蔻驰（Coach）；1946年，雅诗兰黛（Estee Lauder）公司诞生。

20 世纪 50 年代和 60 年代是纽约时尚业发展迅速的时期。20 世纪 50 年代是巴黎高级定制服装把握流行话语权的岁月，但是纽约乃至美国的富人群体是巴黎时尚与时尚风格的最大消费者，也是世界时尚业复苏和发展的头号发动机。直到 20 世纪 60 年代末期，纽约的时尚业依然是生产—消费型经济，而纽约的设计师已经让属于纽约的时尚风格生根发芽。

（4）20 世纪 70 年代以后

在 20 世纪的后 30 年，纽约的时尚业完成了从生产—消费型经济向服务型经济的转型。在 20 世纪 70 年代，纽约凭借一批天才设计师及其品牌在设计和商业上的双重成功而树立的纽约风格和时尚声望，借助工业化批量生产的高级成衣，依靠如日中天的城市地位和美国式的生活方式，一跃而成为国际时尚之都。此间，虽然纽约的服装工业急剧萎缩，但是纽约加强了设计创意、高端制作和经营模式创新，产业半径从城区到市郊再延伸到世界各地。这从根本上动摇了欧洲时尚中心的地位，也使得纽约作为世界时尚中心城市成为国际潮流中的重要一极。

相对于制造业的萎缩，纽约时尚业在此期间最大的特点就是进行商业和生活方式的扩张。20 世纪 70 年代，纽约出现了一批天才的设计师，他们以纽约成熟的商业模式为后盾，以纽约生活方式的宣扬为设计基点，不仅在设计上形成了纽约风格，而且在经营上也取得了很大成功，为纽约赢得了声誉。卡尔文·克莱因（Calvin Klein）等设计师们获得了电影明星般的地位，其他成衣和个人护理、皮具等品牌也日趋兴旺，民众对自己的衣着打扮出现了前所未有的关心，这些使得纽约步入时尚之都的行列。到 20 世纪末至 21 世纪初，纽约作为国际时尚之都不仅成为设计、经营、高端制作的基地，而且很多设计师已经走向世界，受雇于欧洲品牌。

众多的艺术形式均对时尚产生了很大影响，尤其是新音乐，每种音乐的风行都会引发一种时尚，甚至音乐本身也已经成为时尚的一部分。一些 Hip-hop 艺术家开始创建自己的品牌。对街头风格的关注始终是纽约时尚界的特色。互联网的出现给纽约时尚界新的机遇。纽约的时尚业不仅通过互联网的双向快速资讯渠道宣扬纽约的时尚，同时，各种已有的时尚产品企业也纷纷开设电子商务网站、拓展网上定制业务，互联网还催生了很多基于互联网进行运营的时尚品牌和企业。

2. 纽约时尚产业的现状和地位

（1）纽约时尚产业的现状

到金融危机之前，纽约以服装业为核心的时尚产业已经成为美国之最，也是世界时尚的重要一极，并在纽约城市经济中占有重要地位。以服装业为例，在经济衰退之前，纽约服装业雇用员工 175,000 人，发放工资合计 100 亿美元，缴税总额 16 亿美元。而且，服装业每年销售额超过 140 亿元，这对于纽约经济的良好发展是至关重要的。在纽约的时尚产品制造业大量萎缩的背景下，纽约依靠时尚产品展览、批发和大型时尚活动来维持其时尚之都的地位。纽约是美国的设计、媒体和营销中心，有 900 个品牌将总部设在纽约。大量的时尚贸易展、公司陈列室和美国时装设计师协会大奖（Council of Fashion Designers of America）、艾美奖、托尼奖及电影首映式等时尚界大型活动，综合起来每年吸引大约 57.8 万的外地人来到纽约。纽约是美国最大的服装零售市场，销售额达到 150 亿美元，税收 7.68 亿美元。纽约也是美国最大的服装批发地，占全美 27%。更重要的纽约时装周一年两季的 500 个活动要吸引 23.2 万专业人士参与，直接产生 5.32 亿美元消费，全年所产生的经济效益达到 8.65 亿美元。和时尚周并行的纽约市场交易周每年吸引约 23.2 万人次参加，其中有时装设计师、高层管理人、买手以及其他时装业人员，同时还有 30 多个国家的媒体代表，这对于纽约市批发业能创造 386 亿销售总额是个很大的贡献。

纽约作为一个时尚之都的成功，很大部分归功于它的服装中心，此中心区虽然面积不大，但是其生产和设计的服装占全美生产服装的 1/3，而且，大约有 800 家时装公司坐落在这里，是巴黎时装公司的两倍多。目前，纽约的服装公司大多数是小型代理商，可提供小批量货样，且周转时间短。纽约还是服装原辅料供应商的集中地。美国最著名的化妆品公司总部也在纽约。同时，纽约的时尚教育产业也很发达，而时尚商业更是纽约的强项。

（2）纽约时尚产业的地位和作用

美国的非营利组织"全球语言研究所"每年公布一份"全球最时尚城市"榜单。纽约连续多年占据"头把交椅"，法国巴黎、意大利米兰等时尚名城只能争抢其他"座次"。在"不断变化"的时尚产业界，纽约究竟凭借什么优势脱颖而出的呢？

根据之前从各个角度对纽约时尚产业文化所进行的分析可以得出纽约时尚产业的一些特点：纽约时尚产业以打造"主流时尚之都"为最终目标，多元化的社会文化背景奠定了其时尚产业发展的基调，版权产业（创意产业）为时尚产业的腾飞提供了跳板。

"如果时尚界有上帝，那他一定住在美国，讲美式英语，听吹牛老爹唱黑人 rap，暗地里保佑着汤姆·福德或者扎克·彭森夺取时尚天下……"这是位知名时尚写手在专栏里写的话。

纽约作为各类人才密度最大的美国文化首都，成为当代西方艺术中心：它包容吸收各地文化的精华，又源源不断地向外界输出，在流通过程中，已经被肢解的外来文化却拥有了新的价值。"在过去的五六年间，美国设计师让欧洲的设计师和公司颇为艳羡，这在 20 年前闻所未闻。"斯坦·赫尔曼（知名设计师、美国时尚设计师协会前主席）

说，"如今，世界时尚格局已经改变，纽约设计师享有盛名"。没有哪个城市比纽约更适合发布最新时尚宣言，展示设计师的想法和创意。"在这里，你可以有各种奇思妙想"，曼哈顿时装技术学院时装设计系主任弗兰切斯卡·斯特拉奇说，"任何人都可以设计出最新款的褶饰上衣，但谁会想到将纱丽和粗斜纹面布夹克搭配在一起？"

纽约市经济发展公司这样评价纽约的时尚产业："作为时尚魅力和创造力的前沿阵地，纽约代表着美国风格。在这里时尚创意扎根，时尚潮流兴起。纽约时装周向全世界传播顶级时尚，在这里，人们看重原创、挑战规范，创造力可以得到淋漓尽致的发挥。从第一个模特走上 T 台直到抓拍完最后一张照片，纽约时装周都吸引着全世界爱慕时尚的目光。"以纽约春季时装周为例，短短一周内，全球最顶尖的时尚买手、服装设计师、杂志编辑、模特、化妆师、造型师等云集纽约，倾力打造时尚。他们走到一起只有一个目标：引领时尚行业，让纽约的时尚车轮不停旋转。

（3）纽约时尚品牌和设计师

在纽约，如果你还没有一双莫纳罗·伯拉尼克（Manolo Blahnik）的高跟鞋和一个最新款的马克·雅各布斯手袋，你也算不得时尚。那么，到底纽约有哪些时尚品牌呢？这些品牌又是如何让纽约一步步走向时尚之都的呢？

纽约拥有许多享誉世界的品牌。例如，我们熟知的卡尔文·克莱因、拉尔夫·劳伦都创立于纽约。这些品牌的产品销往世界各地，它们的消费者也遍布全球。纽约的时尚品牌多为设计师本人创立，独具一格的美式设计和上等的材质、精美的做工，使纽约的时尚品牌已经成为其必不可少的身份特征。正是身为创立者的设计师们独具匠心的创意和带有美国文化气息的设计，使得这些品牌在全球拥有了可观的消费群体和爱好者。

不同时期代表性品牌见表 2-8。

表 2-8 美国不同时期代表品牌

时间	代表品牌
20世纪60年代	蔻驰
20世纪60年代末	安妮·克莱因
20世纪70年代	卡尔文·克莱因、霍思顿、拉尔夫·劳伦和歌莉亚·温德比
20世纪80年代	马克·雅克布、贝特思·约翰逊、安娜·苏
20世纪90年代	汤米·希尔菲格

典型新锐品牌见表 2-9。

表 2-9　美国代表性新锐品牌

品牌名称	品牌特点	设计师
Chris Benz	悠闲舒适又带有些许民族特色的服装。大胆而抢眼的色彩混搭是最吸引人的元素，设计师几乎动用所有明亮的颜色来填充服装，每种色彩都是高饱和度、高纯度的亮色	克里斯,本兹（Chris Benz）
Alexander Wang、Tby Alexander Wang	对细节的追求是其重要的特色，纽约东区是其灵感来源之一，作品风格自由不羁	亚历山大·王（Alexander Wang）
Derek Lam	干净清爽、温和内敛，没有过分的夸张、装饰，线条流畅而高雅，可穿度极高。服装呈现精致、独特的轮廓。为了达到这种效果，常常选择挺括而舒适的面料	德里克·林（Derek Lam）
Doo. Ri	作品强调廓型的变化，透视、垂坠、高腰、褶皱等流行元素都可以在其设计中看到。用色柔和不失品味，银、灰、蓝、白是其作品的主色调。在面料选择方面，喜好经过高科技处理的丝绸，呈现极强的垂坠感和柔性褶皱的混合特质	郑杜里（Doo.Ri）

3. 纽约时尚文化及时尚群体

究竟是什么成就了纽约的诱惑？是什么样的先锋在引领时尚，又是什么人在追逐时尚？

（1）纽约时尚文化的特性

在时尚界，不管潮流如何更迭，美式风格总是屹立不倒，只不过是今天吹约克风还是猎装风、明天兴运动潮还是军装潮的问题，而作为美式风格代表的纽约，也保持了长久的活力，无论是"9·11"还是金融海啸，都撼动不了其作为世界时装之都的地位。

总的来说，美式时装一向以"休闲、舒适、实用"为特点。但在纽约，不同的区域孕育着不同的族群和文化背景，也造就了不同的时尚风格，这正是其文化大熔炉的魅力。从红遍全球的《欲望都市》到《绯闻女孩》，可管窥纽约变幻的风格。前者充分显示了上城区的高调名牌与下城区的街头缤纷，后者更是打造了"上城女孩"的穿衣典范。有人说，上城风格在于一种"贵气"，而下城风格则贵在"灵气"，上城风格崇尚种简洁而优雅的奢华，下城则重视人文主义，偏爱新意。

（2）影响时尚文化的因素

时尚与艺术和生活结合得如此紧密，以至于任何艺术上的革新都会给时尚带来新的流行表现形式。从巴洛克（Baroque）、洛可可（Rococo）艺术到新古典（Neo-Classic）主义和浪漫主义（Romantic），从新工艺美术运动（Neo-Arts & Crafts Movement）到立体主义（Cubism），从达达主义（Dadaism）到欧普艺术（OP Art），每一次艺术运动都会在时尚表现上留下烙印。

从 20 世纪 60 年代以后，处于非主流的非学院派常常走在流行前沿，极大地震撼着时尚界抽象表现主义（Abstract Expressionism）艺术、年轻风暴（Youth Quake）、波普艺术（POP Art）、欧普艺术、嬉皮反主流文化（the Hippie Counterculture）、朋克风（Punk）等艺术门类泛起，时尚界的风潮也是你方唱罢我登场。波普艺术家安迪·沃霍尔同意将他的作品移植于各种便服。纽约大街小巷一度流行印满了玛丽莲·梦露等名人头像的衣服。

同时，与新奥尔良、洛杉矶、旧金山等美国港口城市一样，纽约也是多元文化的交汇之处。可是，纽约又有别于其他港口城市——它更加多元，鼓励具有强烈反差的文化元素相互"交锋"，从而打造出新的时尚风格。开放的社会氛围为这些文化各自的发展提供了空间和机会。随着纽约人口的增加和社会变化，这些文化之间也有了一定的"兼容"和"汲取"，最终形成了我们现在所看到的纽约文化。这是一种开放的、轻松随意的甚至有些娱乐的调调。有人说，纽约的各色人种就像 M & M 彩色巧克力豆一样，各种颜色平均分配。在这里，没有比标新立异更正常的事情了。正是这种多元、宽容，甚至有点玩世不恭的城市文化造就了纽约的生命力，也造就了纽约时装的创新力。如前所述，纽约是一个移民城市，来自世界各地的新纽约人带去的不只是异域的生活习惯，还有各自的时尚审美。这种多元的文化、包容的气度，使得纽约时尚别具特色。

（3）时尚群体

① 社会名流。美国演艺界的名人向来都是引领时尚的一个群体，甚至政界名流也成为时尚潮流的引领者。例如美国前任总统奥巴马及其夫人。从某种意义上来说，不管奥巴马是不是改写了美国总统选举的历史，他已经改写了时尚界的历史，更成为众人追捧的时尚红人。他让黑人模特第一次登上英国时尚大奖年度模特的宝座；他让 Vogue 第一次启用全黑模阵容拍摄杂志封面和大片。西服是男人的第二层皮肤，奥巴马做得最好的一点是他的西服总是很简洁，剪裁得非常合身。他还十分懂得搭配吸引眼球的领带。选择适合自己的领带并非一件容易的事情，奥巴马虽然有不少出彩的领带，但是绝没有花哨的领带，无论是蓝色主打，还是红白相间，奥巴马领带的宗旨只有一个——优雅加一点点活泼。而 J.Crew，一个普通的美国本土时装品牌，在金融危机日益严重的状况下却受到民众的狂热追捧，并一再引发抢购风潮，只因它是第一夫人米歇尔·奥巴马的最爱。当米歇尔·奥巴马穿着黄衫短裙在著名主持人杰·雷诺的脱口秀中出现时，J.Crew 就注定成为金融危机下中头彩的幸运儿。

② 时尚媒体从业者。时尚媒体从业者亦是时尚潮流的缔造者和引领者。"时尚女魔头"被电影《穿普拉达的女王》（The Devil Wears Prada）宣传得家喻户晓（见图 2-12）。在时尚圈，安娜·温图尔这个名字早就成为时尚的代名词，无论她出现在哪里，她修长

而优雅的身姿都会立刻成为全场的焦点，修剪得一丝不苟的波波头，配上一副大大的墨镜，风姿绰约、仪态万方。

图2-12 《穿普拉达的女王》剧照与安娜·温图尔

图片来源：www.sohu.com；news.xinhuanet.com

③ 时尚青少年群体。时尚青少年群体是纽约最时尚的群体之一。20世纪80年代，无数新类型的音乐产生，包括新浪潮、华丽摇滚、重金属、流行音乐和嘻哈的诞生，每一种类型都衍生出一种风貌，而且能够为其听众所接受。在20世纪90年代，大群郊区孩子开始迷恋市内的音乐偶像，接受他们的时尚感觉、他们的音乐与语言。遍布全国的郊区闹市开始出现新制服——品牌运动服、棒球帽和超大牛仔。现今的青少年市场代表着美国已经成为文化最多元的人口群体。他们展示的是在他们的自我表达中强烈的个性欲望，同时还表现出强烈的家庭归属感。另外，青少年对流行时尚表现出强烈的兴趣，并倾向于购买那些有社会良知的公司生产的产品。青少年人口群体的增长，使得市场营销人员没有理由忽略这个购买力和影响力日益增长的群体，因为他们拥有可观的可供自由支配的收入，可以花家里的钱，同时影响父母的家庭采购费，因此他们建立并影响了时尚、生活方式和整个社会的发展趋势。

（五）东京：东西交融

作为五大时尚之都中唯一的东方城市，东京的时尚不仅蕴含着东方的气质，其多元化的发展也引领着现代时尚的新概念，时尚不仅是服装，也是生活的各个方面。东京优越的地理位置，四季分明的气候，发达的交通运输，强大的经济实力和独特的文化为东京成为国际时尚之都提供了外部条件。20世纪70年代，日本服装设计师对于传统因素的现代表达受到世界的关注，加上当时日本的纺织服装产业实力，东京在国际时尚界逐渐拥有了话语权。而日本的电器、电子产品、生活用品等不仅具有深厚的技术含量和精致的做工，还有符合潮流的外观和功能设计，也成为时尚产业的重要组成部分。日本时尚产业的主要公司或是将总部设在东京,或在东京设置专门的机构。东京时尚青年的装扮和生活方式也吸引了世界的目光,这些均使得东京成为国际时尚界的重镇,不仅在亚洲具有很大的影响,也给一直以来由西方世界所主宰的时尚界带来了异样的光芒。

1. 东京时尚产业的发展阶段

现今时尚产业的范围已经不再局限于服装行业,而是包括生活中方方面面的时尚设计。在日本通产省关于文化创意产业的范围分类中,日本的时尚产业包括时尚设计和化妆品。从对世界时尚的影响力来看,东京最具特色的是服装产业和电子产业,因此,从这两个行业的发展可以看出东京时尚产业发展的基本状况。另外,日本是政策导向型的产业发展模式,所以产业的发展受政策的影响很深。政策的变动也成为影响东京时尚产业发展的重要因素之一。因此,作为最能代表东京时尚业的服装产业和电子产业在不同时期的政策导向下的发展的一些关键时间节点也成为东京时尚产业分期的基本依据。

(1)出口导向时期(1955—1964)

这一时期的东京处于战后的起步阶段,纺织服装和电子产业作为政策扶持的对象得到初步发展,其特点主要是以加工出口为主。服装加工业和电子制造业在这一时期,由于受政策的扶持而开始发展。

(2)内需市场扩大时期(1965—1974)

这一时期日本的经济得到初步恢复,已经走上正轨,所以政策的导向发生了一些改变,开始注重国内市场的发展。作为重点发展的行业,从20世纪60年代到70年代前期,日本服装设计和制造技术迅速发展,日本国民对服装的要求更加注重品质,开始享受时尚。

(3)时尚产业开始形成时期(1975—1984)

东京的时尚产业在这一时期基本形成,虽然东京的时尚产业主要依托服装业,但是时尚的概念却在各行业中得以运用。时尚产业的形成是从服装业开始的,随后逐步扩展到各行各业。所以伴随着时尚产业的形成,日本的电子产业也开始朝着时尚的方向发展,越来越注重时尚美观的外观设计。

(4)生产产业转移时期(1985—1991)

这一时期日本的加工业开始向国外转移,但是设计基本上还是留在日本本土。这一时期日本的时尚产业已经走向成熟,以服装和电子为主的时尚产业发展迅速,其影响也是世界范围的。

(5)时尚产业转向服务性时期(1992年以后)

这一时期日本的经济泡沫破灭,经济发展面临前所未有的难题。但是时尚产业的发展却基本成熟。日本的时装设计师，早期的三宅一生、山本耀司等已经成为世界级的大师，而新一代的渡边淳弥、田山淳朗等人也已经成熟，并形成自己鲜明的设计风格。另外，东京的时尚区域越来越多，年轻人的街头时尚也成为一大亮点。日本的时尚产业经历了几十年的发展，以自己鲜明而独有的特点，在五大时尚之都中占有了一席之地。

2. 东京时尚产业的现状和地位

（1）东京时尚产业的现状

东京在五大时尚之都中，如果单就时装产业方面来说，其地位明显不如其他四大都市，甚至很多时尚人士只承认有世界四大时尚之都，而把东京拒之门外。但是现今时尚产业的内涵已经不再拘泥于服装产业，而是一个大的时尚概念，包括很多产业，所以东京被列为五大时尚之都之一，是有它独到的特色和优势的。

东京之所以成为时尚之都，与一些早年在海外成名的日本设计师有着很大的关系。高田贤三、三宅一生、山本耀司等一批设计师，以独特的东方风格在巴黎取得了成功，从而吸引了来自西方世界的关注。更重要的是，东京在动漫、流行音乐、电子游戏、家电产品、时装和美食等流行文化领域拥有的世界影响力，也确定了东京时尚之都的地位（见图2-13）。而日本自身经济实力和消费能力，使东京成为世界经济的焦点地带，也是世界上经济最发达的城市之一，这些条件都奠定了东京时尚之都的地位。最后，东京的时尚教育事业的发达以及从事时尚产业的人数之多，也促使东京成为世界性的时尚之都。

图2-13　日本经典动漫

图片来源：https://baijiahao.baidu.com

如果说五大时尚之都均有着自己鲜明的特点，那么东京最大的特点就是其时装的独特风格，电子产品时尚的外观设计更引导着全球年轻人的时尚消费。所以，东京在五大时尚之都中的个性尤其明显，其发展更体现着当今时尚产业的方向——时尚不再拘泥于服饰品一隅，而是渗透于生活的各个方面。

（2）东京时尚产业的地位和作用

五大时尚之都中，巴黎是高级女装的发源地及世界时尚设计和信息发布中心；米兰是高级成衣发源地及世界一流的面料制造基地；伦敦具有悠久的纺织业传统，也是经典男装的制作中心；纽约的高级成衣、休闲装、运动装品牌居全球领导地位。而东京，却走了一条不寻常的路——时尚发源于服装，却成就于流行文化。两者共同领导东京的时尚，进而影响世界。

当人们提及日本的时尚，最先想到的是动漫、流行音乐、电子游戏、家电产品、时装和美食等流行文化，然后是街头的"哈日"一族，这股时尚之风影响着国际时尚潮流和时尚产业发展。如今，日本的时尚已经有了区别于其他四大时尚之都的鲜明特色。它不仅在时装领域发挥了自身的特色，而且在流行文化这片领地上深深地扎下了根，它的统治地位很难被撼动。

作为经济实力最强的城市之一，东京的消费能力如同巨大的旋涡，吸引着全球的目光。东京的巨大的创新设计能力，使其时尚产业领先于世界，并成就了其时尚之都的地位。

（3）东京时尚品牌和设计师

东京的时尚品牌和设计师的发展有两条道路，一是以服装行业为主的在国外成名发展然后回国继续发展；二是以电子行业、动漫等流行文化为主的在本土发展然后走向世界。

从服装方面来说，东京的设计师一般都会建立自己的品牌。早期在海外成名的设计师都在法国注册了自己的品牌，一些新锐的设计师起初也是师从于第一批设计师，羽翼丰满后就单飞成立自己的品牌，但是他们都保持着一种友好的联系。日本本土也有一些服装企业，比如优衣库，独特的零售业态让它迅速成长。所以，日本的服装品牌有不同的发展方式，设计师品牌保持着独特的风格，而大众服装品牌则有自己独特的经营方式，可以说各具特色。

从电子行业方面说，强大的经济实力之下，各个品牌都拥有自己强大的研发设计团队，为全世界的消费者设计美观时尚又人性化的电子产品。例如，小津安二郎、宫崎骏、黑泽明、三宅一生、安藤忠雄等，大多起步于东京（见图2-14）。

图2-14 三宅一生及其作品

图片来源：https://www.sohu.com/a/238857344_559321

早期在海外成名的服装设计师都在 20 世纪七八十年代成名，为西方时尚界带来了东方清新的风格，并因为独特的东方风格而影响了西方时尚（见表 2-10）。

表 2-10　日本早期成名服装设计师及品牌

年代	设计师	品牌名称	品牌特点
1970 年	高田贤三	Kenzo	崇尚愉快、轻松和自由，融合了东方与西方的魅力
1970 年	三宅一生	Issey Miyake 品牌族	创新关键在于对整个西方设计思想的冲击与突破
1972 年	山本耀司	Yohji Yamamoto 品牌族	从传统日本服饰中汲取美的灵感，通过色彩与质材的丰富组合来传达时尚的理念
1973 年	川久保玲	Comme des Garcons	用低彩度的布料来构成特殊的服饰，黑色是其代表颜色

新一代的设计师不同于老一代设计师在设计风格上的东方化，而且在他们的设计中更多地表现出自己的特色（见表 2-11）。

表 2-11　日本新一代设计师

设计师	风格
渡边淳弥（Junya Watanabe）	明暗色彩的混合使用，上下颠倒巧妙安插的荷包，释放肩膀，加长袖子等，但是渡边更坚持自己的设计不是为艺术，而是为生活
田山淳朗（Atsuro Tayama）	服装较为追求表现女性的优雅和高贵，表现女性的玲珑身段美，他的设计往往剪裁简单、贴身、收腰、侧开衩
丸山敬太（Keita Maruyama）	惯于使用鲜明的带有东方色彩的主题，并将"和服的精华"融入设计当中
岛田顺子（Junko Shimada）	设计接近高级定做，精致而又流畅自如，在散发出东方文化特有的细致优美的同时，又极好地融合了法国人的理念

东京的化妆品中为亚洲人专门设计的美白产品是它们最大的特色（见表 2-12）。

表 2-12　日本化妆品品牌

品牌名称	品牌特点
资生堂（Shiseido）	资生堂取自 2000 多年前的中国经典——《易经》，可解作赞美大自然孕育新生命的恩泽，并为世间带来重要的价值观念
嘉娜宝（Kanebo）	以坚实的技术力量、优良品质和细致周到的服务，实现"嘉娜宝美丽你人生"的愿望

续表

品牌名称	品牌特点
植村秀 （Shu Uemura）	"简约而丰富"的设计风格，具有领先时尚的彩妆、不断创新的保养品以及品质卓越的彩妆刷具

3. 东京时尚文化和时尚群体

作为唯一个地处东方的世界时尚之都，东京的时尚文化有自身的特点。它是一个结合体，既有西方主流风格的表现，又无处不在地渗入了东方风格。

（1）东京时尚文化的特色

随着经济全球化、文化多样化和信息化的浪潮，很多地区的特色服装品牌也越来越为世人所知晓。日本独具特质的"咔哇伊"时尚潮流，在全世界传播并影响着世界。它是日本女性骨子里对美的取向，时装的表现上为一派柔媚亮丽或小巧精致的风格。此外，日本人生活的空间狭小，没有宏大严峻的自然景观，只接触小规模的景物，被包围在温和的自然中，由此养成了日本人纤细的感觉和感情，以致他们在服装设计上也追求细节的精致、完美，甚至达到近乎道、近乎艺的境界。从整体上说，日本艺术以柔和简约作为其外表，内里却蕴含着深刻的精神性的东西。产品设计上更是明显地体现着日本"简约"的美学概念，大到汽车，小到 MP3，其外观的设计都体现着简约的特点。可以说，日本简约的美学已经融入其设计的精髓之中（见表 2-15）。三宅一生开创了以东方设计理念为基础的解构主义设计风格，川久保玲和山本耀司的设计色彩无不体现素朴之美，他们的设计中都体现着日本民族的气质。因此，日本的服装品牌在西方化的设计思维下，有机地结合了东方元素，许多名牌已经进入西方主要销售市场。

（2）影响时尚文化的因素

处于浩瀚大海包围中的日本，地理环境和生存环境特殊，这种既开放又封闭、既辽阔又狭窄的地理状态，形成了日本人既排斥又吸收、既抗拒又服从、既自尊又自卑、既勇猛又胆怯、既爱美又黩武、既粗鲁又文明的国民特性，体现在艺术形式上则是既自然又人工、既伤感又亢奋、既张扬又含蓄、既传统又前卫、既狰狞又温情，使日本的设计艺术构成了一幅幅特有的景观：似是而非，矛盾共生，并常以传统的"空灵、虚无"禅宗思想为基础，融合日本艺术特有的"清愁、冷艳"浓郁的色调，追求艺术中浮现的优美和冷艳的感情世界，同时对传统的图案进行简化，以一种现代的思维方式从传统文化中提取出适用于当代的智慧，丰富了设计的视觉语言，开阔了对设计的思考。日本的设计艺术以符合现代人的视觉习惯和一种超越东西方文化的姿态，去探索新的艺术设计发展方向。例如，安藤忠雄的建筑设计、五十岚威畅的产品设计、三宅一生的服装设计、佐藤晃一的平面设计，都可以让观赏者从其设计作品中感受到一种"静、虚、空灵"的禅宗境界。

图2-15 日本空间美学

图片来源：wemedia.ifeng.com；www.duitang.com

与此同时，东京的时尚文化还受到西方文化强烈的影响。西方开放的思想在明治维新之时已经开始慢慢影响日本人的生活。西式立体裁剪、西式性感的穿着风格，都影响着东京时尚文化的发展。可以说，东京的时尚文化是一个东西方文化的结合体。

（3）时尚群体

东京人穿着最大的特色是年龄的差异带来着装上的巨大差异。日本人穿着呈现倒"U"形特色，意思是年轻人时尚、夸张地装扮自己，而随着年纪的增长，则越来越中规中矩。这是受日本传统的思想影响，内敛、隐忍的传统随着年龄的增长越来越让日本人体会深刻，同时受家庭责任和社会压力的影响而越来越压抑自己，形成了日本人穿衣文化的倒"U"形特色。所以，东京的时尚主要集中在年轻人中间，受动漫和西方风格影响的东京年轻人，向世界展示着自己非常有特色的时尚风格。

随着动漫的发展，20世纪八九十年代的东京年轻人经常装扮成"竹之子族"和"电车男"。到21世纪初期，"秋叶原系""萝莉女孩"这些名词代替之前的"竹之子族"等流行于东京街头。而现在，这些过于夸张的打扮已经不再受到追捧，取而代之的是结合西方性感的"涩谷系""涩原系"等时尚性感的女孩形象，还有混搭休闲风格的"原宿系"。

二、学习活动

以下五个奢侈品品牌分别在五大时尚之都创立和发展，任选一个从品牌诞生和发展角度开展研究探讨，深入体会五大时尚之都如何孕育和扶持品牌成长（见表2-13至表2-17）。要求如下：

（1）可以分组进行，有能力的学生也可以单独进行，分组以2~3人为宜。

（2）实训过程中自行查阅相关资料，实训报告不少于2000字，杜绝抄袭。

（3）组织一次全班的讨论，完成考察的个人或小组在全班宣读实训报告。

（4）相互评价，选出 2 ～ 3 份优秀的实训报告，老师做出讲评。

表 2-13　克里斯汀·迪奥品牌基本情况

品牌	克里斯汀·迪奥
创立时间	1946年
总部地址	法国巴黎
创始人	克里斯汀·迪奥
各时期设计师	①1946—1957年，克里斯汀·迪奥 ②1957—1960年，伊夫·圣·洛朗 ③1960—1989年，马克·博昂 ④1989—1996年，詹弗兰·科费雷 ⑤1996年以后，约翰·加利亚诺
品牌线	克里斯汀·迪奥高级女装、高级成衣
核心业务	高级女装、高级成衣、针织服装、内衣、各式香水、化妆品、珠宝、配件等
目标消费群	崇尚优雅的高收入消费群

表 2-14　周仰杰的品牌简介

品牌	周仰杰
创立时司	1996年
总部地址	英国，伦敦
创始人	设计师周仰杰和塔玛拉·梅隆
品牌线	从时尚鞋履开始延伸到高级时装及手袋
核心业务	时尚成品鞋履系列
目标消费群	英国王室成员、流行音乐明星、好莱坞影星等社会名流
品牌经营发展轨迹	1998年，开设了第一家纽约分店 2001年，设计师卖掉了他名下50%的公司股份，把注意力集中在以他命名的高级时装上 2001年，由新任行政总裁重新定位，扩大品牌业务，先后开设26家分店 2004年，继续加快发展脚步，寻找新市场 2005年，被Sunday Time的Fast Track 100列为英国四十六大发展最迅速的公司 2007年，被全球私募投资公司收购，品牌市值估计1亿8千多万欧元，旗下60家分店遍布全球最繁华的地点

表 2-15　普拉达品牌概况

品牌	普拉达
创立时间	1913年
总部地址	意大利，米兰
创始人	马里奥·普拉达兄弟

续表

品牌	普拉达
设计师	1978年以前，马里奥·普拉达。1978年至今，缪西娅·比安奇·普拉达，是品牌创始人马里奥·普拉达的孙女
品牌线	普拉达、缪缪（Miu Miu）
核心业务	男装、女装、手袋、皮具、鞋
目标消费群	中等以上收入的阶层
知名产品	普拉达高级成衣

表 2-16　拉尔夫·劳伦品牌概况

品牌	拉尔夫·劳伦
创立时间	1967年
总部地址	美国，纽约
创始人	拉尔夫·劳伦
设计师	拉尔夫·劳伦
品牌线	拉尔夫·劳伦的马球（Polo by Lalph Lauren）、马球运动（Polo Sport）、黑标（Black Label）、紫标（Purple Label）、拉尔夫·劳伦高尔夫（Ralph Lauren Golf）、拉尔夫·劳伦香水（Lalph Lauren Fragrances）、马球牛仔（Polo Jeans）
核心业务	男装、女装与童装、家庭用品、配饰、香水
目标消费群	中等或以上收入的消费者和社会名流
知名产品	马球系列

表 2-17　三宅一生品牌基本概况

品牌	三宅一生
创立时间	1970年
总部地址	日本，东京
创始人	三宅一生（1938年至今）
设计师	三宅一生、渡边淳弥
品牌线	三宅一生，三宅运动系列，花木世界，给我褶裥，一块布系列
核心业务	高级成衣、香水、腕表
目标消费群	思想前卫重个性的消费群
知名产品	褶裥服饰、"一生之水"女性香水

三、要点归纳

从时尚产业的发展阶段、现状和地位，时尚文化和时尚群体等方面走进巴黎、伦敦、米兰、纽约和东京这五大国际时尚之都。

　　四、心得体会

任务2 分析国际时尚之都的规律

一、知识准备

时尚、时尚产业和时尚之都是三个关联性概念，要分析国际时尚之都的规律，必须先辨清楚时尚、时尚产业和时尚之都的概念。

（一）时尚、时尚产业和时尚之都

1. 时尚的概念和特点

（1）时尚的概念

借鉴《辞海》（1999版）对于时尚的界定，可以对"时尚"作如下解释：所谓"时尚"，是一种外表行为模式的流传现象。属于人类行为的文化模式的范畴。其通常表现为在服饰、语言、文艺、宗教等方面的新奇事物往往迅速被人们采用、模仿和推广。目的是表达人们对美好的爱和欣赏，或借此发泄个人内心被压抑的情绪。时尚有时也特指服饰的流行。

本书对于时尚的界定借鉴卞向阳对"时尚"的定义：从广义的角度来讲，代表着人类新的生活方式、生活态度的任何事物（实体的或非实体的）都是时尚。时尚的本身是创新。从经济角度来看，在某一特定时期，某种设计风格或款式被人们接受并传播流行，则成为时尚。

（2）时尚的内容

无论是fashion还是mode，其含义从范围看均有一大一小两种解释，一种是相对广义的时尚，另一种是相对狭义的时装（样式）。由此可见，时尚与服装（服饰）有天然的联系。对于当代时尚所包含的内容，我们尝试将其根据与人的紧密程度和流行显现度从高到低划分为核心层、拓展层、延伸层和放射层4个层次，每个层次的内容见表2-18。

表2-18 时尚的层次类型和内容

层次类型	内容
核心层	人体及修饰。例如服饰、饰品、化妆品等
拓展层	与生活密切相关的物和事。例如家用纺织品、家具、手机等电子产品乃至建筑、景观等

续表

层次类型	内容
延伸层	人积极参与的大众以及与生活娱乐有关的行为及事物。例如流行的影视剧和运动项目等
放射层	与人的思维和行为有关的具有流行特征的种种活动

一是核心层，其主要功能是直接对人体进行装饰和美化，这反映了时尚最根本、最直接的作用。它包括：服装服饰、鞋帽衫袜、箱包伞杖、美容美发，乃至珠宝首饰、眼镜表具等。在这个层面中，首屈一指的当然是时装，其他的都可以看作时装的延伸、配套。广义的时装，直接妆扮了人体，美化了人的生活，提升了人的品味，丰富了人的精神世界，改变着人的生活方式；时装伴随着人的活动，构成了流动的风景。时装又是时尚中最活跃的部分，覆盖面最广的部分，变化最繁复多姿的部分，也是最吸引人们注意力的部分。因此，时装业理应称为时尚产业中的"明珠"、价值链中的"龙头"。其实，这是国际上通行的认识。在英语中，"时尚"和"时装"都写作 fashion，巴黎、米兰、伦敦、纽约等世界时尚中心无一不是以时装领衔的。

二是拓展层，其主要功能是对人在生活和工作中所处的小环境进行装饰和美化。它包括：家纺用品、家饰装潢、家居用具等。把这些归为时尚产业中的拓展层，是因为这些门类的产品和服务并不直接装饰人体，而是对人生存中最紧密的环境的装饰和美化间接地起到了使人的生存状况、生活心理更舒适、更美好的作用。

三是延伸层，其主要功能是运用时尚的元素，对与人生存和发展中相关的事物和情状进行装饰和美化，当前比较典型的是手机、数码相机等。随着高新科技手段的运用和持续创新，产品更新换代的速度惊人，时尚元素体现得很充分，如流行色和流行理念的运用几乎与时装同步，大体具备了时尚的变易性、流行性、创造性、和谐性等基本特征。

四是放射层，其主要功能是对于时尚心理需求的满足并且从一个新的角度丰富、美化着人们的精神世界，比如近年来兴起的动漫、电玩等，主要表现为参与者的一种时尚追求。

（3）时尚的特点

时尚主要有以下五大特点：

第一，新颖性和奇特性。利用人们追求新奇的心态，新颖和奇特成为时尚之所以吸引人的磁石。当然，绝对的新颖和奇特未必总是存在，但相对新颖却是时尚的永恒法则。从这一角度看，时尚是永恒和短暂的混合体。

第二，人本性和设计性。从时尚的内容可以看出，时尚是依附于人而存在的；从时尚的产生看，人的行为是时尚的根源；从时尚的功能看，时尚是为体现人的感受和情绪，或因美好而炫耀，或因压抑而发泄。正因为时尚本身的人本性，现代时尚体现出强烈的设计性，当然，这种设计是一种广义的概念，时尚可以被有意识地创造、压制或推广。

第三，城市性和群体性。自从有了城市以后，城市就成为时尚的焦点和榜样，时尚通常按照大城市、中小城市、农村的顺序加以传播。时尚属于一种群体性行为，从众是时尚的基本特征。时尚在某一群体中按照上传或者下传方式传播并呈现常态分布，在不同群体具有可能的水平传播或者相互影响。

第四，时效性和预期变化性。时尚的新颖和奇特注定其具有时效性进而具备时代特色。当时尚传播到一定的规模，按照模仿—界限理论，时尚先驱就会创造新的时尚，因此时尚是预期会发生变化的，时尚行业正是利用这样的远离来进行流行预测及发布乃至有预谋地创造时尚。

第五，文化性和经济性。时尚是一种文化系统，必然具有文化特性，其已经成为后现代社会文化的重要特征，仅就作为文化重要组成部分的习俗而言，它是时尚的凝固，而时尚则可以看作流动的习俗。时尚与人的物质创造和享受密切相关，并因其对于新颖、奇特的追求以及人本性和设计性而推动和加速了物质的创造和消费。

2. 时尚产业的概念和特点

（1）时尚产业的概念

从产业经济角度，时尚产业（Fashion Industry）可以简单地界定为以时尚为关联点的产业集合。主要由追求时尚生活的消费者和提供时尚商品的经营者组成。

因为"时尚"的概念有宽窄之别，因此"时尚产业"也有广义和狭义之分，其范围各有不同。狭义的时尚产业主要指服装、服饰品行业；稍为广义的时尚产业又包含与服装、服饰品相关的纺织、服装服饰辅料附件、服装商贸以及其他相关行业；广义的时尚产业还包括美容及化妆品、运动及健康用品、室内装饰、居室用品、生活用品以及耐用消费品；最广义的时尚产业则扩展到建筑及景观等公共设施、交通通信业、休闲产业、餐饮服务业、文化产业以及其他产业，覆盖人类衣食住行等各个领域。

本书借鉴卞向阳对"时尚产业"的定义如下：时尚产业通常是指时尚产品以及相关产品（服务）的运营的产业部门的总称，是从事时尚产品的创意设计、制造加工到营销、传播、流通等活动的产业组织与个人的集合。区别于传统的制造业如服装制造业，时尚产业涵盖多个时尚产品的部门产业（如鞋业、化妆品业、饰品业等），也涵盖各个时尚产品的价值链。它在本质上是都市产业，其产生和发展与都市的转型与发展密切相关。

（2）时尚产业的特点

时尚产业最显著的特色是与人的生活密切相关，其目的是通过不断变化的时尚产品来满足消费者对于生活文化的进一步的理想和追求。它利用时尚新奇、变化的特点，可以衍生出无穷的新产品和财富创造机会，进而成为推动城市文明进步和经济发展的原动力。

时尚产业以与人的时尚生活相关联的产品和消费为中心，涵盖设计、生产、流通领域。以时尚要素为核心价值点，以高新技术等为手段形成高附加值，具有先进制造业和现代服务业的特征。

时尚产业具有较长的产业链，横跨了传统概念中的第一、第二、第三产业的诸多部门，这也注定时尚产业具有包容性和发散性。比如环保时尚曾经引发了生态棉服装的风潮，其以绿色和无污染为核心，涉及棉花的种植（第一产业）、纺织制衣（第二产业）、销售服务（第三产业）和回收处理（第二产业）等领域。其中以第二、第三产业部门为主，但是它已经不同于传统的纺织轻工行业以及商业，而是利用时尚的设计性进行的产业升级。

时尚产业的产品包括物质产品和精神产品两部分。物质产品以服饰服装以及生活用品为主。精神产品主要为具有时尚特征的艺术作品以及时尚信息传播有关的报刊杂志等印刷品、广播电视节目、互联网栏目及网站、光碟以及大型活动等。时尚产品以新奇性、群体性、时效性、人本性以及艺术（大多数时候是大众艺术）与商品合二为一为主要特征。

（3）时尚产业与创意产业、文化产业和设计产业的关系

自20世纪后期以来，各国在寻求新的经济增长点，尤其是那些已经具有较好的物质基础而率先进入后工业化时代的国家和城市。在这样的背景下，出现了创意（文化）、文化产业、设计产业以及时尚产业等多个概念，并引发了这些概念之间的混淆和内涵的重叠。

英国政府在1997年成立了创意产业特别工作小组，在1998年明确将创意产业定义为"源自个人创意、技巧及才华，通过知识产权的应用和开发，具有创造财富和就业潜力的行业"。细分广告、建筑、艺术和文物交易、工艺品、设计、时装设计、电影、互动休闲软件、音乐、表演艺术、出版、软件、电视广播13个行业。

自20世纪80年代以来，有不少学者和国家提出"文化产业"的概念。2004年中国国家统计局制定了"文化及相关产业分类"，其中明确指出：文化产业是为社会公众提供文化、娱乐产品和服务的活动，以及与这些活动有关联的活动的集合，并将其分为9大类、24中类及80小类。在大类中，新闻服务、出版发行和版权服务、广播电视服务、文化艺术服务4类为核心层；网络文化服务、文化休闲服务、其他娱乐服务3类为外围层；文化用品和设备以及相关文化用品的生产、销售2类为相关层。

无论从创意产业还是文化产业的概念来看，美国在此方面均属于产出最大的国家，但是美国政府却采用了"版权产业"的概念，可商品化的信息内容产品业。美国国际知识产权联盟（简称IIPA）在其2004年度报告中，将版权产业分为核心版权产业、交叉产业、部分版权产业、边缘支撑产业4类。据其概念和分类，英国式的创意产业类别以及文化产业的绝大多数内容涵盖其中。而时尚产业和设计产业概念中的内容主要归入部分版权产业，也有一些属于交叉版权产业。

　　关于设计产业的概念，目前没有严格的界定。联合国全球创意城市网络可以授予某一城市"设计制度"称号，国内对于设计产业的讨论趋于热烈。在上海市政府网站的相关报道中指出：设计产业是知识与创造、文化艺术与科学技术有机结合的新兴产业，是现代服务业的代表性产业。大力发展智力密集、高附加值、就业潜力大的设计产业，是上海加快转变经济发展方式、逐步形成以服务经济为主的产业结构的重要内容。目前，深圳、上海已经先后获得"设计之都"的称号。

　　综合时尚产业与创意产业、文化产业和设计产业的概念，可以看出，它们明显具有广泛的联系。但是其差别同样显著，最为突出的是它们的产业焦点（聚集点）不同：创意产业注重个人的创意及产业化，但是并非所有创意都是时尚的、都可以转变为大众文化，有些创意甚至是畸形乃至变态的；文化产业主要关注公众文化，通常与意识形态有关；创意产业可以在相当程度上突破意识形态的桎梏，而且创意产业基本上均与科学技术密切相关。按照英国对创意产业的界定，设计产业基本上被囊括其中，在中国，设计产业基本上是以设计行为和产品为核心而构成，多与物质产品有关，部分设计产品的产业化生产。而时尚产业以时尚作为产业焦点，与高新技术、商业和服务业以及机器化生产的关系十分紧密，可以用产品产值来加以衡量。美国的所谓"版权产业"的范围最为广泛，而且刻意弱化了意识形态色彩，并有具象的版权收入等衡量指标。

　　我们可以这样来形容时尚产业与文化、创意和设计的关系。文化是创意的基础，具有时尚指向的创意通过设计等手段构成时尚产品，借助高新技术，经过手工以及机器生产加以规模化，再经过现代服务业环节，制造、满足和推动群体性的时尚行为，最终形成完整的时尚产业。由此可见，时尚产业是文化产业和创意产业（设计产业）走向商品化和社会化的进一步延伸。

　　3. 国际时尚之都的概念和指标

　　（1）国际时尚之都的概念

　　本书将时尚之都界定如下：时尚之都即时尚中心城市，是指在时尚领域具有相当影响力、引领时尚潮流的城市，是时尚产业价值链各环节在空间的集聚结果和表现形式。时尚之都是策源时尚流行、引领时尚潮流、荟萃时尚品牌、集聚时尚企业、推动时尚传播的城市。

国际时尚之都是指具有足够丰富的国际时尚资源、要素和体系，并能够在全球时尚领域产生足够强大的影响力，以及达到全球一流时尚水平和能力的国际大都市。

（2）国际时尚之都的指标

国际时尚之都的内涵包括三个方面：

第一，规模指标，即足够多的资源、要素，如时尚产品、品牌、企业、交易额、消费额等；

第二，水平指标，即达到了国际认可的时尚水平、等级和层次，如举办的国际时尚展或某一领域的产品设计能否代表某一领域的国际时尚水平；

第三，能力指标，即是否具有引领国际时尚形成、变革和迭代升级的能力，专业技术人员的创意设计能力，以及打造和培育不同领域、不同区域时尚中心的能力等。

上述三个方面，是评价国际时尚之都是否形成以及是否成功的指标体系。

国际时尚之都的发育、形成和强盛，需要一个漫长的过程。这个过程既与这个国家或区域在国际经济和贸易中的地位变化有关，也与这个城市的发展战略、产业布局和政策推动有关。从目前全球范围内的各主要国际时尚之都建设的经验看，它们是政府和市场共同作用的产物。如果没有政府的科学规划、战略引领和精心打造，就不可能有国际时尚之都的建成和成功。例如，莫斯科、新德里等城市都具有诸多打造国际时尚之都的资源要素和有利条件，但没有从战略上去打造，因此，到目前为止，它们都不具备成为国际时尚之都的资质。

评价和分析一个城市是不是国际时尚之都，除了对标现有的国际时尚之都，以及依据上述三个一级指标外，还可以设置数十个二级指标，如国际时尚产品的品牌数、经营国际时尚产品的店铺数、从事与时尚产业相关的人数、来自世界各地消费者的人数等。根据这些指标的数据分析，可以从数量到质量，对这个城市打造国际时尚之都的进程进行全方位评价，并从中找到它们的特点、优点、不足、趋势和未来前景。

什么样的城市才能算是国际时尚之都，从来就没有公认的定论。目前，巴黎、伦敦、米兰、纽约和东京是我们经常称为国际时尚之都的5个城市。考察目前有"国际时尚之都"美称的时尚中心城市，我们可以发现：对于国际时尚潮流的引领性和影响力、城市时尚风格和文化的独到性和吸引力、时尚产业的实力和特性是能否称为国际时尚之都的重要指标。而其所在国家和城市的政治、经济和文化实力则是基本保证。也正因为如此，有些欧洲学者不承认东京是国际时尚之都，因为其对于国际范围内的时尚潮流的引导力不够。甚至在20世纪90年代还有人认为纽约不能算是国际时尚之都，因为纽约设计的艺术性和个性不足。

追溯"国际五大时尚之都"称谓的由来，我们可以发现：事实上，它们是从"国际五大时装之都"演变过来的，这一方面说明了时装在时尚中的重要性；另一方面，在称谓中从时装到时尚的变化表明，其衡量角度已经从时装转向范围更加宽广的时尚，不仅包括时尚产业的物质产品，也包括文化范畴的生活方式，进而成为城市经济、文化等综合力的考量。这不但说明了时尚产业的重要性，也提醒我们不能忽视时尚对于城市文化的贡献以及时尚产业除产业经济之外的作用和意义。

（二）五大时尚之都具备的要素分析

从全球视野来看，奢侈品公司无疑渴望进入全球五大时尚之都，它们既是设计中心，也是消费中心，汇集奢侈品最为新颖和齐全的品类。每个城市对于时尚发展的意义和贡献各不相同。巴黎是高级时装的发源地，是世界时尚设计和信息发布中心；米兰是高级成衣发源地，是世界一流的面料制造基地；伦敦具有悠久的纺织业传统，是经典男装的制作中心；纽约的高级成衣、休闲装、运动装品牌居全球领导地位；东京拥有自己一流的设计和品牌，同时发展了高品质的时装加工业。正是在这样的背景下，法国的巴黎、英国的伦敦、意大利的米兰、美国的纽约、日本的东京成为世人共同关注的世界五大时尚之都。在不同阶段、不同文化环境下发展起来的时尚之都，代表着截然不同的风格流派，各有各的风格。

根据巴黎、伦敦、米兰、纽约、东京五大国际时尚之都的发展经验比较分析，虽然各有其独特的发展背景，但不难发现五大时尚之都有着相似的时尚产业发展条件。本书概括发展时尚经济必须具备的八大要素如下（见表2-19）：

1. 区域背景：四季分明的气候和超高的国际地位

区域的人文地理条件是世界时尚之都的一个先决条件，那就是必须具备四季分明的气候，如此才能拥有春夏秋冬格调鲜明的时装，装扮多彩的时尚生活。其次，五大时尚之都和所在城市的综合实力强和国际地位高。

2. 时尚品牌：一批代表性的世界级品牌

国际时尚品牌是国际时尚之都的核心竞争力，品牌的影响力决定着时尚潮流的话语权。五大国际时尚之都的时尚产业都有一批代表性的世界级品牌，构成其时尚之都的核心专业条件。例如，伦敦是公认的男装中心，巴黎以优雅的高级女装著称，米兰是公认的成衣之都。巴黎的珠宝和香水、伦敦的瓷器、纽约的个人护理用品、米兰的皮具和家具、东京的生活用品均被称为当地城市的招牌。

3. 配套体系：发达的时尚消费平台和展览展示平台

五大时尚之都均具有发达的时尚消费平台，如伦敦的哈罗德百货公司，米兰的伊曼纽二世拱廊，巴黎的春天百货公司，纽约的麦迪逊大道，东京的松屋百货等。同时五大时尚之都均具备高度发达的时尚会展传媒业，如伦敦的时装周、珠宝周、成衣博览会，米兰的时装周、设计周、家具设计展、国际博览会等。

4. 时尚人才：杰出的设计师和高端教育机构

时尚创意、设计、研发人才是关键。巴黎的时尚品牌多为设计师品牌，如路易威登、克里斯汀·迪奥，伦敦则是给予新人设计师充分展示才华的舞台，米兰的设计师不仅是品牌的创立者和经营者，也是品牌的设计者。国际时尚之都拥有时尚设计创意人才高端教育培训机构，如伦敦的圣马丁学院、皇家艺术学院，米兰的米兰大学、欧洲设计学院，巴黎的巴黎国立高等美术学院，纽约的纽约大学、纽约视觉艺术学院，东京的日本东京艺术大学。

5. 时尚文化：独特的时尚文化风格魅力

五大时尚之都均有独特的时尚文化风格，巴黎形成了抽象的高雅风格，伦敦形成了严谨、整肃、绅士化的男装和生活时尚风格，米兰构成热烈而富有幻想、华丽而追求品质的时尚文化基调，纽约的多元化、实用化、娱乐化成了时尚文化的精髓，东京则是东西文化通融的典型。

6. 时尚产业：控制或拥有产业链关键环节

拥有雄厚的时尚产业力量，能控制或拥有产业链关键环节是世界时尚之都形成和发展的基本条件。虽然五大时尚之都的时尚产业已完成了从生产销售型向服务型经济的转移，但都依然坚持保留制造业，并持续对制作技术优势的追求，例如巴黎和伦敦提出高级定制，米兰精于面料开发与合作，纽约保留服装成衣中心，东京主张与时尚产业相关的技术整合和设备开发。

7. 时尚政策：专门管理部门和专项政策

国际时尚之都的形成离不开政府的大力支持和有效管理，国际时尚之都均将时尚产业定位为城市经济发展的重点产业，出台各类政策推动时尚产业发展。巴黎专设消费品处负责时尚产业规划和相关产业策略，伦敦则出台了设计师扶持政策、金融危机后的伦敦时尚产业扶持政策，意大利专设时尚产业部门管理米兰时尚产业。

8. 时尚法律：知识产权保护

完备的法律保障体系是促进产业健康持续发展的制度保障，五大时尚之都均具备完善的时尚产业法律保障体系，英国的《著作权、产品设计和专利法》、法国的《知识产权法典》、意大利的《版权法》、美国的《专利法》、日本的《知识产权基本法》都为五大时尚之都时尚产业发展提供了法律保障。

表 2-19　五大时尚之都要素分析

要素	具体内容	巴黎	伦敦	米兰	纽约	东京
城市人文地理背景	自然条件	冬暖夏凉、四季分明 北纬：48度	温带海洋性气候 北纬：51度	四季分明 北纬：45度	四季分明 北纬：41度	气候温和 北纬：35度
	城市背景	法国首都，2000多年城市历史，法国的经济和金融中心，便利的陆海空交通运输条件	英国首都，世界金融资本汇聚之地和交易中心，重要的国际航空站和国际港口	2000多年城市历史，欧洲交通枢纽，意大利的"经济首都"	世界金融和经济中心，全球和欧美的交通中心，典型的移民城市	日本首都，日本的政治、经济、文化中心，四通八达的交通网
政策规划时尚产业	政策规划	纺织服装业的政策措施，高级时装的保护和扶持政策，其他纺织品补助政策	设计师扶持政策，金融危机后的伦敦时尚产业扶持政策	政府资金支持和补贴产业收入，贷款便利化，呼吁欧盟实施原产地强制标识	建立服装创业园区，为新秀设计师提供房租、融资渠道	经济产业省已确定了针对时尚产业的五个重点支持领域
时尚产业基础	时尚创意产业园区	左岸艺术区	伦敦创意产业园区、霍克斯顿创意园区、SOHO区、老啤酒厂、布里克巷	维罗纳时尚区	曼哈顿的SOHO区	日本杉井时尚产业中心
	时尚制造产业集聚区	巴黎北部郊区制造基地	伦敦制造业卫星城	普拉多纺织工业区等17个纺织服装工业区	纽约制衣区	京滨叶工业区
时尚品牌	知名品牌	Chanel, Hermès, Kenzo	Burberry, Alfred, Dunhill, Radley	Glorgi-Armani, Versace, Prada	Coach, CK, DKNY, Mac-Jacobs, Anna-Sul	TOKYO STYLE, BAPE, OFUON, Porter
时尚产业配套体系	快速反应	时尚买手制	时尚买手制	时尚买手制	由大规模生产向大规模定制向快时尚转变	快速反应系统（QRS）和丰田缝纫体系（TSS）
	时尚流通业消费业	九月四日大道、春天百货公司、拉法叶百货公司、香榭丽舍大道	哈罗德百货公司、玛莎百货公司、摄政街、牛津街、杰明街、赛维尔街	维托伊曼纽二世拱廊、蒙特拿破仑街等	第五大道、麦迪逊大道、珠江百货公司	松屋百货、银座商业区、涩谷商业区23区、表参道

续表

要素	具体内容	巴黎	伦敦	米兰	纽约	东京
时尚产业配套体系	时尚会展业	巴黎时装周、巴黎成衣展、女装设计展、第一视觉面料展	伦敦时尚周、伦敦珠宝周、英国伯明翰国际服装服饰博览会、伦敦成衣博览会	米兰时装周、米兰设计周、米兰家具设计展、米兰国际博览会	纽约时装周、美国时装设计师协会大奖、美国纽约面料辅料及成衣展	日本时装周、日本电子展、日本通信博览会
法律保障	知识产权著作权	《知识产权法典》	《著作权、产品设计和专利法》、英国知识产权局（UKIPO）	《版权法》、知识产权法庭	《版权法》《兰哈姆法》《专利法》、国际知识产权联盟	《知识产权基本法》
时尚文化	时尚文化特色	贵族气质、时尚花都	英伦风格：保守的绅士与激进的青年	意识浪漫、名牌效应	休闲、简约、个性	东西文化交融
时尚人才基础	时尚创意人才培养机构	巴黎国立高等美术学院、ESMOD巴黎高级时装设计学院、法国时装学院	圣马丁学院、皇家艺术学院、伦敦时装学院、伦敦大学金史密斯学院	米兰大学、布雷拉美术学院、马兰欧尼学院、多莫斯学院、欧洲设计学院	纽约时装学院、纽约大学、纽约视觉艺术学院	日本东京艺术大学、文化服装学院、Mode学院
	时尚工会组织	法国高级时装公会、法国工业面料联合会、法国服装联合会、法国鞋业协会、法国香料生产企业协会	英国时尚与纺织协会（UKFT）、伦敦格林街珠宝协会（GSJA）、英国珠宝协会（BJA）	意大利国际时尚协会、意大利奢侈品制造商协会、意大利国家服装协会	美国服装设计师协会（CFDA）、纽约时装技术学院、普瑞特艺术学院	东京设计师协会、社团法人电子信息技术产业协会、日本珠宝设计师协会

（三）五大时尚之都发展时尚产业的经验

综观巴黎、纽约、伦敦、米兰和东京世界五大时尚之都，纺织服装时尚产业发展模式主要有两种基本类型，即制造驱动型和市场消费驱动型。巴黎、纽约为市场消费驱动型的发展模式，伦敦、米兰为制造驱动型的发展模式，东京时尚产业的发展与政府的产业政策密不可分，发展模式明显受政府导向。这五大时尚之都有其明显的优势和成功之处，从五大时尚之都的发展历程可以总结出以下六点主要发展经验。

1. 政府引导，统筹发展

首先，制定产业发展的长远规划。政府是产业发展计划的制订者和引导者，国际知名时尚城市能够成功发展时尚产业往往都通过政府机构制定明确的长远规划。例如，2003年伦敦发布的《伦敦：文化资本——市长文化战略草案》中就明确提出要将伦敦建设成为世界级的时尚文化中心，在文化机构设立、基础设施建设、旅游产业打造、创意产业资金支持等方面提出了十二项具体实施措施。

其次，设置产业政策推进机构，由政府成立相对应机构来引领时尚产业的发展。例如，法国财经就业部于2008年在法国工业发展战略总司下设立的纺织服装和皮件工业发展处，专门负责规划相关产业政策和制定相关战略，整合产业生产资源和产业供应链，服务范围不仅覆盖法国的大企业，还为小企业和微型企业提供同等服务。

最后，增强行业协会力量。行业协会在发展时尚产业的过程中，相比政府机构能够提供更加专业的服务，其作用是组织和协调产业内部有序竞争，根据行业的特征制定相关行业制度和标准，同时产业协会能够将政府与企业相联结，并根据行业发展现状拟订人才培养计划、提供企业交流平台等。例如，美国的服装生产商联盟基金会（Fashion Manufacturing Initiative，FMI）主要宗旨是筹资以投资支持纽约的生产制造企业的发展，主要方式是改善企业的生产设施，为设计师和生产制造商提供交流平台，创造更多的就业机会，除了提供资金支持，FMI还提供专业指导和教育课程，帮助企业成长和专业化，以及将各级设计师和当地制造商等资源进行整合。

2. 增强时尚传播力

传媒行业和出版业作为时尚产业的重要组成部分，为时尚产业信息的传播做出了突出的贡献。巴黎是最早成为时尚中心的城市，法国也是第一个注重时尚传播的国家，早在18世纪，法国宫廷的贵族就举办了艺术沙龙，这些艺术沙龙聚集了当时最受欢迎的艺术家、文学家和贵族人士，同时，这些艺术沙龙也成为上层人士与贵族的时装斗秀场，这便是早期法国时尚流行传播的重要方式。到19世纪时期，出现了以时尚插画为内容的VOGUE杂志，大幅促进了服装的流行与传播，欧洲的贵族们不再需要长途跋涉去法国了解最新的时尚资讯，通过时尚杂志就可以了解最新的时尚流行，时尚杂志的出现对法国巴黎的时尚霸主地位的确立起到了极大的促进作用。如今，法国不仅有自己土生土长并在世界时尚传媒立于不败之地的Elle，也有VOGUE和Harper's BAZAAR等世界知名时尚杂志的法国版，还有在世界范围内都拥有巨大影响力的法国时尚电视台也成为法国时尚宣传的重要工具和时尚阵地。这些杂志和电视媒体不仅是全球时尚界了解法国的窗口，也是世界时尚界的标杆，影响着全球的潮流趋势和时尚经济。

3. 重视时尚教育与培训

创意设计人才是引领和推动时尚产业发展的支柱力量，也是时尚产业发展中最具活力的组成部分。五大时尚之都所在国家都推出了时尚产业相关人才培养计划，充分说明创意人才的重要性。例如，英国推出的创意英国——新人才新经济计划（Creative Britain New Talents for the New Economy）就明确列出26项承诺和举措，这些政策使创意人才大胆突破，促进了英国创意产业的蓬勃发展。美国有超过200所大学培养时尚专业的学生，这些学校提供时尚专业的培训项目，为学生进入高薪的时尚行业而准备。这些培训项目培养的技能不仅仅涉及服装，而是贯穿整个产业，在2013年有5%的时尚设计师服务于影视行业。美国三个最著名的设计学校均坐落在纽约，帕森斯设计学院、普瑞特学院和FIT（时装技术学院），洛杉矶有14个私立和公立的本科院校设立了服装设计和营销专业。这些设计学院除了能够为时尚产业提供专业人才，还能够促进当地的经济发展。例如，FIT（时装技术学院）每年能够吸引超过20万游客参观其切尔西校区，其中有10.5万人次参观FIT博物馆，这些游客在纽约的花费合计超过2亿8千万美元。

此外，注重对相关从业人员的技能培训。五大时尚之都当局政府通过设立各层次的职业技能培训机构，对各岗位从业人员进行无偿技术培训和专业化训练。法国于1994年年底专门成立了欧洲工会联合会（FORTHAC），为纺织服装业员工提供专业的培训，一方面提高行业员工技术，另一方面提高就业率。英国政府于2012年4月颁布设计培训项目，其目的是培养设计人才，只要年满16周岁的能够在英国工作的非全日制学生人员都可以申请该项目。通过该项目可以去企业的设计部门实习充当学徒，涉及的领域涵盖主要设计方向，从图形设计到产品设计。意大利政府更是直接采取资金补助的方式支持企业开展人员培训、技术开发和技术创新等。

4. 把握纺织服装产业结构调整的节奏

纺织产业在大多数发达国家的工业化和现代化中，做出了突出的贡献，发挥着重要的作用，但在产业转型的过程中也最先遭受矛盾与痛苦。第二次世界大战后，日本的棉织物出口额占日本出口总额的30%以上，在世界纺织品出口市场占据优势地位，这一时期日本的纺织产业为出口导向型。但随着劳动力的减少及工资水平的提高，日本的纺织产业面临转型，政府出台一系列措施来引导日本的纺织产业转型升级。20世纪60年代末，日本的纺织产业采取逐步推进的方式对纺织产业进行了六次重大的产业结构调整，并在调整的过程中充分考虑了国际纺织产业发展和纺织贸易发展的大趋势，推进制造业的集团化，开发应用信息技术和网络技术，将国际贸易、高档时装业、零售、咨询和服务业列为产业重点，积极培养国内时尚创意人才，扶植本土设计师，鼓励创新。

而意大利的产业转型升级曾有过失败的经历，主要原因在于意大利曾试图以扶持大企业为产业发展政策，而忽视了小企业存在的价值，最终导致产业转型升级的失败。意大利从这一经验教训中认识到，大企业与小企业必须协同共存，因此，后来意大利的纺织服装企业不再单纯追求企业的规模，而是强调企业简约专精，灵活性和多样化并存。日本和意大利的纺织产业转型的经验也说明，产业结构比产业体量更重要。

5. 完善时尚产业的法律保障

设计属于智力密集型产业，设计属于时尚产业中重点部分，但因为设计的投入高、风险大，容易被仿制等特点，因此，设计创意特别需要行业规范和知识产权等相关法律来保障。五大时尚之都所在国家在法律上都会对时尚产业提供一定程度的法律保护，如在英国1998年颁布的版权、设计和专利法案中强调：时尚设计是原创的"艺术作品"获得版权保护法的自动保护。美国参议院于2012年12月20日修订颁发的"创新设计保护法案"中延伸了对服装设计的保护，其中明确提道："对时装设计保护的内容包括：纹饰图案、原创的元素设计或原创的元素组合形式，抑或非原创元素的整体外观设计都可以满足注册要求。"法国《知识产权法》中特别提出保护原创作品一项，涉及范围包括那些反映作者个性想法的作品，并明确指出作为季节性产物的服装也属于版权法的保护对象。保障时尚设计及有关产业健康发展需要相关部门制定相关法律，完善法律环境。五大时尚之都所在国家均有相关的法律来保护时尚设计产品免受版权侵害，其中以法国的法律保障最为严格和完善，美国也有相对应的外观设计保护权，相比较而言中国的相关法律有待完善。

6. 形成独特的文化氛围，提升时尚产业的软实力

每个城市都有其独特的个性与魅力，正如巴黎被称为"时尚之都的中心"，是因为巴黎是时尚与艺术的荟萃之地，是五大时尚之都中时尚的"原产地"。米兰被称为"成衣王国"，主要是由于其高档的格调、精湛的手工艺和优质的成衣而闻名于世界。伦敦更是被称为"保守绅士"和"激进青年"并存的世界时尚之都，主要是因为来源于伦敦青年亚文化的"街头文化风格"已经成为伦敦时尚最大的亮点与特色。尤其是从薇薇安·威斯特伍德开始，偏好"朋克"风格的服装设计师开始大量活跃在世界时装舞台。

在"伦敦时装周"上，人们越来越多地看到带有"朋克"元素和风格的时装品牌及新品。"朋克"等青年亚文化群体作为伦敦时装创新的先锋极大地影响了伦敦的服装风格，为伦敦的时尚文化注入了新的活力元素，也使得伦敦的时装在世界上有了独属于自己的特色和定位。

二、学习活动

根据表 2-20 对标五大时尚之都具备的八大要素，分析北京、上海或其他城市发展时尚产业的优势和不足。要求如下：

（1）可以分组进行，有能力的学生也可以单独进行，分组以 2～3 人为宜。

（2）实训过程中自行查阅相关资料，实训报告不少于 2000 字，杜绝抄袭。

（3）组织一次全班的讨论，完成考察的个人或小组在全班宣读实训报告。

（4）相互评价，选出 2～3 份优秀的实训报告，老师做出讲评。

表 2-20　五大时尚之都要素对照分析

	区域背景	时尚品牌	配套体系	时尚人才	时尚文化	时尚产业	时尚政策	时尚法律
优势分析								
不足分析								

三、要点归纳

1.从广义的角度来讲，代表着人类新的生活方式、生活态度的任何事物（实体的或非实体的）都是时尚。根据与人的紧密程度和流行显现度从高到低划分为核心层、拓展层、延伸层和放射层 4 个层次。时尚产业通常是指时尚产品以及相关产品（服务）的运营的产业部门的总称，是从事时尚产品的创意设计、制造加工到营销、传播、流通等活动的产业组织与个人的集合。国际时尚之都是指具有足够丰富的国际时尚资源、要素和体系，并能够在全球时尚领域产生足够强大的影响力，以及达到全球一流时尚水平和能力的国际大都市。

2. 五大时尚之都具备的要素有：四季分明的气候和超高的国际地位，一批代表性的世界级品牌，发达的时尚消费平台和展览展示平台，杰出的设计师和高端教育机构，独特的时尚文化风格魅力，控制或拥有产业链关键环节，专门管理部门和专项政策与知识产权保护。

3. 五大时尚之都发展时尚产业的经验：政府引导，统筹发展；增强时尚传播力；重视时尚教育与培训；把握纺织服装产业结构调整的节奏；完善时尚产业的法律保障；形成独特的文化氛围，提升时尚产业的软实力。

四、心得体会

项目三　奢侈品店铺分布的街区

教学目标

知识目标：

1. 了解世界一流商业街的概况、历史变迁、地理交通和商业业态等方面；
2. 掌握世界一流商业街的核心特征；
3. 掌握分析世界一流商业街形成的步骤。

技能目标：

1. 对照世界一流商业街的核心特征，初步分析商业街的优势和不足；
2. 按照分析世界一流商业街形成的步骤，开展商业街的初步分析和诊断。

案例与思考

盘点中国最有名的15条商业街[1]

1. 上海南京路步行街

南京路步行街（Nanjing Road Walkway）位于上海市黄浦区，西起西藏中路，东至河南中路，步行街的东西两端均有一块暗红色大理石屏，上面是江泽民主席亲笔题写的"南京路步行街"6个大字。

国庆50周年时落成的这条步行街，使"百年南京路"焕然一新，成为上海又一处亮丽的城市新景观。南京路步行街全长1033m，路幅宽18~28m，总用地约3万 m^2。迄今为止，南京路已有100多年的历史，它的前身是"派克弄"，1865年正式命名为南京路。

2. 北京王府井商业街

王府井大街是位于中国北京市东城区中部的一条大街，也是北京市的著名商业街，全长

---

[1] 资料来源：乐居财经 https://news.leju.com。

1800m，其中南段是王府井步行街。王府井大街北起美术馆东街南端，与五四大街、东四西大街连接，南至东长安街，与台基厂大街连接。

元大都时期，这条街名为"丁字街"。明朝称"王府街"。明朝永乐十五年（1417年）在此街东侧修建了十王府后，此街改名为"十王府街"，又称"王庶街"。清朝雍正十二年（1734年），在十王府处改建贤良寺，但"王府街"的名称获得保留。清朝光绪三十一年（1905年），清政府"推行警政""整理地面"，对京师部分街巷名称重加厘定，因街西有一甜水井，遂将"王府街"改为"王府井大街"。

王府井商业街的历史可溯至元朝哈达门丁字街的菜市。明朝，今灯市口大街一带是北京内城的繁盛之所。20世纪20至30年代，今王府井商业街已成规模。

3. 武汉江汉路步行街

江汉路步行街是中国最长的步行街，有"天下第一步行街"的美誉，位于湖北省武汉市汉口中心地带，南起沿江大道，贯通中山大道、京汉大道，北至解放大道，全长1600m。宽度为10~25m，是武汉著名的百年商业老街，也是"武汉二十世纪建筑博物馆"。2016年12月28日，历时2年建设，改造后的江汉路及中山大道以全新面貌示人。

中山大道4700m的改造范畴中，最亮眼的工程是江汉路。始建于1906年的中山大道，距今已有110年历史，是老汉口最重要的商业交通干道。随着江汉路与地铁2号线、6号线的同步贯通，集商业文化、风情于一体的百年中山大道景观将逐步向国际著名商业大道看齐。

4. 南京新街口

新街口位于南京市中心区域，以新街口广场（孙中山铜像）为标志，是中国著名的商业中心，拥有百年历史，被誉为"中华第一商圈"。1929年（民国十八年），国民政府依照《首都计划》开始建设首都南京，新街口首次规划为商业区。中山大道由此折东，中山东路、中正路（今中山南路）、汉中路和中山路四条宽约40m的林荫大道在此交汇，中间形成环形的新街口广场，并以一尊孙中山铜像为分隔，成为南京的交通枢纽，便利的交通带来众多商家和企业。

20世纪40年代，新街口迅速发展为重要的商业金融中心。众多银行聚集于此，形成银行区，使这里成为中国的"华尔街"；福昌饭店、大三元、同庆楼、三六九菜馆等饭馆林立，灯红酒绿。中央商场、李顺昌服装店等商店云集；中央日报、朝报、新民报、扶轮日报等有影响的报馆，以及大华大戏院、新都大戏院、世界大戏院、中央大舞台等娱乐场所也汇聚于此。

5. 重庆解放碑步行街

1997年，重庆市、渝中区政府投资3000万元，以解放碑（抗战胜利纪功碑）为中心将解放碑大十字地区（民权路、民族路和邹容路的共 2.24 万 m² 面积）改造成中国西部第一条商业步行街——解放碑步行街。2000 年和 2001 年，渝中区相继投入 1600 万元，将步行街拓展至八一路中段和民族路。解放碑步行街的面积增至 3.6 万 m²。

6. 成都春熙路步行街

春熙路位于成都市锦江区春熙路街道，面积大约 20hm²。春熙路的最大特色在于汇集了众多品牌的各类专卖店，以及拥有众多的中华老字号商场，是外地游客和本地白领偏爱的购物地点。

春熙路位于成都市锦江区春熙路街道，覆盖北新街以东、总府路以南、红星路以西、东大街以北、南新街、中新街以及临街区域，面积大约 20hm²。春熙路热闹繁华，现大约有商业网点 700 家，网点面积大约 22 万 m²，被业内誉为"中国特色商业街"。

7. 广州上下九步行街

上下九步行街是中国广州市荔湾区西关的上九路、下九路、第十甫路步行街的合称。于 1995 年 9 月 30 日正式成为商业步行街，范围包括上九路、下九路、第十甫路、宝华路、康王路等路段。其中上下九路是旧城区最繁华的地段之一。

步行街全长约 1218m，现存的主干道旧建筑以骑楼为主，多为清代建成，其结构为下面商铺，上面住宅。整条街由风格独特、古色古香的骑楼（商业"骑楼"）、茶楼建筑组成，街上布满各中、高级百货公司、食肆等。即使不买东西，在上下九路走一走，也可以感受到独特的岭南商业文化。

其附近还有华林寺、西关大屋保护区等文物建筑。现时上下九多以服装饰物店铺为主，兼有小吃店、电子产品商店等。相较北京路的高档路线，上下九的商品尤其是服装主要为中低档，较为便宜。步行街与康王路交界的地方建有上下九广场，附近为荔湾广场和东急新天地等现代化的购物中心。

8. 天津和平路步行街

天津和平路步行街是天津的一条商业步行街。

天津在历史上就是中国北方有名的大商埠，在天津有一条全国最长的商业步行街，凡是来天津的人都会慕名来这里逛一逛，它就是著名的和平路商业步行街。在和平路上老店名匾之彰显，在天津传统文化发展中可谓一大特色，独具风韵。今天的和平路，是一条集购物、观光、餐饮、文化娱乐于一体的多功能商业街。夜幕降临时，和平路将迎来一天中最美的时刻。

9. 哈尔滨中央大街

中央大街是黑龙江省哈尔滨市很繁盛的一条商业步行街，北起江畔的防洪纪念塔广场，南接新阳广场，长 1400m。这条长街始建于 1900 年，街道建筑包罗了文艺复兴、巴洛克等多种风格的建筑 71 栋。

10. 厦门中山路步行街

中山路步行街（英文：Amoi YatSen Road）是厦门最老牌的商业街，人流旺，商品多，名气大，不论往昔还是如今，人们一提及厦门，就必言中山路，就像纽约的曼哈顿、东京的银座、香港的中环一样。到厦门，中山路是不能不去的，因为它代表了厦门的繁华、富有和时代韵律。到这里可享受丰富的物质世界，领略现代风姿。

中山路是厦门保留较完整的展现近代历史风貌的旧城街区，拥有小走马路、陈化成故居、中华第一圣堂等众多人文古迹。南洋骑楼建筑、流光溢彩的 LED 夜景、琳琅满目的各色闽台特色小吃和回响在小巷街坊间的古老南音，构成其与众不同的风格特色。中山路现有省级文物保护单位 3 处，市级文物保护单位 5 处，市级涉台文物古迹 1 处，历史遗址、古迹十余处，还有南音等非物质文化遗产。2012 年 6 月，厦门中山路成功荣获"中国历史文化名街"的称号。

11. 武汉楚河汉街

楚河汉街是湖北省武汉市武汉中央文化区的一部分，总长 1500m，主体采用民国建筑风格，汉街因楚河而生，沿南岸而建，拥有中国最丰富的商业内容，最多的时尚流行品牌，并集合世界顶级文化项目。汉街的规划设计、建筑特色、招商品牌以文化为核心，在突出文化特色的同时引进大量文化品牌，其中包括一批世界级文化项目，如世界顶级的演艺剧场、世界唯一的室内电影文化主题公园等。由此，使汉街逐渐成为中国最具文化品位的商业步行街。

楚河汉街不仅是商业街，更是城市历史文化和生态景观工程，社会经济综合效应十分显著。"楚河"贯穿武汉中央文化区东西，是文化区的灵魂。"楚河"全长 2200m，连通东湖和沙湖，是国务院批准的武汉市"六湖连通水工程"网治理的首个工程。

12. 重庆观音桥步行街

观音桥是重庆市江北区政治、经济、文化和重庆北部商贸中心。地理位置优越，15 分钟以内可到达江北机场、龙头寺火车站、重庆火车站、朝天门港口、重庆中央商务区江北城和寸滩国际集装箱码头，具有极强的集聚功能和交通优势，整个步行街由观音桥广场、北城天街、嘉陵公园和在建的太阳谷组成。

观音桥商圈交通规划：观音桥商圈实施"地面环行+地下直行+地下轻轨"的立体交通方案，修建全长 2100m 逆时针单向循环的环行道路；建新北路地下部分修建全长 800m 的双向直行 4 车道的观音桥隧道，上面形成 430m 长的步行街。观音桥商圈景观规划：观音桥商圈城市景观由嘉陵公园、观音桥广场、观音桥步行街（一、二、三期）三大部分组成，共计公共空间面积 20 万 m^2，集公园、广场、步行街三大功能于一体，使商业与景观实现有机结合，成为融生态观赏、游览、购物、休闲、娱乐为一体的大型生态商圈。

13. 苏州观前街

观前街位于苏州市中心，是苏州人气最高的购物聚集地，历来有"苏州第一商圈"的美誉。这里是姑苏城内最老字号的购物街区，因古寺玄妙观而得名，有150多年的历史，自古便是熙熙攘攘的重要商业街。

观前街商圈的大型购物商场有美罗百货、人民商场、大洋百货、第一百货等；餐饮业主要集中在太监弄一带；娱乐休闲场所主要集中在乔司空巷一带；稻香村、乾泰祥、黄天源等多家特色百年老店坐落于街上。

14. 沈阳中街

中街，中国第一条商业步行街，中国十大著名商业街，全国首批"百城万店无假货"示范街。它是沈阳最早形成的商业中心。1625年（明天启五年、后金天命十年）至1631年（明崇祯四年、后金天聪五年），后金将明朝所筑砖城进行改建扩建，按照中国历史上流传的"左祖右社、面朝后市"之说，将原来的"十"字形两条街改筑为"井"字形4条街，即今沈阳路、中街路、朝阳街、正阳街。当时，中街路称四平街，东西两侧建有钟楼、鼓楼各一座。街长579.3m，宽11.7m。由著名书法家李兴臣题词书写"中街"二字。

15. 长沙黄兴南路商业街

黄兴南路商业街位于湖南省长沙市，北起司门口，南到南门口，全长838m，街面宽23~26m，包括近万平方米的黄兴广场，商业总面积25万 m²，是集购物、休闲、娱乐、餐饮、文化及旅游等多项功能于一体的综合性场所。

请思考并回答以下问题：

1. 你逛过这些商业街吗？这些商业街哪些地方让你流连忘返，印象深刻？
2. 这些商业街又有哪些不足可以改进？
3. 奢侈品品牌是否进驻以上商业街？

任务1　领略世界奢华商业街

一、知识准备

（一）巴黎香榭丽舍大街

1. 概况

香榭丽舍大街（爱丽舍田园大街，法语：Avenue des Champs-Élysées 或 les Champs-Élysées）是法国首都巴黎的一条大道，位于城市西北部的第八区。"香榭丽舍"原意是希腊神话中圣人及英雄灵魂居住的冥界（Elysium），其中CHAMPS（香）意为田园，ELYSEES（爱丽舍）之意为"极乐世界"或"乐土"。因此，有人戏称这条街是"围墙"加"乐土"的大街，法国人则形容它为"世界上最美丽的大街"。"香榭丽舍"这个译名是由徐悲鸿先生在法国留学时所赐，既有古典的中国韵味，又有浪漫的西方气息。"榭"是中国园林建筑中依水架起的观景平台，平台一部分架在岸上，一部分伸入水中。而曾经的香榭丽舍就是一片水榭泽国，现在则是一个让世人流连忘返的巨型观景平台。弥漫着咖啡、香水、糕点香气的街道可谓是名副其实的"香榭"，而街道两旁典雅的奥斯曼式建筑，被称为"丽舍"毫不为过。

香榭丽舍大街将巴黎分为南北两半，它西接凯旋门，东连协和广场，全长1.8km。香榭丽舍大街起始于协和广场，广场上矗立有方尖碑，大街由东向西延伸，前半段较平坦，西高东低，接着有一段上坡直到星形广场（又称戴高乐广场），广场中心屹立着凯旋门（见图3-1）。

图3-1　巴黎香榭丽舍大街街景

图片来源：https://www.quanjing.com/imgbuy/qj6907804741.html

2. 历史变迁

香榭丽舍大街的演变史同巴黎的市政发展史密切相连（见图3-2）。据史书记载，1667年，皇家园艺师勒诺特为扩展杜乐丽花园的视野，把这个皇家花园的东西中轴线向西延伸至原点广场，为此大道雏形。当时，道路两侧还是荒野和沼泽。香榭丽舍大街的轮廓（在被称作"夏约宫"之星以前）成形于1724年，它延伸了杜乐丽花园的视线。半个世纪以后，它的西部通过巴黎的 la Grande Armée 大街以及纳伊的戴高乐大街延伸到塞纳河，但是不久之后，Fermiers Généraux 墙又重新把它界定在星形广场。从1828年开始，巴黎市政府对它进行了修整，铺设人行道，安装路灯和喷泉，使之成为法国花园史上第一条林荫大道。1838年，建筑师雅克·希托夫（Jacques Hittorff）对香榭丽舍大街加以规划（包括如今依然保存的路灯）。

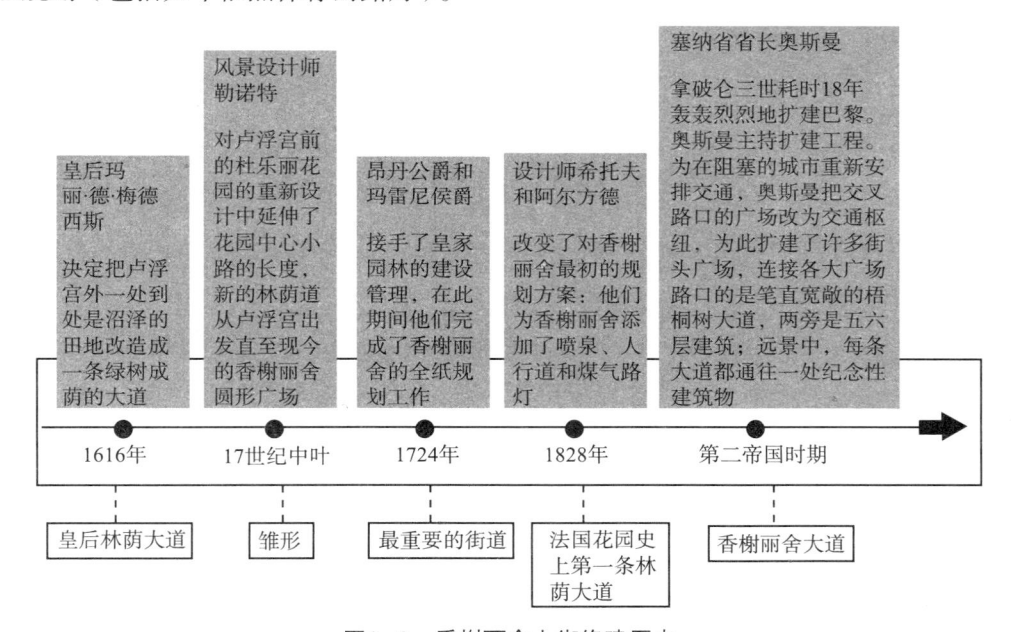

皇后玛丽·德·梅德西斯	风景设计师勒诺特	昂丹公爵和玛雷尼侯爵	设计师希托夫和阿尔方德	塞纳省省长奥斯曼
决定把卢浮宫外一处到处是沼泽的田地改造成一条绿树成荫的大道	对卢浮宫前的杜乐丽花园的重新设计中延伸了花园中心小路的长度，新的林荫道从卢浮宫出发直至现今的香榭丽舍圆形广场	接手了皇家园林的建设管理，在此期间他们完成了香榭丽舍的全纸规划工作	改变了对香榭丽舍最初的规划方案：他们为香榭丽舍添加了喷泉、人行道和煤气路灯	拿破仑三世时18年轰轰烈烈地扩建巴黎。奥斯曼主持扩建工程。为在阻塞的城市重新安排交通，奥斯曼把交叉路口的广场改为交通枢纽，为此扩建了许多街头广场，连接各大广场路口的是笔直宽敞的梧桐树大道，两旁是五六层建筑；远景中，每条大道都通往一处纪念性建筑物
1616年	17世纪中叶	1724年	1828年	第二帝国时期
皇后林荫大道	雏形	最重要的街道	法国花园史上第一条林荫大道	香榭丽舍大道

图3-2　香榭丽舍大街修建历史

图片来源：百度文库

第二帝国时期，拿破仑三世耗时18年（1851—1869）轰轰烈烈地扩建巴黎，他委任塞纳省省长奥斯曼主持扩建工程。为在阻塞的城市重新安排交通，奥斯曼把交叉路口的广场改为交通枢纽，为此扩建了许多街头广场，如星形广场、巴士底广场等。连接各大广场路口的是笔直宽敞的梧桐树大道，两旁是豪华的五六层建筑；远景中，每条大道都通往一处纪念性建筑物。这种格局使城市气势恢宏，车流通畅，当时即引得世界许多大都市纷纷效仿。用今天的眼光看，它仍不失为实用标准与审美标准相结合的典范。

正是这次扩建工程，使香榭丽舍大街真正成为"法兰西第一大道"。奥斯曼将星形广场原有的 5 条大道拓宽，又增建 7 条，使广场成为 12 条呈辐射状大道的中心。香榭丽舍大街则从圆点广场延长至星形广场，成为 12 条大道汇总的一条。巴黎扩建后，香榭丽舍迎来了发展史上的春天。企业家纷纷在这里盖房，开设了富有法国特色的时装店、高档化妆品店、银行、高档轿车行、高级夜总会等。在 19 世纪法国资本主义飞速发展的"美好年代"，香榭丽舍西段顺应经济发展的需要，成为重要的商业大道，同时保留了法国式的优雅情调。

城市大道得到人们的普遍赞美，不仅因为它是一个完美的市政工程，还因它有历史文化积淀，和民族命运紧密相连。香榭丽舍两端，协和广场上的方尖碑，星形广场上的凯旋门，有多少关于征服与被征服，光荣与屈辱的故事！香榭丽舍一侧，大宫和小宫留下了万国博览会时期法国曾经有过的荣华富贵。与香榭丽舍一街之隔的爱丽舍宫，记载着权力的兴衰交替。许多重大历史事件发生在香榭丽舍。1814 年，反法联盟军进入巴黎，普鲁士和英国士兵宿营在这里；1885 年，大文豪雨果的出殡队伍走过这里；1944 年，解放巴黎的军队在这里接受民众的欢呼；1970 年，还是在这条大道上，法国人为戴高乐将军默哀……

经过 300 多年的演变，香榭丽舍大道成为法国最具景观效应和人文内涵的大道，法国人毫不谦虚地称之为"世界上最美丽的散步大道"。

从 20 世纪 80 年代起，随着城市化进程的加快，香榭丽舍的容貌受到毁损。不少城市规划设计者痛心地指出，香榭丽舍也难免大都市街道的通病，最大的问题是行人与车辆关系位置颠倒，人行道一半以上停放着各种车辆，加之交通拥塞，行人受阻。其次是街景出现混乱，从电话亭到报亭，从告示牌到广告栏，各种艺术形式杂陈。就连建筑物本身也贴满了留言和各种色彩艳丽的广告。最后，存在着向嘈杂的商业街演变的危险。快餐店油腻的包装纸和商场的霓虹灯渐渐遮去了它高贵典雅的形象。

法国民间有保护历史文化遗产的传统。著名皮件制造公司路易威登于 1914 年进驻这条大道后，发起成立了"捍卫香榭丽舍委员会"，后几经易名，1980 年改为"香榭丽舍委员会"，其宗旨是"捍卫世界上最美丽的散步大道的声誉"。委员会成员由香榭丽舍两侧商家和居民代表共约 400 人组成，全是志愿者。委员会靠会员缴纳的会费维持运转，故能对私人或利益集团保持独立，提出一些出于公益目的的建议。该委员会自 1985 年起对香榭丽舍受毁损情况做跟踪研究，于 1989 年提出"拯救香榭丽舍计划"。

在它的推动下，巴黎市政府于 1992 年 2 月启动整修工程，工程旨在于恢复散步大道原貌，为行人腾出活动空间。内容主要有：第一，取消路边停车侧道，兴建一个拥有 850 个车位的地下五层停车场，把腾出的 4hm^2 路面拓为人行道；第二，重铺人行道路面，用浅灰色间有小蓝点的花岗石铺设，给人以宁静沉稳的感觉；第三，扩宽人行道后，再种两排梧桐树，大道两侧就有了4排树木，出现绿树掩映的散步大道景观；第四，给大道重置"家当"，包括重新安装路灯、长椅、公共汽车候车亭、海报柱、报亭等。工艺美术设计师们将奇巧构思与传统风格相结合，忠实于香榭丽舍的传统形象。

经过两年多的整修，香榭丽舍工程于1994年9月竣工。整个工程耗资2.4亿法郎（约合3700万欧元），这还不包括大道两侧商家自己出资整修门面所耗3000万法郎（约合460万欧元）。在竣工典礼上，时任巴黎市市长的希拉克登上凯旋门，点亮大道两侧树上的灯带。翡翠色的灯光彩带透过树木枝丫一波一波地变幻着，蔚为奇观。希拉克向欢庆的人群宣布："香榭丽舍，世人潜意识中的奇妙地方，已恢复了它的声誉。"

3. 地理交通

香榭丽舍大街将巴黎分为南北两半，它西接凯旋门，东连协和广场，全长1880m，最宽处约120m，为双向八车道，西高东低，与12条支马路相交（见图3-3）。香榭丽舍大街是巴黎之魂，整个大街以圆点广场为界分成两部分，划分为风格迥然不同的东西两段：大街的东段是700m长的林荫大道，体现了幽静的田园风光，是闹市中不可多得的一块清幽之处；西段长1100m为闹市区，原是贵族住宅区，后来资本主义兴起，逐渐发展成为向国内外富翁开放的商业区。大街西段的协和广场上矗立有埃及卢克索神庙的方尖碑，东段星形广场有巍峨雄伟的凯旋门。西段林荫道两侧则有巴黎最繁华的百货公司、时装店、大银行、电影院、酒吧间、咖啡馆、夜总会等。大街附近还有波旁宫、图勒里公园、卢浮宫、玛德琳娜大教堂、爱丽舍宫和市府大厦等名胜古迹。因此，这里被称为"世界上最美丽的大街"。法国的一些重大节日庆典，也多以这条大街为中心举行仪式，如每年七月十四号的法国国庆大阅兵就在这条大道上举行。香榭丽舍大道是巴黎主要的旅游景点之一。香榭丽舍大道的前半段被绿地和一些建筑包围着。在它的高处，有很多奢侈品商店和演出场所，还有许多著名的咖啡馆和餐馆（见图3-4）。

香榭丽舍大街及其周边共有7条地铁线（Metro）和一条区域快速铁路线路（RER），在不到2km的街道范围内设有5个地铁站，其中4个是换乘站。在香榭丽舍大街的任何地点，步行不超过5分钟就会到达地铁站，一票换乘制更是令轨道交通便捷。除地下轨道交通外，香榭丽舍大街还有数条公共汽车线路。与地铁之间换乘十分方便，此外还有旅游观光专线。游客只需购买一次车票，有效期内可在任意站点上下，不计乘车次数。不仅为游客提供极大的便利，红色的双层巴士也成为香榭丽舍大街一道亮丽的风景线。

奢侈品店铺分布与选址

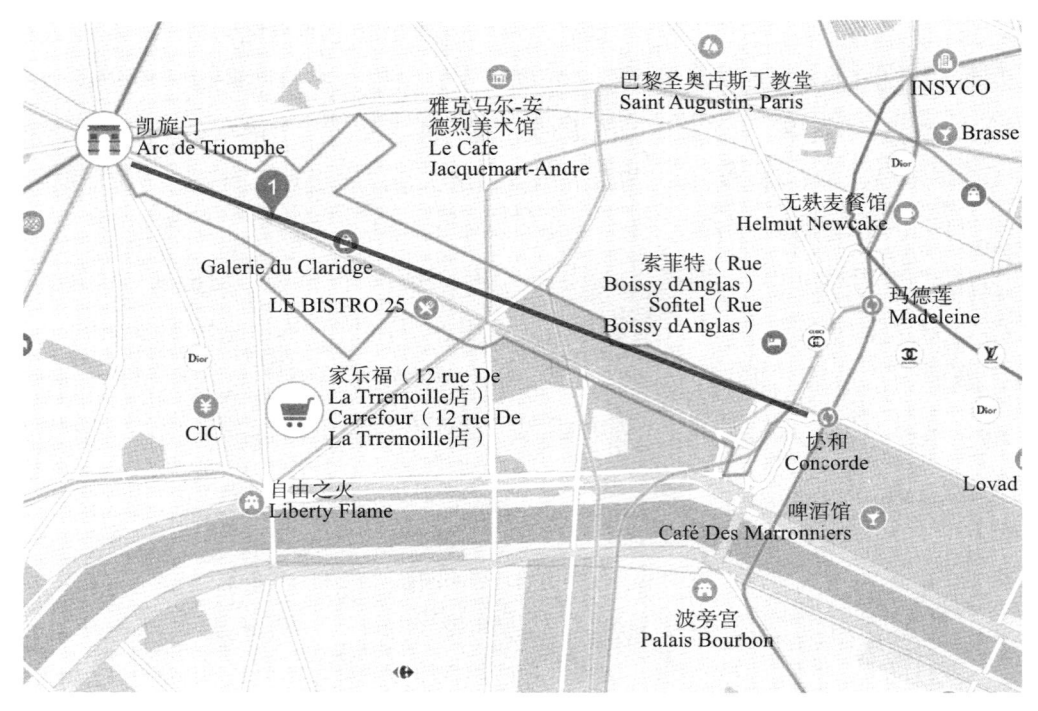

图3-3 香榭丽舍大街地理位置

图片来源：根据百度地图自绘

星形广场	高级商业区	圆点广场	林荫大道	协和广场
	是全球世界名牌最密集的地方。而一流的服装店、香水店，靠近凯旋门一段商店最多。		以自然风光为主，道路是平坦的英式草坪，绿树成行，莺往燕来，鸟语花香，是闹市中一块不可多得的清幽之处。	

图3-4 香榭丽舍大街功能分布图

图片来源：百度文库

128 /

4. 商业业态

香榭丽舍大街上购物中心大都是全球最知名的顶级品牌店，吸引了全世界的顶级富豪到此密集购物。香榭丽舍大街西段长约1180m，是商家云集之地。自1900年开始香榭丽舍就成为法国向世界展示它在各领域傲人成就的橱窗，现在它更成为一个国际知名品牌的汇集之地。香榭丽舍大街因此吸引了包括路易威登、娇兰、卡地亚、兰姿、斯沃琪、丝芙兰、迪斯尼、鳄鱼、耐克、奔驰和坚石咖啡等110多个世界名牌名店在此落户，服务涉及奢侈品、高档时装、高级轿车、风味餐厅、专卖店、电影院、夜总会等，平均每天高达30万人次的游客光顾于此，其中很大一部分是外国人。紧邻的圣安娜街上有世界顶级品牌以及最著名的设计师店面，Christian Dior、Hermès、Lanvin、YSL等，其中还有不少是全球最大的旗舰店，像Channel总店就设在这个区域。广义的香榭丽舍大道还包括由周边4条商业网点密集分布的小街道，这些街道与香榭丽舍大道不同的是：业态更多，网点更多，消费者更多的是市民而非游客。它们与香榭丽舍大道共同构成香榭丽舍街区，成为巴黎市民和游客购物与观光的首选。

（二）伦敦摄政街

1. 概述

摄政街（Regent Street）也译作丽晶街，是位于英国首都伦敦市中心的一条著名购物商业街，以其高质量的英国服装店著称，也是传承着两百年历史的伦敦城市文化的象征（见图3-5）。它是一个布满国际时尚品牌，高品质餐饮区域，以及奢华酒店的顶级生活方式目的地，拥有全欧洲第一个购物街App和全年中不时举办的步行街盛会。摄政街自古是皇亲国戚及上流社会的购物街，而今是伦敦最典型的时尚地标之一，其简约而优雅的建筑风格及琳琅满目的时尚品牌吸引着世界各地名流豪士。

值得一提的是，英国最为传统的百货公司——Liberty就坐落于此，简单典雅的欧式风格建筑，镶饰着红木柱子的墙壁，都呈现出历经岁月沧桑后的温润之美，Liberty所售的面料从设计到花色都堪称一流，可选来做丝巾、衬衣和居室装饰品。当然，产自本土英伦味极浓的Burberry也是Regent Street上的主角之一，各国旅行团到英的必访之地。牛津街与摄政街都是伦敦首屈一指的购物街，每年圣诞节前都会举行亮灯仪式，到了新年或是夏季打折时期，更是人满为患、寸步难行。

2. 历史变迁

1811年，当时的英国国王乔治三世因精神病发作而无法执政，年轻且热爱时尚的摄政王（Prince Regent）取代其父乔治三世掌管政权。摄政王非常欣赏拿破仑在巴黎的城市规划，于是让其御用建筑师约翰·纳什（John Nash）从摄政王宫殿到摄政公园间设计一条全新的道路。摄政街完工于1820年，纳什用了十年的光阴设计修建的这条街道，宽阔且拥有漂亮、流畅的大弧度，街道两边的商店拥有如宫殿般优雅的外形，带有他们昂贵的橱窗展示，建立了作为追求休闲的时尚购物机构的先例，这条街道迅速成为伦敦的时尚地标。街道也因摄政王而得名Regent Street。

图3-5 伦敦摄政街街景

图片来源：百度百科

这条举世闻名的商业街从建设伊始就颇受英国王室和贵族的垂青。英国王室成员每年至少要到摄政街集体购物两次，这种特别的举动对伦敦时尚的发展起到了推波助澜的作用。

作为一个新兴殖民帝国的统治者——伊丽莎白一世女王，需要从各方面来显示自己在欧洲日趋荣耀显赫的地位。女王为了巩固自己的统治，其手段之一就是利用"盛装"来显示自己日益膨胀的王权。伊丽莎白一世的着装风格在其统治后期变得越发强硬和富于侵略性，而这种风格受到了王室成员的追捧与效仿。伊丽莎白一世之后的英国王室沿袭了其统治时代的着装传统，对服饰的剪裁与刺绣工艺越发苛刻，并逐渐追求个性与时尚。在这种兴趣驱动下，王室所有人的服装几乎都要求"定制"。历史上以穿着打扮出名的英王乔治三世及其贵族阶层尤其钟情于定制的男士西服。王室和贵族对男士西服的钟爱使其成为伦敦时装之都的骄傲和象征，这也从一个侧面彰显了英国王室在伦敦时装之都形成过程中不折不扣的"时尚领袖"地位。

在19世纪初的伦敦，王室和贵族所倚赖的时装定制业已经相当成熟和发达，18世纪末爆发的工业革命虽然对时装定制工业产生了一定的冲击，但其精雕细琢、代代相传的工艺传统不但没有在提倡大机器批量生产的年代里遭受破坏，反而使人们在反思工业革命的成果时，更发现了其价值所在。阅读各种史料时不难发现，摄政街上的各种高级成衣定制作坊鳞次栉比、欣欣向荣，丝毫不逊色于后来以定制时装商铺为代表的"萨瓦尔街"和"詹姆士大街"。有着悠久传统并承载着王室贵族重望的服装定制业在当时各种社会、商业活动的中心摄政街的蓬勃发展推动了伦敦时尚，这点是毋庸置疑的。

1825—1851年伦敦"水晶宫"万国博览会开幕，摄政街成为当时伦敦最著名的"时装街"，是当时伦敦市民最重要的购物场所。一直到19世纪末，摄政街都保持着第一时装街的地位。

3. 地理交通

据伦敦城市观光局的统计，摄政街是外国游客抵达伦敦后的第一站。它全长1.5英里，几乎位于伦敦市正中心，北起摄政公园，南抵卡尔顿府邸，两边矗立着希腊复兴时期风格的连排式建筑，既庄重又有极强的韵律感。摄政街的每一座建筑都被列为登录建筑加以保护，至少是二级登录建筑，它们共同组成摄政街保护区。

摄政街曲折蜿蜒，南起圣詹姆斯的摄政王住所卡尔顿府邸（Carlton House），经过皮卡迪利圆环和牛津圆环，向北到诸圣堂（见图3-6）。从这里，朗豪坊（Langham Place）和波特兰广场（Portland Place）延续这条街，直到摄政公园。它东西两边的街区大相径庭，各有各的情调。东边，苏荷区乱得生气勃勃，是朋克、摇滚乐、红灯区、唐人街、世界各国餐馆、先锋派艺术家的聚集区；西边是时髦高尚的梅菲尔区，有全世界最贵的房产、奢侈品旗舰店、上流社会的画廊、古董商店、世袭贵族和各路富豪。

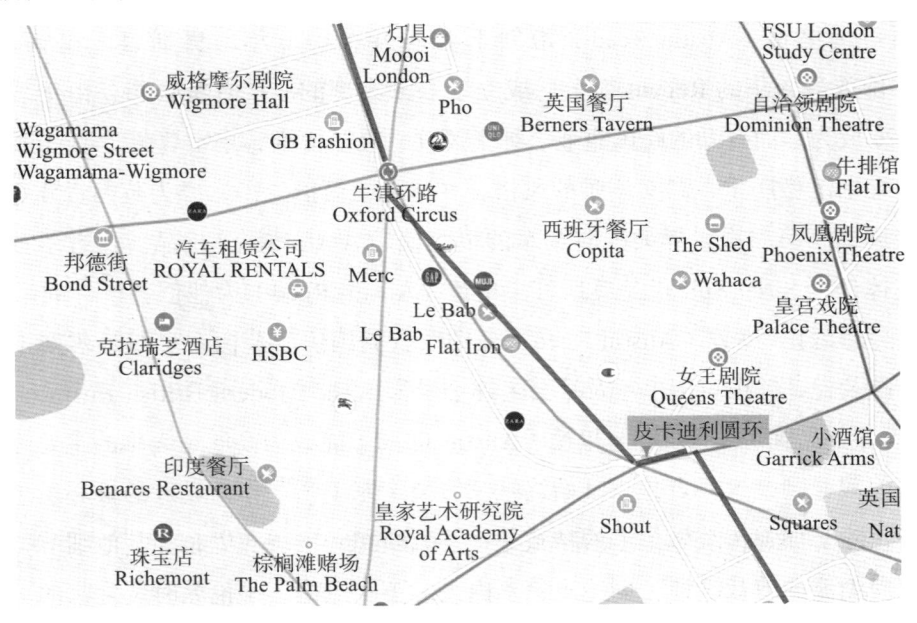

图3-6 摄政街地理位置

图片来源：根据百度地图自绘

摄政街紧密连接着伦敦市中心的各大交通网络，从任何地方选择任何交通方式前往摄政街都很便捷。摄政街位于伦敦的心脏地带，共有三条主要地铁线途经此处，分别是 Central（中央线），Piccadilly（皮卡迪利线）和 Bakerloo（贝克鲁线）。任何一条地铁路线都可以到达这里。几条主要的公交线路每天 24 小时从伦敦的东南西北沿曲线游历伦敦均途经摄政街。随处可见的巴克莱自行车出租点为游客提供全天的自助自行车租赁服务。

4. 商业业态

相比于众所周知的购物目的地，例如香榭丽舍大街和第五大道，作为同样是世界级购物场所的摄政街拥有低调和内敛的优雅格调。绵延超过 2km 长的临街店铺是全世界各大国际品牌最好的聚集地之一，其中包括苹果、巴宝莉、J.Crew 和雅格狮丹（Aquascutum）等。基本英国所有的奢侈品在这里都可以找到，也有众多特色小店，满足各类人的购物需求。摄政街为伦敦的主要商业街，以高质量的英国服装店著称，也是一百多年来伦敦城市文化的象征。利巴提、哈姆雷兹等许多商店均具英伦风范，附近的沙威尔劳有众多高级西装店，这里是属于绅士淑女的购物天堂，世界最大的玩具店 Hamley's、瓷器店 Wedgwood 和刀叉店 Mappin&Webb 都在这条街上。最有代表性的三个英国时装品牌都诞生于摄政街。它们是雅格狮丹（Aquascutum）、奥斯汀·里德（Austin Reed），还有积家（Jaeger）。三个百年品牌是英国时装风格的代言。

奥斯汀·里德（Austin Reed）始创于 1900 年，1926 年，奥斯汀·里德（Austin Reed）在伦敦最繁华的 Regent 街上，成立了一家大型的服装百货公司，由传统商店型态摇身一变成为强而有劲的跨国企业。绅士风度、轻松优雅，皇室尊荣，Austin Reed 秉承着英国绅士沉稳庄重、温文儒雅的风格，在选料上简洁流畅，成为英国贵族引以为傲的国宝级服饰。第二次世界大战时英军的军服就是 Austin Reed 出品。丘吉尔首相率先穿着的连体外套 Siren Suit 正是奥斯汀·里德（Austin Reed）为他创新设计的。1994 年及 1995 年奥斯汀·里德（Austin Reed）分别荣获英国伊丽莎白女皇与查尔斯王子御用徽章的最高荣誉，并被英国皇室及社会名绅推崇为"The Modern British Business Brand"（现代英国商务品牌）。奥斯汀·里德（Austin Reed）能成为高质量表率的主要因素在于其考究的剪裁缝制，这一点是与其始终把"服装定制工艺"作为设计的核心思想分不开的。此外，除了加强传统做工上的精致——注意纽扣、口袋、里布和其他细节，还逐渐融合了时尚潮流的剪裁设计，创造出隽永内敛的英式风格，是伦敦时装之都的一道极其亮丽的风景线。

积家（Jaeger）品牌的创始人 Gustav Jaeger 是一名动物学家。他认为人们穿着天然动物毛制成的服装才会更舒适、健康。1884年，第一家Jaeger专卖店成立。Jaeger首次把骆驼毛、羊驼毛、安哥拉羊毛、羊绒等引入英国，成为英国最著名的高档羊毛服装品牌，深受北极探险家的喜爱。20世纪20年代的电影明星，如玛丽莲·梦露，都是Jaeger的粉丝。

"雅格狮丹"（Aquascutum）一词来自拉丁文，意思是"防水"。有150多年历史的Aquascutum品牌便是以防水风衣起家的。品牌创建之初，Aquascutum只制作防雨外套，但即便是防雨外套，其款式也非常时髦，由褐色、蓝色、白色组成的细格纹，经典而优雅，所以，很多人在天晴的时候也愿意穿着。曾几何时，"绅士和穿着花呢服装的太太"已经成了英国文化和不列颠国际时装形象的一个标志，而Aquascutum对此无疑做出很大贡献。历史上，该品牌曾屡获英国"皇室工业奖"，代表着浓浓的绅士与淑女风范，深受英国皇室、政要和明星的喜爱。

最有必要提到的是摄政街上大名鼎鼎的Liberty大型商场，在这里，伦敦时装之都的传统与创新精神得到了充分的体现。传统是Liberty完整的映像。Liberty的设计师们设计了公司的织物和刺绣，达到创造了Liberty时尚衣物的风貌。设计师们仍然持续地创造更多艺术的、富于变化的衣服，从19世纪的艺术化样式中找寻灵感和元素。Liberty的一层延续了摄政街定制服装的传统，这里可以定做到各种异国风情的服装，其中有一个专门的结构单元是英国皇家特许的定制裁缝店，于20世纪初期加盟到Liberty。同时，Liberty又以其"反文化"的特色闻名遐迩，在这里，后来的著名英伦"叛逆型"设计师阿登·蓝瑟开了一家在当时相当前卫的日本风格的时装店，并且其产品参加了后来在伦敦举行的国际东方文化展览会，盛极一时。当时Liberty的一名高层管理人士做出如下评论："这个巨型商场进入摄政街比我们想象的要顺利得多，因为我们知道，伦敦人的传统必须得到充分的尊重。公司的意思是，这里尽量不定期地多做一些东方艺术品的展览，来自印度的、中国的、俄罗斯的风格都要有。因为只有在多了解东方艺术、东方时装的基础上，伦敦的传统才能够发扬光大，更好地保住自己的传统，这与创新精神一点不违背。"也许正是因为这个精神的引导，Liberty的一层大厅的墙壁上贴满了世界各国时装的品牌象征图案，大型装饰织物和东方装饰主题，Liberty在传统和时尚，本国和外国艺术之间达到了完美的平衡（见图3-7）。

尽管随着时代变迁，摄政街经历了各种变化，但这条贵族化街道始终引领伦敦的奢侈时尚，是欧洲最有名的时尚购物街之一。

图3-7　Liberty百货

图片来源：news.winshang.com

（三）米兰蒙特拿破仑大街

1. 概况

蒙特拿破仑大街是米兰和意大利最优雅、最昂贵的一条购物街：它其实与拿破仑关系不大，却以时装和珠宝商店而闻名。这条街是米兰这个公认的世界时尚之都的"时尚四边形"（Quadrilatero della moda）中最重要的一条街，许多著名的意大利乃至全世界时装设计师，如Gucci、路易威登、普拉达，都在此拥有自己品牌的高级精品店（见图3-8）。

图3-8　米兰蒙特拿破仑大街街景

图片来源：www.tuniu.com

米兰最著名的时尚街区,莫过于位于传统城市中心的"黄金四边形"地区。其由蒙特拿破仑大街、圣安德烈街、史皮卡大道和鲍格斯皮索街组成,在这一区域集中了许多最重要时尚品牌的商店和工作室。其中,埃马努埃莱二世长廊(Galleria Vittorio Emanuele II)不但是高级购物场所,建筑本身也很值得一看(见图3-9)。

图3-9 埃马努埃莱二世长廊

图片来源:www.sohu.com

蒙特拿破仑大街上有许多世界顶级时尚品牌的高级精品店,虽然不是人人都能负担得起,但是确实人人都想一睹这些大牌的真貌。你不需要一定带什么东西回家,就算来这条街上看看,你也会被街上美丽的建筑和浓厚的时尚气息感染。走在蒙特拿破仑街上,踩着石板路,并不感觉它的宽敞,更像一条幽雅的小巷。看似普通的街道,有拥挤的人群,停留着名车,还有那一个个熟悉的品牌名字Armani、Versace、Fendi、Hermès以幽雅的姿态开在充满意大利风情的欧式建筑物里。这里的店面橱窗设计精美,标新立异,诠释了品牌的概念。如果不是专注于购物,那么做个玻璃窗外的人,看看设计师精心打造的名店橱窗,也足够雀跃。蒙特拿破仑街能见到各种名车,如法拉利、保时捷、宝马等,车主是消费的主力,当然,比他们出手更快的,还有全力支持米兰经济的市民,游玩驻足的游客。

2. 历史变迁

(1)由城而市,帝王之名

蒙特拿破仑街最早可以追溯到由罗马帝国皇帝马克西米安建立的罗马城墙。1783年一家名为蒙特圣特里萨的金融机构在此开立组织并处理公共债务,3年后,这条街便被命名为蒙特街。1804年街道再次更名,当时米兰为拿破仑时期的意大利共和国首都,现在的蒙特拿破仑名称就由此而来,以纪念拿破仑皇帝。19世纪初期,这条街进行了几乎完全的重建,但是保留了从当时贵族那里继承下来的新古典风格。现在的街道上随处可见古罗马时期的城墙,塞维索河依旧沿着奇数一边的城墙流淌在地下。

（2）优雅街道，文艺圣殿

蒙特拿破仑街的光芒不单体现在它琳琅满目的商品和令人眼花缭乱的工作室上，其深厚的历史底蕴和独特的文化传统同样在口口相传中为米兰优雅高贵的艺术气质谱写着动人乐章。

在米兰的历史上，蒙特拿破仑街附近的人们尊重传统、彬彬有礼。男士在街上路过任何一位女士时都必然弯腰、摘帽以示敬意，因此，这条街过去被称为"鞠躬街"。这里的人们总是希望他们的生活能井井有条，优雅从容。

蒙特拿破仑街同样见证了全球许多文艺界人士的艺术创作，正如司汤达所说："这里是一个致力于艺术和快乐的富庶之地。"在这个并不宽敞的街道上，曾经居住着贵族、艺术家、知识分子，以及像卡罗·波尔塔、托马索·格罗西这样的伟大诗人。1842年，朱塞佩·威尔第正是在这里创作了他的第二部歌剧《那布科王》，一跃成为意大利第一流的作曲家。

虽然两次世界大战都将意大利卷入战火，甚至在"二战"期间，米兰还遭受过几次轰炸，但是这里的人们依然保持着优雅、精致的生活质量和艺术品位。

（3）时尚圣地，四角核心

蒙特拿破仑街如今代表了时尚，而这种代表必然有其发展过程。

① 百年时尚因素的积淀。蒙特拿破仑街有厚重的历史和文化沉淀，但这些并不能阻碍它超越现代、引领世界的步伐。奢侈品品牌精品店在19世纪末如雨后春笋般出现在这条街上，并不断蔓延。第二次世界大战过后，被战争拖累的意大利经济得到了喘息的机会。经济复苏的希望也在此被充分点燃，财富、装扮、衣着的重要性也日甚，蒙特拿破仑开始逐渐成为国际时尚的引领街区之一。50年代的经济繁荣使得贸易来往频繁，蒙特拿破仑街开始树立了意大利中心商业购物街的地位。高端裁缝店和内衣精品店为政界和娱乐圈人士提供了上乘面料制作的成衣，时尚的杂货店则为当地人和世界各地来的购物者提供极具异域风情的美食。

② 街头风貌和影像展示。到了20世纪80年代，对米兰人来说，在蒙特拿破仑街闲逛或购物已经成为必不可少的日常活动，是他们对城市自豪感的一种表达方式。让人难以抗拒的奢华感的堆积不断吸引着各界名流。这里从不缺少令人瞩目的事件，行业论坛、时装展示、设计评论会和新闻发布会不断上演，这些盛会的参加者则常常乘坐豪华的私人飞机而来，这更为蒙特拿破仑街涂上了一层金银之色。这里的时尚与奢侈同样在影视界有所表现，1987年，卡罗·凡兹纳导演的电影就直接命名为《蒙特拿破仑街》。电影反映了雅皮士在这条街上的言行和生活，使得蒙特拿破仑街和有闲阶级的心理关联更加牢不可破。虽然出现在街上的人们各个光彩照人，但时至今日，并不宽敞的蒙特拿

破仑街自身却展现出它独特的气质，低调、贵气，仿佛有一股巨大的能量潜伏着，但并不爆发。

③ 名牌汇聚，周边整合。如今，蒙特拿破仑街是主要高级时装在全球范围内的聚集地，全球最重要的时装设计师和几乎所有顶尖品牌，如古驰、范思哲、阿玛尼、巴宝莉、普拉达、路易威登、迪奥等，都在这条街上开设了专卖店和陈列馆。蒙特拿破仑大街，如同米兰被认为是名满天下的时尚之都，已经被认为是当下意大利首屈一指的时尚街。

因为极具历史感和时尚风情，蒙特拿破仑街成为公认的全世界最奢华的购物街之一，而这一地位的巩固又有赖于周围几条街的扶持。它和圣安德烈街、史皮卡大道和鲍格斯皮索街构成了鼎鼎有名的米兰黄金四角区。它们就像围城一样形成了四四方方的一圈，共同帮助米兰引领全球时尚界。故而，蒙特拿破仑街虽然贵为四街之首地域核心，却得到了另外三条街的隐性支持。正是由于黄金四角区的协同配合、整合传播，蒙特拿破仑街才得到了更多向时尚界展示的机会。

因此，奢华的传统、当地人们对时尚的追求、米兰的城市背景、不断出现的名流、影片的宣传、周边街道的配合以及全球一线品牌的争相汇聚，都不断深化着意指过程，催进量变转为质变，最终将蒙特拿破仑街和时尚联结起来，一个时尚符号就此诞生。

3. 地理位置

米兰黄金四角区是指蒙特拿破仑街（Via Montenapoleone）、圣安德烈街（ViaS.Andrea）、史皮卡大道（Via della Spiga）和鲍格斯皮索（Borgospesso）四条名品店街组成的最著名的购物黄金四角区（见图3-10）。地铁3号线montenapoleone站即到。

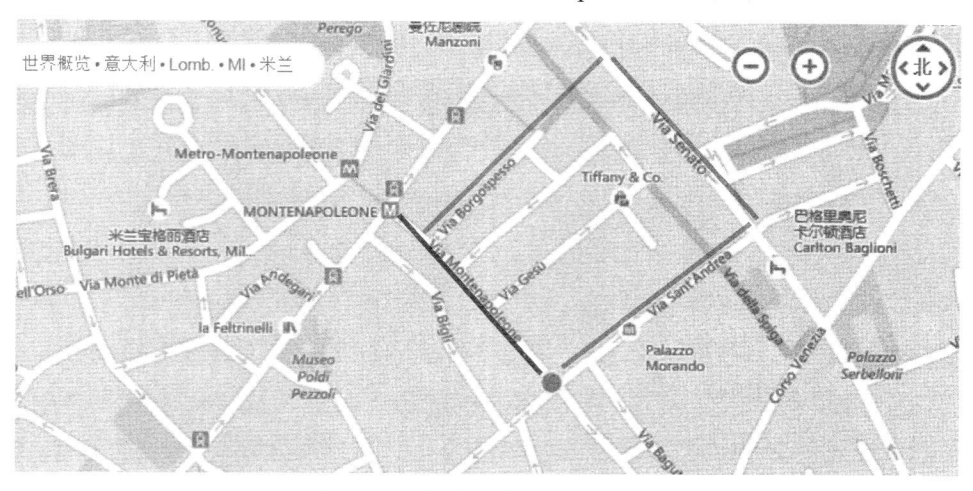

图3-10 蒙特拿破仑街地理位置

图片来源：根据百度地图自绘

4. 商业业态

"蒙特拿破仑大街是海外游客到意大利米兰必来的一条大街,这里聚集了全球 150 个品牌、10 个博物馆、25 家顶级餐厅,80% 以上游客为外国游客。这一平方千米土地创造了米兰 12% 的 GDP。"几乎所有的意大利知名品牌都把旗舰店设在这里:Giorgio Armani、Prada、Gucci、Versace、D&G 等。这里的阿玛尼全球旗舰店不光有服装服饰,还有其设计的家具产品。逛完如果有点累的话,可以在店里的咖啡座上休息片刻,休息完继续向前。其他各大顶级奢侈品品牌专卖店都能在这里找到。午餐时间可以找家餐厅填饱肚子再继续拜金吧。接下来还可以去一些潮流的品牌精品店转一转,而且价格比国内要便宜很多,有时国内的价格往往是这里的两到三倍。另外,在史皮卡大道上还有米兰最红的潮流概念店。这里除了售卖各种当红设计师的衣服,还卖唱片和书,还有各式各样的球鞋。据说这里还是服装设计师喜欢为自己挑行头的地方。

(四)纽约第五大道

纽约第五大道(the 5th Avenue)地处美国纽约曼哈顿的中轴线,与 47 街交界。第五大道是美国的中央大街,也是美国最著名的高档商业街,全球十大租金最昂贵商业街之一。

1. 概况

第五大道是纽约曼哈顿区的中央大街,道路两旁是玻璃幕墙闪闪发亮的高楼大厦。西装革履的男士和身穿时装的女士,拿着公文包,进出高楼大厦,呈现出一幅高雅、时尚的美国现代生活图景。纽约第五大道是"最高品质与品味"的代名词,而它的尊崇与华贵源自 19 世纪初富有的纽约人将住宅选在了当时还只是一条乡间小道的最南端,现在它已经是纽约的商业中心、居住中心、文化中心、购物中心和旅游中心(见图 3-11)。

图 3-11 纽约第五大道街景

图片来源:bbs.szhome.com

很少有街道能像第五大道那样可以包揽那么多家货品齐全、受人喜爱的商店。这些商店很多都拥有多家分店并享誉世界。人们可以想到的名店几乎都可以在这条大街上找到，货品丰富、品牌齐全、高档优质成为美国第五大道的特点，品牌的运作成为寸土寸金的第五大道的突出特点。从洛克菲勒中心到第 58 街的路段上，布满了奢侈品商店，不由得让人忆起电影《蒂凡尼早餐》中奥黛丽·赫本每天早上都会来到纽约第五大道的 Tiffany 橱窗前，一边吃着手中的面包，一边幻想着有一天自己能够在高贵的珠宝店里享受轻松的早餐……如今，莫特、轩尼诗、路易威登等国际大品牌已进驻纽约第五大道。第五大道以全美国最著名的珠宝、皮件、服装、化妆品商店吸引着成千上万的游客。在这条历史悠久、以时尚大气闻名世界的街道上，几乎拥有全球所有最顶级的品牌店。

领先全球的房地产服务商戴德梁行发表最新的全球商业研究报告，指出纽约的第五大道上段（Upper 5th Avenue）是全球最昂贵的商业街道，2015 年租金达每平方英尺 3500 美元，较第二位的中国香港铜锣湾高出将近 50%。尽管如此，还是有很多名牌企业设法把自己的分店开到这条纽约市最繁华的街道，向股东和潜在投资者展示自己的实力。购物狂们偏执地热爱着这条全球最贵的零售街区，他们并不关心这里商铺每平方米的价格是否已经高过了 7.4 万元人民币，他们在意的是 Henri Bendel 和 Bergdorf Goodman 的橱窗是否已经随着时装周的潮流更迭改变陈列。这像一个讯号，吸引着全球各地的时髦客在第五大道会合。不用怀疑，美国纽约第五大道的实质在于物质与奢靡。

2. *历史变迁*

1883 年，美国铁路大王范德比尔德在纽约第五大道与 51 大街之间大兴土木，盖起了一栋极尽奢华之能事的私宅，这一事件被后人认为是第五大道急剧走向繁华的开端。榜样的力量是无穷的，在纽约第五大道上拥有一栋私宅很快成为美国富豪阶级身份的一种象征。

1907 年第五大道协会成立。地产所有者、经济承租人和零售商在一年间大约集资 180 万美元满足商业区需要和弥补政府服务的空项。协会雇用了相当于城市警力 5 倍的社区安全员来保障治安。从此之后，纽约第五大道上不断有豪华气派的名牌商店开张，而第五大道也成了高档商店的代名词。

在新老富豪们逃离第五大道的进程中，美国大亨普兰特的出走是第五大道历史上的一则经典故事：这位脾气怪僻的富人只以一串珠宝的价格就把自己的豪宅转让给了卡地亚珠宝商店。时至今日，站在第五大道 651 号的建筑物面前，人们还能想象当年普兰特寓所的气派和第五大道夸富斗胜的荣景。

进入20世纪后,第五大道变成了摩天大楼"争高"的场所,其中以1934年落成的帝国大厦为最高楼。20世纪是美国经济大发展的时期,也是新富豪们层出不穷的时代,纽约第五大道也因此成为美国人心目中的神圣之地。

3. 地理交通

纽约第五大道,是美国纽约市曼哈顿一条重要的南北向干道,南起华盛顿广场公园,北抵第138街。由于第五大道位于曼哈顿岛的中心地带,因此,曼哈顿岛上东西走向的街道有时会以这条街道为界而加以东西的称呼(见图3-12)。

图3-12 纽约第五大道地理位置

图片来源：根据百度地图自绘

第五大道把曼哈顿分为东西两半,这一带是全球知名的高级商店集中地区和商业贸易中心。起自华盛顿广场的北边,呈一直线至哈林区。而以高级商店街及商业区闻名的则是第49街至第60街之间这一段,全长不足1.5km的街道上集中了洛克菲勒大厦、哥特式教堂建筑、名牌专卖店,这里是名副其实的购物者天堂。

第五大道上景点众多,由南至北有帝国大厦、纽约公共图书馆、洛克菲勒中心、圣帕特里克教堂以及中央公园等。此外,由于中央公园附近有大都会博物馆、惠特尼美术馆、古根哈姆美术馆、库珀·休伊特设计博物馆等著名的美术博物馆等,因此被称为"艺术馆大道"。

4. 商业业态

很少有街道能像第五大道那样可以包揽众多货品齐全、受人喜爱的商店。这些商店很多都拥有多家分店并享誉世界。人们可以想到的名店几乎都可以在这条大街上找到，可以想到的商品也几乎都可以在这里找到。货品丰富、品牌齐全、高档优质成为美国第五大道的特点，品牌的运作成为寸土寸金的第五大道的突出特点。且伊丽莎白·雅顿公司出品的第五大道香水，更是以曼哈顿的摩天大楼为瓶侧线条，据说其淡淡花香恰到好处地表达女性自信、现代以及智慧、知性、优雅的一面，诠释了纽约第五大道的优雅、华丽、品位、时尚及活力，令香水狂有一种想把它喝下去的冲动。如此，100多年来，第五大道一直站在成功的峰顶，人们也没理由怀疑第五大道不能再继续保持100年的成功。

　　第五大道处于曼哈顿的中轴线，它集中了曼哈顿的精华。全美国最著名的珠宝、皮件、服装、化妆品商店都集中在第五大道上，它们像一颗颗闪闪发光的钻石，镶嵌在第五大道的两边，吸引着成千上万的游客。在第五大道与47街交界处，是美国最大的钻石和金银首饰一条街。各国的王室贵胄、达官富豪到纽约来购物，首选的就是第五大道。这条历史悠久、以时尚大气闻名世界的街道上，几乎拥有着全球所有最顶级的品牌店。大家所熟知的Louis Vuitton、Dior、Tiffany、Catier、Gucci、Versace、Chanel、Escada等，以及一些同样驰名世界时尚圈品牌，像Brooks Brothers、A.Testoni、Harry Winston等，都能在第五大道上觅得它们的芳踪。这里的货品以齐全、更新速度快著称，即使是同一个品牌，若是在世界其他地方找不到的产品也可以在这里买到。除了品牌店外，超大型的百货商店也是第五大道上的亮点。Bergdorf Goodman是这里最高档的商场，集合了200多家女性品牌和100多家男装店，近10万元人民币一件的裘皮大衣，上万元的裙子，举目皆是。据说，在这家百货商场里穿着牛仔裤和T恤购物是不太适合的。此外，以名贵珠宝首饰著称的Saks百货公司、被称为"香水化妆品博物馆"的Sephora都是第五大道赫赫有名的商场。

　　第五大道上的商店不仅商品高档，橱窗也是精心设计的，沿街的橱窗展示千奇百怪，精彩纷呈。有些公司甚至请真人做模特，可谓别出心裁。圣诞节前夕，各大公司竞相推出圣诞橱窗，纽约每年最大的圣诞树就竖立在第五大道上的洛克菲勒中心，这棵圣诞树比白宫的还要高大、华丽，届时，就连许多"老纽约"也要携家带口前来观赏。第五大道上各家名店的橱窗文化已成为游客观光购物不可或缺的内容。第五大道除了是购物的天堂，最值得一看的还是它沿路众多的博物馆。从42街往北直至110街，在第五大道两边，有一二十个大大小小的博物馆：纽约大都会艺术博物馆、古根汉艺术博物馆、现代艺术博物馆、美国手工艺品博物馆、电视电台博物馆、纽约市博物馆，一家接着一家，让人叹为观止。在大都会艺术博物馆以北，博物馆更是密集，有"博物馆街"之称。第五大道最南端的华盛顿广场独具特色。围绕着那像凯旋门一样的纪念拱门，是著名的纽约大学和格林威治村，那里是纽约最有文化气息的地方。纽约的作家、画家、演员、艺术家都喜欢住在那里。那里有纽约最古老的剧场，遍布的餐馆更是各种文化圈子聚会的首选。与它毗邻的苏荷区有许多展示艺术家们新作的画廊，那里的服装也是设计师们最新的作品。

100年以来始终坚持高标准，使第五大道一直站在成功的顶峰。

（五）东京表参道

1. 概述

表参道是日本的地名，离涩谷不太远的地方，表参道、原宿、涩谷、代官山是东京的四个主要特色街头时装店的聚集地。日本国际观光振兴机构介绍，表参道OMOTESANDO云集了欧洲、日本等顶级设计师的作品，是世界品牌的亚洲展览中心，流行元素含量很高，橱窗内的衣饰摆放非常有创意，适合有品位有经济能力的人士。而表参道广场（OMOTESANDO HILLS）作为表参道的标志性建筑，2006年2月11日开始面向大众，这是集商务、住宿、停车场于一体的多功能大厦，也是购物的新选择，作为东京最著名的购物胜地之一，它的魅力在于有些著名的世界品牌或大型服饰广场只设在这里，世界著名品牌的诸多旗舰店也设置在此处，表参道广场为日本著名设计师安藤忠雄设计（见图3-13）。

图3-13 东京表参道街景

图片来源：www.tuniu.com

表参道自原宿站前沿伸到青山通交会口全长约1km的街道，两旁种植直挺而美丽的榉木，美丽的林荫在四季都展现不同的"林之物语"，享有"东方的香榭丽舍大道"美称，对于艺术以及时装等信息高度敏感的人都会聚在这里。街区内介绍高级名牌和最流行时装的服装店鳞次栉比，令过往的人们赏心悦目。夏天阳光映照洒落其间，呈现出夏的闪烁光影；冬天寒风冷飕落叶尽，只留下直挺多枝的纤细树干，呈现另一种萧瑟孤寂之美。隐藏在树丛间别致的石笼街灯，也是另一特点。

2. 历史变迁

表参道是位于东京的时尚中心原宿的一条人车混行的商业街道，享有"步行者天国"的美誉。原本是1920年明治神宫建成时整治门前街区而形成的道路。日语中，"表"是门前的意思，"参道"是指为了参拜神社或寺庙而修建的道路。为了体现神宫的威容，参道采用直线长约1km，宽度36m的规模，铺石植树。既非和式也非汉式，也不是西洋式，它是属于近代日本——"明治"这个特殊时代的林荫大道。

表参道用了70年左右的时间，演变成为大量风格独特建筑物和成排的榉树共同演绎的具有欧洲街道风情的奢华时尚的购物商业街。1920—1922年是明治神宫建成，修路植树——表参道的诞生期。1923年关东大地震以后至1945年间代表现代城市文化的同润会公寓落成，对日本从传统住宅走向现代集合住宅产生深刻影响。1945—1963年，经过战争的洗礼，表参道周围有美军驻扎，街上洋溢着异国氛围。1964—1970年，伴随奥运会出现了选手村，新新人类"原宿族"在街上徘徊。1970—1990年，表参道成为年轻人巡礼的时尚圣地。1999—2004年跻身于世界超级名品店街，Prada，Louis Vuittion，Dior，TOD's，Chanel等世界级品牌旗舰店纷纷进驻其中（见图3-14）。

图3-14 表参道发展历程

图片来源：百度文库

3. 地理交通

表参道全长约1km，位于东京原宿青山一带，离涩谷不太远的地方，与原宿、涩谷、代官山一起形成东京四个最具特色、风格不同的时装店聚集地，被称为日本的"香榭丽舍大道"，常作为电视连续剧的外景拍摄地。表参道以原宿车站为起点，直通明治神宫及青山区一带，这条名为"燕歌祇"的大道，曾是明治神宫的专用道路。这里是东京乃至日本最具奢华气质的购物街道，也被戏称为"男人的地狱""女人的天堂"（见图3-15）。

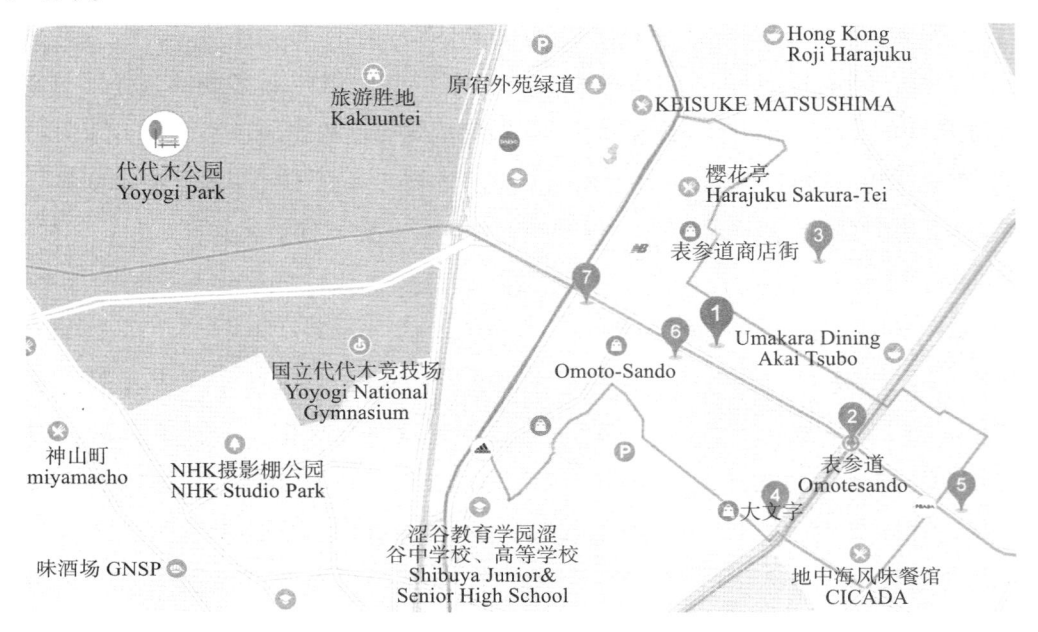

图3-15 表参道的地理位置

图片来源：根据百度地图自绘

表参道最初只是明治神宫正面参拜的道路，后来扩展到周边区域并成为时尚的发祥地。主要道路是从神宫前十字路口延伸至青山路口（表参道地铁站）的一段，集中了 Louis Vuitton、Prada、Dior、Dolce & Gabbana 等众多大牌店，还有些风格独特的设计师店。长约 1km 的道路被浓密的树荫覆盖，非常宜人，走在其中可以看到许多风格迥异的建筑，很有意思。这里最漂亮的季节要数每年的 12 月，满街的装饰灯光让夜晚显得尤为闪亮和梦幻。

神宫前十字路口处有一家东急 Plaza，是比较大众化的商场，入口处的电梯很特别，被不规则的镜面玻璃包围，无论是在商场外面还是站在电梯上，都会看到镜子折射出如万花筒般的景象，现代感十足。继续往东走，你会注意到 DIOR 旗舰店，纯粹的玻璃外立面呈现出一种极具优雅气质的美感。不远处有表参道 Hills，是表参道的标志性建筑，这个高端购物商场不仅云集了诸多世界名牌旗舰店，还有些只开在这里的顶级品牌或独家发售的限定单品，这是它最具魅力的地方。再往前会看到 TOD'S 大楼，外墙由厚水泥板分隔出多个不规则空间，构成一个抽象的树形结构，极具活力。而表参道尽头的

PRADA 旗舰店则显得更加雍容华贵，由菱形分隔的突起或凹入的玻璃面在阳光下闪耀，就像一块有着无数折面的巨大水晶（见图 3-16）。在表参道地铁站附近有一家 Spiral 商场，里面有会堂、画廊和考究的餐厅，2 楼有个特别的超市，销售装饰品、风景明信片、餐具等生活日用品。另外，表参道附近还有一条著名的银杏大道，从青山 2 丁目十字路口至神宫外苑中央广场，每年 11 月中旬至 12 月左右有银杏祭。

图 3-16　表参道店铺

图片来源：百度文库

搭乘东京地铁千代田线、银座线、半藏门线，在表参道站下即到。搭乘 JR 山手线至原宿站，从表参道出口步行约 10 分钟可到，你可以从原宿一路逛过来。

4. 商业业态

表参道没有巨型商业中心，以品牌旗舰店、时尚小铺和餐饮为主要构成成分。这些品牌店铺涌现出一种特殊共性："品牌集团＋明星建筑师"模式。表参道目前非常繁华，约有 100 家店铺，包括很多一线奢侈品品牌委托著名的建筑公司设计的风格各异的旗舰店，著名品牌荟萃的"表参道 Hills"，以限定香槟、巧克力而深受人们喜爱的"Anniversaire 表参道"，出售旅游纪念品的东方"跳蚤"商品市场。往原宿方向走，有一家特色的玩具专卖店 KIDDY LAND，整条大街充斥着上流和时尚的元素（见表 3-1）。

表 3-1　表参道店铺索引表

序号	项目名称	时间	设计人	用途	规模（m^2）
1	原宿 GUEST	1988	NTT 都市开发	商业店铺	777
2	Rin-rin 项目	2001	Klein Dytham	时尚商店	15,671
3	montoak	2002	行见一郎、桥本健	餐饮	232
4	Dior 表参道	2003	妹岛和世＋西泽立卫	品牌店铺	1492
5	Espace Tag Heuer	2001	Gwenael Nicolas	钟表店铺	162
6	日本看护协会大楼	2004	黑川纪章	办公	1671

续表

序号	项目名称	时间	设计人	用途	规模（m²）
7	路易威登馆	2002	青木淳	店铺	3327
8	同润会青山公寓改建	2006	安藤忠雄	住宅、餐饮、店铺	33,916
9	TOD'S表参道大楼	2004	伊东丰雄	品牌店铺	2548
10	ONE表参道	2003	隈研吾	品牌店铺	7690
11	HANAE MORI大楼	1978	丹下健三	办公、商业	9600
12	明治生命青山paracio	1999	三菱地所、竹中户田	住宅、办公、店铺	41,674
13	A-POC青山店	2000	吉冈德仁	店铺	221
14	COMME de GARCONS	1999	川久保玲	店铺	698
15	PRANA青山店	2003	赫尔佐格	店铺	2800
16	YOKU MOKU总部大楼	1978	现代计画研究所	商业	1219
17	FROM-1st	1975	山下和正	商业、办公	4906
18	COLLEZIONE	1989	安藤忠雄	商业、集合住宅	5710
19	hhstyle.com	2000	妹岛和世	家居店	830
20	SPIRAL	1985	桢文彦	商业、展厅	10,560

二、学习活动

从商业街概况、历史变迁、地理位置和商业业态等方面，实地调研所在城市的某条商业街，形成初步的调研报告。要求如下：

（1）每一个团队在实训过程中既有分工，又有协作，对每个人在实训中担任的角色，需要制作任务分配表附在实训报告最后一页。

（2）完成规定调研项目，字数不少于2000字。

（3）实训报告格式要规范并且按时上交。

（4）实训报告中必须有实地调研的照片等资料。

（5）严格按照实训背景规定的内容开展实训活动，严禁抄袭。

（6）不能对同一条商业街开展调研活动。

（7）组织一次全班的讨论，完成考察的小组在全班宣读实训报告。

（8）相互评价，选出2～3份优秀的实训报告，老师做出讲评。

三、要点归纳

从概况、历史变迁、地理位置和商业业态四个方面走进巴黎香榭丽舍大街、伦敦摄政街、米兰蒙特拿破仑大街和东京表参道。

四、心得体会

任务2　分析世界一流商业街的形成

一、知识准备

(一)世界一流商业街的核心特征

从全球公认的世界一流商业街,如前面讨论的纽约第五大道、巴黎香榭丽舍大街和日本表参道等来看,世界一流商业街是经过长期的历史发展,不断积淀、生长而成,在全球范围内被广泛认知并对消费文化产生引领作用的商业街,是全球消费者和品牌商、零售商趋之若鹜的商业胜地。世界一流商业街具备四大核心特征:

1. 深厚的历史文化底蕴

(1) 历史悠久

世界一流商业街不是造出来的,而是在长达几十甚至上百年的历史中慢慢生长形成的。缺少了悠久的历史文化积淀作为基础,商业街不过是缺少灵魂的集市而已。例如香榭丽舍大街距1869巴黎扩建完成迄今150年。

(2) 文化传承

世界一流商业街是城市商业文化和艺术传承的活化石。一方面,世界一流商业街聚集了大量的老字号商业和历史古迹;另一方面,是具备世界影响力的博物馆、艺术馆等,以及具备较高艺术价值的雕塑、街道设施等的聚集之地,成为城市文化的缩影。

(3) 影响广泛

世界一流商业街作为城市乃至国家形象的名片,其文化影响力延展至全球,特别是街区的各种活动具有世界级的影响力。例如,香榭丽舍大街是全球顶级自行车赛事——环法自行车赛的终点,而每年7月14日巴士底日,法国总统都会出席在香榭丽舍大道举行的阅兵式,每年的最后一天,香榭丽舍大道就会成为步行街,人们在街上庆祝新年。

2. 良好的设施条件

(1) 交通可达

除了自驾、乘坐的士可以便利地到达商业街区外,公交和地铁也是各世界一流商业街便利的交通方式。同时,各大名街均是地铁线路的换乘站,来自四面八方的消费者都能采用最便捷的方式到达。

（2）设施便利

消费者到达商业街后能够高效地满足顾客最后100米的便利交通需求，如能够提供足够的停车设施，地铁站同商业核心区的距离以及路程中商业丰富度。

（3）环境舒适

顾客能够方便地游逛于商业街之中，同时也能在商业街及分布其中的各大商场中享受舒适的购物环境。

3.领先全球的商业模式

世界一流商业街也必然拥有独特和领先全球的商业模式，吸引全球范围的零售商汇聚于此，呈现出繁荣的商业景象。同时商业的国际化程度高以及商业经营高效。

（1）模式引领

世界一流商业街引领着全球商业发展潮流。一方面，世界一流商业街具备合理和稳定的商业生态，对一个城市的商业发展起到稳定器的作用；另一方面，世界一流商业街在商业组合、设施设备、全球声望等方面受到推崇，成为世界各地商业街建设所效仿的旗帜。

（2）全球引力

世界一流商业街不应当只是本土零售商聚集的商业街，而应当具备显著的零售商国际化程度。国际化程度越高，街区商业丰富度就越高，越具备不断发展、提升的活力。在良性竞争的推动下，由各类国际零售巨头主导的商业创新不断涌现。

（3）经营高效

世界一流商业街吸引了全球范围的消费需求。大量消费需求的涌入使得入驻世界一流商业街的商家能够获取更高的劳效和坪效，并带来更为丰厚的利润。在纽约第五大道的苹果全球旗舰店单店销售额一度占苹果公司全球销售额的6%。同在第五大道的耐克城的销售也是耐克全球旗舰店中的销售冠军。

4.优良的消费品质

（1）品牌丰富

能够满足综合性消费需求是世界一流商业街的重要特征。在纽约第五大道的商店以货品齐全、更新速度快著称，全世界所有的名牌商品在这里都可买到。从49街到60街，两旁著名的精品店和旗舰店鳞次栉比，包括服装、珠宝、百货、玩具、家具、皮具、钟表、书店等。遍布大街的各种商店内，昂贵的商品举目皆是，但也不乏便宜经济的高品质商品。在阿玛尼店内，几万美元的西服就同50美元的比基尼上装挂在一起。

（2）品质高端

世界一流商业街能够为消费者提供高品质的商品，不仅是全世界最知名、最流行的时尚品牌的聚集地，也是众多世界顶级商品品牌的聚集地。

（二）分析世界一流商业街的形成

1. 组合六大关键要素

世界一流商业街的四大特征的形成，有赖于6个关键性的影响因素：丰富的历史、独特的建筑和商业格局、多元化的商业功能、知名的骨干商户、便捷的公共设施和愉悦的环境、牢固的政企合作关系，对这六个因素的解释见表3-2。

表3-2 世界一流商业街的六个关键影响因素

1.丰富的历史	是一条古老而又传统的商业街，有着自己的历史和文化底蕴，能引起人们的历史回忆
2.独特的建筑和商业格局	有着百年以上历史的建筑，却汇集着传统和现代的各种零售业态
3.多元化的商业功能	具有零售、餐饮、住宿、娱乐和文化的综合性功能
4.知名的骨干商户	具有不断更新的知名骨干店铺或曰核心店铺，是吸引客流的基石
5.便捷的公共设施和愉悦的环境	配备便利的交通和足够的停车位，有绿地、休闲椅和花园广场等
6.牢固的政企合作关系	有自己的商铺组织，有相关的管理机构，并与政府保持着密切的联系

上述一流世界商业街的六大关键要素，是规划和改造商业街的较高标准。对于绝大多数商业街来说，不可能成为世界一流的商业街，自然不必刻意模仿这六大关键要素，因为模仿也模仿不了。但是无论如何，这六大关键要素对任何商业街的发展都有着重要的参考意义，只是不同特色的商业街侧重点不同罢了。

2. 确定三个空间维度

商业步行街的地域不同、特色不同、目标顾客不同，要求有不同的规模。商业街的规模由多种因素来体现，如占地面积、店铺数量、营业规模等，但这些因素最终受商业步行街的三个空间维度的制约。这三个空间维度为商业步行街的长、宽、高。

（1）商业步行街的长度

国外的商业街是长短不一的。日本银座的长度1100m；巴黎香榭丽舍大街的长度为1880m；伦敦的牛津街长度为1250m；伦敦的赛比洛街是一条高级西装店街，其长度仅为200m；纽约华尔街长度为500多米；而百老汇大道长达25km。其中有些是步行街，有些不是步行街。

从商业街发展规律看，非步行化的商业街可以稍长些，步行化的商业街则必须短些。长短至多少，与商业步行街的功能有关，一般以1000m左右为最高限，200m左右的特色步行街在世界上也是常见的，即短可至100m或200m。有专家经过测试认为，对于一般人而言，走 2600～2700m 的时候，腿会有点酸；走到 4000m 的时候，会感到累；走到 6000m 时会筋疲力尽。因为人们逛商业步行街，走的是"之"字形路，加之店里的步行距离，人们要逛完一条商业步行街，至少是步行街长度 4 倍以上距离。因此，商业步行街最好不超过 1000m。

（2）商业步行街的宽度

商业步行街的功能与传统商业街的功能有着很大的不同。传统商业街常常具备售卖和交通双重功能，因此，繁华的传统商业街大多也是交通要道，以至人们用"车水马龙"来形容一条商业街的繁荣。但是商业步行街的特点就是购物与交通功能分离，禁止交通工具穿行其间，使顾客可以轻松而又安全地横穿街道，交叉地游览街两旁的店铺，因此商业步行街不像传统商业街那样越宽越好，从一定意义上可以说越窄越好。一些专家认为，商业街适宜宽度为 20～30m，小型商业步行街宽度以 20m 左右为宜。

北京王府井步行商业街宽达 38m，上海南京路的宽度在 30m 左右，哈尔滨中央大街步行街的宽度为 21m。巴黎香榭丽舍大街为非步行旅游街区，宽度达 80～120m；而西方诸多商业步行街大多在 30m 以下，窄至 10 来米的特色步行街也随处可见。当然，步行街宽窄与客流有着密切的关系，每人有 4m^2 的面积，流动起来才会没有拥挤的感觉，宽不好，窄也不好，适合才好。

商业步行街的宽度限制，还应包括纵深的限制。现在有一种说法，街道可以窄些，但街道两旁的店铺越深越好，提倡将步行街扩展为步行商业城。事实上，商业步行街的本质是街而不是城，如果把传统商业街改道为方形的城，就会使商业街的特色消失。过去，我们逛王府井大街时，会感到街道旁都是一个个有着个性化门脸的店铺，店铺排列才能成为街，现在王府井大街一个新东安商场就占了东侧的三分之一左右的街长，我们看到的是墙壁而非店铺，在很大程度上淡化了街的气氛。东京银座商业街的宽度达 700m，这不是商业步行街的合理宽度，我们不能片面地去模仿。街旁店铺纵深太深，顾客就会有一种逛迷宫的感觉，既不利于寻找商品和服务，也不便于在更大的范围内挑选商品和服务，难以使顾客的价值得到最大的实现。步行商业城可以到城郊新区去建，市中心还是保持传统特色为好。

（3）商业步行街的高度

商业步行街的高度，是指街两旁建筑向地下延伸和向地上延伸的高度。商业街开发商从投资回报率的角度出发，往往希望把建筑盖得高高的，以创造出更多的、用于出售的店铺面积。其结果，一方面会使行走在步行街上的人感到压抑，甚至有"一线天"的体验；另一方面顾客往往对三层以下的店铺有游览兴趣，对四层以上店铺会有一种生理或心理上的抵触感。

那么，商业步行街的高度以多少为宜呢？商业设计专家的建议是：商业步行街宽度和高度的比例最好为1：1，最高不要超过1：2。上海南京路商业步行街、哈尔滨中央大街步行街、沈阳中街步行街、苏州观前街步行街都大约为1：1的比例。当然这个比例的基点是步行街的宽度合理，如果步行街宽度过宽，就不能以其作为判断步行街合理高度的标准。一般而言，步行街两旁的店铺建筑以二至三层为宜，最高不要超过四层。地下延伸以一层为宜，最多不超过两层。

3. 做好市场定位

商业步行街成功与失败，在很大程度上取决于是否形成自己的特色，特色不是拍脑袋拍出来的，而是市场定位的结果。因此，任何一条商业步行街的规划与调整必须进行市场定位过程。

（1）圈定目标顾客

在商品短缺的时代，每个城市都存在着一条或几条红火的商业街，原因之一是政府把短缺的商品有意识地汇集到这些著名的商业街上，全城的人不得不去那里买东西，因此那时的商业街不用定位，自然也不用细分和选择目标顾客。那时的商业街是满足全市所有人的所有需要。

从20世纪90年代下半期开始，我国已从卖方市场转为买方市场，商品丰富起来，店铺之间、商业街之间展开了争夺消费的竞争，但仍然阻挡不住顾客分流态势。此时，任何一家商场、任何一条商业街都无法满足所有人的所有需要，甚至无法满足一部分人的所有需要或所有人的一部分需要，只能满足一部分人的一部分需要。这样，必须选择自己的目标顾客，建立顾客对某条商业街的忠诚，重点使自己的目标顾客满意，而不是所有顾客满意，使商业街的布局、结构、景致与目标顾客的消费行为和购买行为相吻合。

（2）进行特色定位

在对消费者分析和竞争对手分析的基础上，确定商业街的特色定位，这个特色定位既要满足目标顾客的需要，又要与其他商业街不同。

① 是步行化还是非步行化。这是商业街定位首先要考虑的问题。现代商业步行街的发展，是20世纪60年代以后的事情，是城市经济进入发达阶段的产物，特别是要求城市交通异常发达，最好形成了地面和地下便捷的交通网。那种认为步行化时髦，是与商业现代化接轨的看法，是错误的。步行化要考虑城市和这条商业街的具体情况，步行化不一定体现出商业街的人文精神和一切以消费者为中心的宗旨。步行化的核心应是使消费者得到便利，假如盲目搞步行化，反而会给消费者造成不便。例如某条商业街的外围交通不发达，却要采取步行化的封闭措施，就违背了建商业街的宗旨，不能使顾客方便

地进出。巴黎的香榭丽舍大街、奥斯曼大街和美国纽约的第五大道，都不是步行街。国外地铁发达，可以把车站设在商业街的中央。

② 是综合化还是专业化。一提商业街，马上就有人提出它应该是具有吃、喝、玩、乐、购等综合功能，其实不然，商业步行街可以有综合化和专业化两种选择。一般来说，大多数现代新的商业步行街都是综合化的，也有一些传统商业街被彻底改造后变成综合化的。最为典型的是北京王府井大街和上海南京路，改造的结果是由单纯售物功能扩展至饮食、文化、游览、购物等综合化功能。

但是，一个城市的魅力，大多缘于专业化的步行街。它是在保留传统商业街风貌基础上发展起来的，重点经营某一类商品，或提供某一类服务。这些专业化步行街形成大多不是大兴土木的结果，而是保护的结果，是历史遗产的传承。例如，在比利时历史名城安特卫普，有一条举世闻名的钻石街——霍文尼斯街，全世界仅有20家的钻石交易所，但有4家位于这条街上，同时街上还云集着众多批发与零售钻石的店铺。意大利古城佛罗伦萨，沿着河岸有享誉欧洲的首饰一条街，各种各样的首饰让人流连忘返。法国巴黎的偏僻小巷却藏着顶级服装品牌一条街。

③ 是形式化还是内容化。有些世界一流商业街就是形式化的，有些则是内容化的。尽管二者不能全然分开，但还是存在着侧重点选择问题。美国的好莱坞明星大道就是形式化的，一条普遍的小街道，因为把演员明星的名字刻在了街旁的便道上，就吸引了诸多旅游者光顾，也带动了街旁诸多明星发烧友商店的崛起；巴黎市一个地方建了一座爱情墙，墙上用全世界各种文学写有"我爱你"，吸引了众多人光顾。

但是，对于大多数成功商业街来说，还是内容化的，并做到内容与形式相结合，景观与店铺交相辉映，精神享受和物质享受齐获得。一个值得注意的现象是，现代化建筑常常是特色化的敌人，而古旧风貌常常是特色化的朋友。还应当指出，逛街与逛店的感觉不同，并不是包装在现代化的大厦里、提供了电梯等设施就会有特色。特色是形式，更是内容。

（3）保证定位到位

商业步行街的定位难，使定位到位更难。即使确定了商业步行街的综合化或是专业化，还要进一步考虑与其他商业街的差别。例如，伦敦著名的三条商业街各有特色，摄政街云集大众化品牌，牛津街是各种连锁店铺云集的商业街，而邦德街是世界高质精品汇集区。

另外，商业步行街的管理也是使定位到位的重要手段。管理与商业街的兴衰密切相关。

目前的商业竞争已经不仅是店与店之间的竞争，而是区与区、城与城、街与街之间的竞争。这种新的竞争，要求每一条商业街具有自己的特色，并且每一家店铺为这个特色的形成和保持做出自己的努力和贡献。这些必须依靠管理来维护，保证每一家店铺自己赢利的同时，又要为整个商业街整体形象添彩。另外，管理也是协调，还要注意商品经营上具有互补性，避免恶性竞争；树立整体概念，把整条商业街看成一家店铺；协调营业时间，服务也要规范一致。

同时，保证定位到位，就要学会放弃，割舍那些与步行街不协调的建设项目，避免因贪图一时小利而破坏整条街的风貌。

总之，商业街的规划要遵循商业运行的规律，而不是靠金钱意志，也不是靠权力意志。一些非文化商业街的出现，大多是有钱人和有权人的杰作。这应该引起我们的警惕。

以巴黎奢华街为例，定位分析如下。

奢华商业街，是指由奢华品专业店或专卖店组成的商业街区，它们主要销售高级时装、饰品、珠宝、皮包、手套、领带、皮鞋、化妆品、文具和水晶制品等。构成奢华商业街的必备条件是，至少应该有10家以上的世界级高档品牌专卖店。选择的样板街为巴黎的蒙田大街、圣奥诺雷郊区街、乔治五世大街和旺多姆广场。在对这些著名奢华商业街进行调查的基础上，运用商业街定位战略的钻石模型，归纳相应的定位战略实际选择模型（见图3-17）。

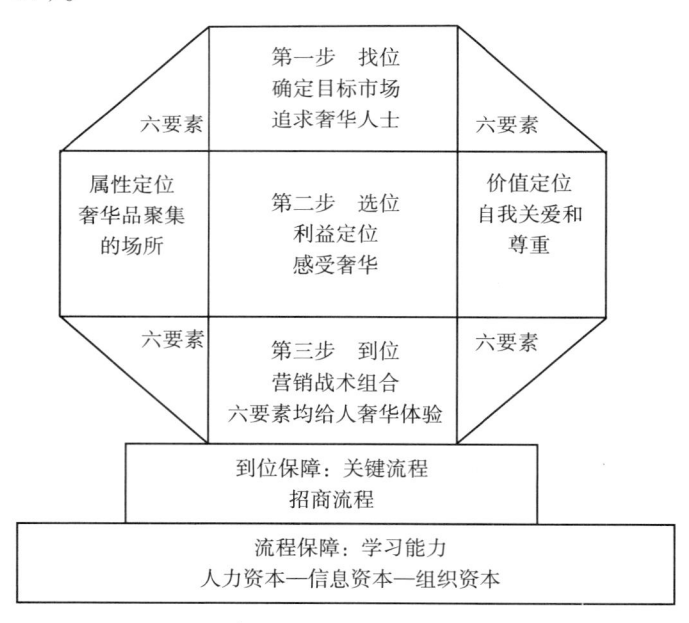

图3-17 奢华商业街的市场定位钻石模型

图片来源：李飞《奢华商业街》

第一步：找位——确定目标市场

巴黎奢华商业街的目标顾客为追求奢华的人士。早期顾客具有三个特征：崇尚贵族生活、具有较高奢华品位和财力雄厚。较高奢华品位和财力雄厚，实际上是贵族本身的特征，因此，奢华生活方式实际上就是贵族化的生活方式。"贵族能品评不同档次的珍馐美味，分清得体的衣着与建筑，懂得欣赏各种武器、运动项目、舞蹈和刺激品。繁复的要求往往把贵族们休闲的生活变成了艰苦的学习过程——学习如何体面地过一种貌似休闲的生活。"可见，富裕是奢华的前提，但是富裕带来的不一定是奢华，有可能是暴发户的浪费性的炫耀。最初，巴黎奢华街的顾客仅有200人左右，他们是贵族和上流社会的淑女，经常光顾巴黎和平街和旺多姆广场的奢华店铺。今天享誉世界的一些品牌当时都是为贵族、皇宫、上流社会淑女服务的，如爱马仕专为他们提供马具，路易威登提供旅行箱，卡地亚提供珠宝，香奈儿提供香水等。

随着贵族、皇室和上流社会淑女目标顾客群的稳定，巴黎奢华商业街的目标顾客显得狭窄，不得不进一步扩大，除了皇室成员和贵族遗老遗少外，影星名流、高收入的知识型人士也成为奢华街的主力顾客群。我们可以通过这些街上店铺的目标顾客发现这一变化（见表3-3）。

表3-3　巴黎奢华商业街店铺目标顾客选择情况

品牌	目标顾客
Givenchy	崇尚优雅、高收入阶层
YSL	品味高雅的淑女、绅士
Dior	崇尚优雅、高收入阶层
Chanel	高收入阶层
Kenzo	时尚品味高的高收入
Hermès	富裕阶层
Gucci	崇尚奢华高收入群体
Armani	富裕阶层
Prada	高收入阶层
Fendi	高收入阶层

另外，还有一部分为趋优消费（Trading up）者，他们愿意为自己喜欢的某种商品花费很多钱，同时他们在购买其他商品时非常节俭。有的是20多岁有工作的单身族，有的是独居空巢的中老年人，还有些是双职工的小家庭，另外，还有一类重要的顾客群是离异的女性，她们常常通过购买好东西来疗伤。

第二步：选位——确定市场定位

波士顿咨询公司的专家曾经对美国2300位年收入超过5万美元的消费者进行调查

研究，结果发现：他们的工作压力很大，工作非常辛苦，超过36%的人表示喜欢去商场购物，29%的人认为购物可以缓解压力，而购买奢侈品的动机集中于关爱自己、人际交往、探索和个人风格等四个情感空间（见表3-4）。可见，奢侈消费动机绝对不是或不仅是有些专家认定的"炫耀消费"那么简单，"自我感觉"动机大大超过炫耀消费动机，他们有时认为"奢侈就是款待我自己"，并不是给人看的。

表3-4 新奢侈品的情感空间

关爱自己	人际交往	探索	个人风格
留给自己的时间便利恢复和自我奖励	吸引 照管 归属	探索 学习 娱乐	个性表现 打造自我 符号标志

通过对巴黎奢华商业街的消费者关联进行分析，可以建立相关的消费者关联模型（见表3-5）。

表3-5 巴黎奢华商业街定位选择

等级	功能	服务	价格	位置	沟通	环境
消费者追逐（5分）	产品出色或丰富	超越顾客期望	顾客的购买代理	到达和选择很便利	沟通亲切，体现关怀	令人享受
消费者偏爱（4分）	产品值得信赖	顾客满意	价格公平可信	到达和选择较便利	关心顾客	使人舒适
消费者接受（3分）	产品具有可信性	适应顾客	价格诚实，不虚假打折	便利进出，容易寻找	尊重顾客	安全卫生
消费者抱怨（1~2分）	产品质量低劣	顾客不满意	价格误导和欺诈	进出困难，找货不易	没人情味，不关心顾客	不想停留

用定位钻石模型对巴黎四个奢华商业街区的定位点进行具体分析，就会发现它们的属性定位是奢华的商品，利益定位是奢华的体验，价值定位为自我关爱和尊重。这一定位点的选择是与目标顾客的购买心理和竞争对手的状况相吻合的。从目标顾客方面看，关注奢华的体验，讲求品位；从竞争对手来看，其他商业街区或是以一般品牌和小店铺为主，虽有时尚但难有奢华；或是成为旅游者云集的地方（如奥斯曼大道），虽有奢华，但是难有享受。

第三步：到位——实现定位战略

巴黎奢华商业街有了奢华体验和自我关爱与尊重的定位后，通过功能、服务、价格、位置、沟通（广告和公关）和环境等因素实现定位。这些商业街的定位点在产品要素上，其他五个要素以产品奢华感为核心进行相应的组合，做好每一个细节，保证向顾客提供奢华的体验和实现自我关爱与尊重的价值。我们按照商业街的营销组合要素（见表 3-6）详细说明。

表 3-6　商业街的营销组合要素

1.商业街位置	到达便利性、所处周边环境
2.商业街功能	零售类型、零售店牌、历史积淀
3.商业街环境	长宽高、街景、店铺布局
4.商业街价格	价格水平、促销方式
5.商业街服务	服务方式和态度
6.商业街沟通	标识、广告和事件

要素 1：商业街位置

无疑，巴黎四个奢华商业街区都位于城市中心区，非常容易到达，并且都与著名名胜古迹相连接。蒙田大街、乔治五世大街和香榭丽舍大街组成三角形，互相连接；圣诺雷街与香榭丽舍大街平行，似乎是伴随着香榭丽舍大街的一条飘带；歌剧院和旺多姆广场连接着圣诺雷街的右端。这四个街区不仅相连，而且其周边有诸多著名的名胜古迹和旅游景点，包括凯旋门、协和广场、马德兰教堂、歌剧院、旺多姆广场等。它们所处位置不是繁华商业区，而是历史文化区或是高档商务区，早期是贵族居住区，这能更好地体验和衬托奢华。奢华和时尚的主要区别在于前者更注重价值、历史和文化品位，这些商业街不仅是购物的场所，更是人们体验奢华和文化的地方。

要素 2：商业街功能

功能是巴黎奢华商业街的定位点，它们通过品牌店铺组合实现奢华的定位。近几年，在互联网上一直流传着一个《女人一生中应该拥有的 25 件奢侈品》的帖子，这 25 件奢侈品包括：Hermès Birkin 包（40000～50000 元），Ferragamo 工作鞋（2000～3000 元），Burberry 风衣（10,000 元以上），Max Mara 长大衣（15000 元），Yves Saint Laurent Haute Couture（35 万元），Chanel No.5 香水（1050 元/100ml），Prada 红标休闲运动鞋（3,000 元），Mont blanc 钢笔（8000 元），Louis Vuitton 拉杆旅行箱（15000 元），CK 棉内衣（460 元），Cartier 三环戒（7000 元），Tiffany Lucida 订婚戒（20 万元），莲花 Elise 跑车（68.9 万元），塞尚的景物画（2.4 亿元），Missoni 光谱花纹针织衫（4,000 元），Dolce & Gabbana 牛仔（2500 元），Gucci 竹节皮包（8000～10000 元），Chanel 高跟鞋（7000～8000 元），Piaget 镶粉钻腕表（42 万元），

Versace 印花雪纺礼服裙（3100 元），Fendi Biga 包（10380 元），Loewe 小羊皮拼接皮长裤（10000 元），Dior 钱夹（3000 元），劳斯 Ice Blue 橱柜（10000 元/延米），一个像 007 样的男人（价格难说）。对于这个帖子可以说是仁者见仁，智者见智，但是巴黎奢华商业街区的的确确可以发现其中的大多数品牌（见表 3-7）。由表 3-7 可知巴黎奢华商业街区的几个特征：第一，店铺都为奢华和时尚的品牌；第二，汇集某一大类奢华品，虽然多数汇集服饰、化妆品，但是旺多姆广场汇集的是珠宝首饰；第三，每一个商业街区都有奢侈品品牌的旗舰店或是总店，或是奢华博物馆；第四，多数商业街区都有一家著名和充满故事的高档酒店。这一点我们将在奢华商业街沟通部分详述。

表 3-7　巴黎奢华商业街区的奢华品牌店铺

街区名称	奢华品牌店铺
蒙田大街 （服饰化妆）	LV（22号，原旗舰店），Chanel（40号），Dior（28~30，旗舰店），Valentino（17号），Celine（6号），Dolce & Gabbana（22号，旗舰店），Calvin Klein（53号），Caron（34号），Nina Ricci（39号），Revillon（44号），Loewe（46号），S.T.Dupont（58号），Gucci（60号，旗舰店）等。另外有著名的雅典娜皇家酒店
乔治五世 （服饰化妆）	Louis Vuitton（38号），Brioni（35号），Armani（41号），Givenchy（3号、8号），Jean Paul Gaultier（44号），Kenzo（18号，旗舰店），Zegna（40号），Balenciaga（10号），Herve Chapelier（45号）等。另外有著名的四季－乔治五世酒店
圣奥诺雷郊街 （服饰化妆）	Hermès（24号，旗舰店），Chanel（21号），Gucci（2号），Versace（62号，旗舰店），Chloe（54号，旗舰店），Lanvin（22号，旗舰店），YSL（32号），TOD'S（19号），Prada（6号），Missoni（21号），Givenchy（28号），Mont Blanc等
旺多姆广场 （珠宝首饰）	Dior（8号），Mikimoto（8号），Patek Philippe（10号），Bulgari（10号），Chumet（12号，二楼为皇冠博物馆），Piaget（16号），Mauboussin（20号），Chanel（18号），Van Cleef&Arpels（22~24号），Cartier（23号），Boucheron（26号）等。另外，有著名的丽兹酒店

有人认为，国际一流商业街应该具有功能完备、服务全面的特点：有大型的零售商场，各色商品一应俱全；有大型的文化建筑，如博物馆、剧院、影院；有良好的居住条件，高级饭店错落有致；有各具特色的城市景观，街中公园芳草如茵；有旅游上的闪光点，成为游人的好去处。由前述可知，巴黎奢华商业街并不符合其中的很多要求，如果符合这些要求，就不是奢华商业街，而只是综合商业街了。

要素 3：商业街环境

除了旺多姆广场之外，其他三条奢华商业街本身并没有吸引人的独特街道景观，是非常普通的街道，街道属于非步行化，车流不断，只是在辅路专门设有人行道，道路两旁也没有休闲座椅和喷泉景观。如果没有名店位居其中，恐怕没有多少人知道它们。然而，恰恰是这种朴实和宁静，突出了奢华的品位。

一般来说，商业街环境受长、宽、高三个空间维度的制约，奢华商业街也不例外。我们讨论的巴黎四个奢华商业街区有三个属于直线型，一个属于环绕的圆形（旺多姆广场），这里重点讨论直线型奢华商业街。

第一，商业街的长度。巴黎奢华商业街长度不一，蒙田大街和乔治五世大街长度约为600m，圣奥诺雷郊区街则与香榭丽舍大街一样长，达到1800多米，但是奢华品牌汇集区长度在1000m左右。

第二，商业街的宽度。巴黎奢华商业街宽度比较适宜，蒙田大街和乔治五世大街宽度约为30m，圣奥诺雷郊区街仅为10m左右，后者使顾客感到更为舒适和方便。

第三，商业街的高度。巴黎奢华商业街高度基本符合专家的标准，蒙田大街、乔治五世大街和圣奥诺雷郊区街的宽度和高度比例基本为1.5∶2。

要素4：商业街价格

这不是指店铺的租金，而是指提供给顾客的商品价格。根据学者的研究，价格是影响顾客购买的重要因素，一方面，价格会决定顾客获得商业利益和价值的多少，这是显而易见并被大家公认的；另一方面，价格还是顾客判断商品优劣的重要标准，这一点常常被商家忽视。因此，巴黎奢华商业街区聚集的是奢华的店铺，提供的是奢华的商品，与其相适应，商品也是奢华的价格。例如，一瓶60ml的香奈儿5号香水70欧元，一条90cm×90cm的爱马仕丝巾255欧元，超千欧元的手袋、手表、首饰比比皆是。这也可以通过前面我们所罗列的"女人一生中应该拥有的25件奢侈品"的价格得到证实。但是，有趣的是这些奢华商业街销售的商品价格常常比百货商店的同品牌价格便宜。

这些奢华的商业街从来不用降价促销、买一送一、有奖销售来招揽顾客，以保证奢华的形象。巴黎的时尚品，每年的夏季七月前后推出下一季的秋冬新款式，冬季一月前后则推出春夏的新装。在每年的一月和七月分别会有一次全面的大减价（SOLDES），持续4周左右的时间，这是法国政府规定的统一清理库存的季节。但是，即使在此期间也有很多原价销售的经典商品，过季的打折品也是明码标价，实折实扣，并且不能议价。换句话说，在奢华商业街购物，正常价格会使你感到物有所值，折扣价格会使你感到物超所值。

要素5：商业街服务

它主要体现为各个店铺的周到服务，使顾客产生一种贵宾式的感觉，前所未有地受到尊重，这比人流较多的百货商店更有私密性和周到性，这也是奢华的一部分。奢华店铺提供的贵宾式服务不是作秀，不是脱离现实的夸张，而是从实实在在的细节入手。巴黎奢华商业街上的几个商店的经理概括了他们的服务：我们不是一味地向顾客推销商品,而是展示商品,如果顾客留下一个美好的回忆,想买时就来了;店员不与顾客争论,也不跟在他们的身后,而是在附近准备回答他们遇到的问题;店员对自己柜台的商品十分了解,实事求是地对顾客试穿效果作出评价,不合适就是不合适。否则,顾客会有上当受骗之感,再也不会光顾了。

要素6:商业街沟通

奢华应该是不张扬的,含蓄的,但又是让人能够感到和心照不宣的。这明显与旅游商业街不同,人流的适当控制是保证商业街奢华特征的重要因素,让该来的人来,让不该来的人别来,这是奢华商业街必须拿捏好的。巴黎这四个奢华商业街区没有大规模的广告轰炸,过分的宣传,而是人们私下里口碑相传,含蓄而令人信服。在街道上也看不到"世界名牌""国际金奖"等广告牌,一切通过店面和橱窗说话。在蒙田大街上,每个店铺门前都有小栅栏,门面不大,橱窗精致,你会有一种到邻居家串门的亲切感,不过欣赏的却是奢华品。同样,在圣奥诺雷郊区街、乔治五世大街和旺多姆广场,每个橱窗都讲述着一个奢华的品牌故事,即使闭店时,这些橱窗也灯火通明地诉说着自己的历史,成为巴黎魅力梦幻的夜景。

橱窗,只有光顾商业街的人才能看到。事件传播,可以使任何地方的人都能感受到。巴黎奢华商业街都有着令人津津乐道的事件。在《欲望城市》电影中,女主角凯利离开纽约,跟随艺术家男友跑到巴黎,下榻的就是位于蒙田大街的雅典娜酒店,购物时在商店门口摔了一跤,这家商店就是位于蒙田大街30号的迪奥店。圣奥诺雷郊区街虽然窄小,总统府爱丽舍宫的后门却直通这条小路,部长、国会议员、大使、议员等在朝的权贵经常在这里穿梭进出,身边当然也少不了需要随时呵护娇宠的夫人或女友,这就有无穷无尽的事件故事。旺多姆广场呈八角形,除珠宝、钟表店之外,还有法国法务部和丽兹酒店。香奈儿女士以此为家住了30多年,战后美国文豪海明威特别喜欢到这里喝杯威士忌,让丽兹酒店的"海明威酒吧"闻名世界。这里还是戴安娜王妃最后的晚餐地点。人们购买奢侈品,购买的是一种感觉。当你与时尚偶像、好莱坞明星、皇宫贵族逛同一条街,进同一家店铺,买同一个品牌商品时,自然会有与众不同的感觉。

巴黎奢华商业街的定位分析,为我们发展商业街带来一些启示:一条商业街的成功和失败,与定位战略的选择和实现有着极为密切的关系。巴黎奢华商业街的目标顾客为追求奢华的人士;利益定位点为奢华的体验,属性定位为提供奢华的商品和服务,价值定位为自我关爱和尊重;围绕着定位点,在商业街位置、功能、服务、价格、环境和沟通方面进行了相应的利益要素的组合,最终创造了世界瞩目的精致的奢华商业街。

二、学习活动

对照世界一流商业街的核心特征,分析已调研商业街的优势和不足(见表3-8)。按照组合六大关键要素→确定(长度、宽度和高度)三个空间维度→做好市场定位(圈定目标顾客,进行特色定位,保证定位到位),开展补充调研并完善商业街调研分析报告。

表 3-8 世界一流商业街特征对照分析

类别	深厚的历史文化底蕴	良好的设施条件	领先全球的商业模式	优良的消费品质
优势分析				
不足分析				

三、要点归纳

世界一流商业街的核心特征包括:深厚的历史文化底蕴,良好的设施条件,领先全球的商业模式和优良的消费品质。

分析一流商业街的形成步骤包括:组合六个核心要素→确定(长度、宽度和高度)三个空间维度→做好市场定位(圈定目标顾客,进行特色定位,保证定位到位)。

四、心得体会

项目四　奢侈品店铺分布的场所

教学目标

知识目标：

掌握奢侈品分布场所（精品店、连锁店、旗舰店、百货商店、购物中心、奥特莱斯、概念店、临时店和免税店）的概念、特点和选址要点。

技能目标：

能根据奢侈品分布场所（精品店、连锁店、旗舰店、百货商店、购物中心、奥特莱斯、概念店、临时店和免税店）的概念、特点和选址要点，开展初步调研。

案例与思考

太多品牌做中国风，为何Le Fame能把店开到顶级奢侈品百货？[1]

在中国，无论你做什么都有大批人跟进，品牌最终比拼的是迭代的速度。

随着民族自信不断提升，中国服饰品牌回归文化本题寻找身份认同，中国风的回归几乎成为一个必然趋势。2015年创立的女装品牌Le Fame卡准了市场节奏，成为近来繁复中国风的新锐代表。2019年9月1日，Le Fame在北京SKP精品店正式开业，引发行业和消费者的关注（见图4-1）。

业内分析人士认为，去年销售达135亿元的SKP百货是中国顶级奢侈品百货，对奢侈时尚品牌而言具有战略意义。据英国建筑师事务所Sybarite与Global Data共同发布的2019年最新研究报告，北京SKP每平方英尺销售额排名全球第二，仅次于英国Harrods百货。此次Le Fame新店坐落于SKP百货B1层，该楼层定位于具有风格调性的国际设计师品牌，此前鲜有中国品牌进驻。

---

[1] 资料来源：http://news.ladymax.cn/201910/14-34893.html。

图4-1　Le Fame北京SKP门店

对于 Le Fame 和国内女装行业而言，挺进 SKP 无疑是里程碑事件。Le Fame 品牌由王漫修与苏雅维于 2015 年合作创立。目前品牌全国门店数量达到 70 家，此前已在上海久光百货、北京老佛爷、南京德基、杭州武林银泰等关键业态开设门店。2018 年，Le Fame 销售额达 1.5 亿元，根据品牌独家透露的 9 月最新数据，2019 年销售额达到了 1.8 亿元，并且在接下来的服装行业高峰期，还有望取得进一步的增长。

无论是渠道布设还是品牌形象，Le Fame 今年以来快速升温。除了杨超越、蔡依林、宋茜等明星"带货"，登上《时尚芭莎》杂志封面并与 VOGUE、ELLE、红秀等头部刊物建立高频合作关系，今年 5 月，品牌在上海宝格丽酒店举办以"紫禁城 The Forbidden City"为主题的 2019 秋冬系列时装秀，被视为品牌的首次大规模形象输出。

在王漫修看来，Le Fame 渠道发展分为多个阶段。在品牌知名度刚刚起来的时候，第一轮进驻一线百货和购物中心，为之后的渠道拓展树立了标杆。在进入这些渠道后，选好店铺的位置，做好店铺的形象，把业绩做到一个基本面。

第二梯队渠道往往跟进第一梯队，于是更多渠道开始找到 Le Fame，品牌从中选择一些进驻。待品牌相对成熟，Le Fame 于是开始瞄准中国顶尖百货，后者往往对品牌各方面要求非常严格。"像 SKP 这样定位清楚、客户质量好、时尚度高的百货，非常适合 Le Fame 去突破。"

渠道上走的弯路少并不代表品牌经营实体零售有丝毫容易。近年来，国内不断涌现的线上品牌获得了业界关注，在王漫修看来，这些没有实体店包袱的品牌，线上品牌把线上粉丝经营好，会活得非常好。"但是不要轻易碰线下，因为线下操作各个层面的把控要求都超出人的想象。做品牌只要一个维度不对，马上形象受损。"所以，从某种意义上看，Le Fame 又在走一条难路。尽管目前品牌也开设了微信小程序电商，扩张线上市场，不过品牌依然以实体渠道为主。

尽管进驻 SKP 标志着 Le Fame 占领了渠道高地，但更重要的战略意义则在于在品牌第一个五年节点到来之前，拉大与跟随者的距离。

随着 Gucci 式繁复主义在全球时尚舞台上渐渐降温，摆在 Le Fame 面前的是同样一个问题，即如何防止消费者审美疲劳的问题。同时，批量出现的雷同风格品牌也逐渐进入了 Le Fame 的视野，它们已不仅仅模仿单品，而是从产品到店铺形象的全面跟进。

王漫修对 Le Fame 的计划上往上往下分别发展两个类型的渠道。首先，做更极致的品牌体验店，全方位呈现品牌的全品类，初步预计将对成都太古里店铺进行升级。其次，区域性地突破二线市场，而不是在全国范围内同时开始。西南市场将是重点，王漫修认为西南市场的二线市场从整个国内来讲是发展最好的，培育一批非常好的客户资源。

在他看来，华东市场现在处于一个尴尬期，像无锡、苏州这些市场的各方面成本已经全线接近一线，但消费状态、市场环境、品牌级别都还没有提上来。或许等到不久的将来，等待新的业态成长起来，品牌氛围成熟，Le Fame 才会考虑进入。

请思考并回答以下问题：

1. 案例中 Le Fame 店铺拓展分布的区域有哪些？店铺分布的场所主要是什么？为什么？
2. 奢侈品店铺分布场所还有哪些？各自的特点和选址要点是什么？

任务 1　精品店（Boutique）

一、知识准备

Boutique 是一个法语词，译为精品店，因此会透出一丝法国风情，1929 年由法国设计师勒隆（Lucien Lelong）所创。精品店是早期专门出售各种精美服饰的时髦小店，以呈现精品男装、女装、饰品、珠宝、皮包、手套、领带、皮鞋和化妆品等。精品店根据销售的内容可分为单品牌精品店（如 Chanel）和多品牌多种类精品店（如 I.T）。单品牌精品店以品牌的价值和理念为特点，只售卖一种品牌的时装，讲求专一而精细。多品牌多种类精品店其实就是一个品牌的集成店，这些品牌在风格或产地上有相似之处，因此被集合在一起。特别是设计师品牌精品店往往更追求个性，无视商业大牌的潮流趋势，更不理会时尚权威鼓吹的本季精选，只售卖态度独立、趣味特异、品质卓越的时装，这里的时装不论家世，不谈身价，只要风格鲜明，款式独特，就会有一席之地（如巴黎的 Colette）。

与讲求商品完善、价格大众化的传统百货商场相比，Boutique 的核心是个性化和贴身服务，因此精品店背后是店家独到的经营理念。精品店的时装小众，价格不菲的经营模式使它更注重的是"精"，因此，无论营业面积几十平方米到上万平方米的精品店，在展示空间上立意明确，风格凸显，陈列上透着店家的风格品位。例如 2001 年在上海开业 JOYCE 旗下的上海恒隆广场，商场面积 5.5 万 m^2，云集来自世界各地顶尖时尚品牌，包括 Hermès、Louis Vuitton、Cartier、Chanel、Dior、Céline、Bvlgari、Fendi、Loewe、Prada、Versace、Lanvin、Piaget、Just Cavalli、Blumarine 等，广场具有相当宽敞的购物空间，无论置身其中，还是匆匆路过，广场内精致奢华的店内橱窗和品牌的巨幅广告无一不让人屏息凝神，驻足观望。除了财力雄厚集团下的大型精品店，一些私营业主的精品店在城市中也开始陆续担当重要的角色，Gary 经营的小店 Shine 成了香港年轻人的心爱之货，并得到娱乐圈明星郑秀文、舒淇、容祖儿、Twins 的追捧。2004 年，"Shine"来到内地，在北京、杭州、沈阳开了 5 家店，虽然店面规模、风格完全不能与连卡佛（Lane Crawford）相比，但买手的时尚素质和潮流判断力以及与顾客零距离的沟通和贴心关照给了顾客"私人服务"的体验，这往往是大规模精品店不具备的。因此，精品店的概念不在于建筑规模的大小，而是这个业态只为高收入高品 wug 的消费群服务。这些处于金字塔尖端部位最挑剔的时尚人群对消费的每个细节都非常在意，为了夺得高端客户的欢迎，精品店的精神不仅仅讲品牌，更注重品牌的风格化和服务的个性化。每个精品店都有一群"慧眼独具"的买手，在全球范围内搜罗最有特色的产品，最后经过分类和规划，将口味接近的集合在一起，形成自己的风格。例如香港的大I.T和小i.t在风格上各有侧重，I.T所关注的是目前在世界范围内走红的一线设计师品牌，如D&G、Miu Miu、Jean Paul Gaultier、Alexander McQueen、Cacharel、A.P.C.等。小i.t立志成为年轻又有型的潮流人士之风尚标，出售多个日本品牌，包括Asknowas、poudoudou、toutacoup、Mystywoman、pageboy、Anna Sui等。"去Boutique的经验往往可以成为一种体验，就像进入了朋友的家里，从厨房参观到露台……你可以坐下来和营业员大谈特谈流行和感悟。"一位顾客言道。除了经营产品的特点鲜明，展示空间也独立自成风格，精致而舒适，富有视觉冲击的店堂设计传达着这里不仅仅是卖时装，而是卖感觉的地方，这个购物空间带给人们迥然不同的消费体验，四处散落的创意让人惊喜不断，即使不买，逛一逛也是一种享受。

精品店无论在什么地点，始终用自己的方式陈述，或融于周边的环境，或从周边的建筑环境中脱颖而出。以下是Lanvin在米兰的精品店，山本耀司在巴黎的精品店，Chanel在美国的精品店［见图4-2（a）(b)(c)］。

图4-2 Lanvin在米兰的精品店（a）山本耀司在巴黎的精品店（b）Chanel在美国的精品店（c）

图片来源：林梅《时装展示与建筑空间关系的研究》

备注：本章图片若无标注均来源于此，不再赘述

在中国，百货公司在零售业态中居主导地位，随着人们对时尚多层次的需求，特别是聪明理性顾客群的壮大，讲求设计，注重材质，追求个性的精品店已成为张扬个性时尚人士的不二选择。精品店以其独特的品牌观和经营理念成为测试一个城市经济程度的重要指标，一个国际化大都市至少要有一家具有相当影响力的精品店，纽约的Barney's，巴黎的Maria Luisa，伦敦的Browns，米兰的10 Corso Como，香港的Joyce……时装精品店无疑给这个城市的时尚潮流增色不少。

时装精品店的特点：没有场地和规模的局限，只有对空间、产品尽善尽美的追求，完美、精致、专业是精品店不可或缺的品质，时刻接受那些专爱挑剔的目光的检阅。

二、学习活动

开展某品牌精品店的实地调研,采集和分析信息,按照表4-1所列调研项目完成调研并形成调研报告。要求如下:

(1)每一个团队在实训过程中既有分工,又有协作,对每个人在实训中担任的角色,需要制作任务分配表附在实训报告最后一页。

(2)完成规定调研项目,字数不少于1000字。

(3)实训报告格式要规范并且按时上交。

(4)实训报告中必须有实地调研的照片等资料。

(5)严格按照实训背景规定的内容开展实训活动,严禁抄袭。

(6)不能对同一家门店开展调研活动。

(7)组织一次全班的讨论,完成考察的个人或小组在全班宣读实训报告。

(8)相互评价,选出2～3份优秀的实训报告,老师做出讲评。

表 4-1 ＿＿＿＿精品店调研表格

品牌	
创立时间	
总部地址	
创始人	
品牌线	
核心业务	
目标消费群	
地址	
周边同业态店铺	
客流量	
店铺特点	

三、要点归纳

1. Boutique 是一个法语词,译为精品店,因此会透出一丝法国风情,1929年由法国设计师勒隆所创。精品店根据销售的内容可分为单品牌精品店和多品牌多种类精品店。Boutique 的核心是个性化和贴身服务,精品店背后是店家独到的经营理念。

2. 时装精品店的特点:没有场地和规模的局限,只有对空间、产品尽善尽美的追求，完美、精致、专业是精品店不可或缺的品质，时刻接受那些专爱挑剔的目光的检阅。

四、心得体会

任务2 连锁店（Chainstore Clothing）

一、知识准备

时装连锁店始于20世纪初，20年代以后逐渐普及。它是由一家总公司控制分布在各个销售网点的多家零售商店模式，实行集中管理和分散销售的有机结合，通过规范化经营实现规模经济效益的联合。时装连锁店可分为直营连锁（由公司总部直接投资和经营管理）和特许加盟连锁（通过特许经营方式的组成的连锁体系）。帕康夫人（Jeanne Paquin）和她丈夫的经营才能珠联璧合，在短时间内已跃入巴黎高级时装的第一线。1898年，他们在伦敦开了第一家分店，随后又在布宜诺斯艾利斯（Buenos Aires）、马德里（Madrid）、纽约开设了分店。当时，在海外开设分店是帕康的一大创举，她也开创了时装连锁店的先河。

时装连锁店在店堂布置、售后服务、人员培训诸方面有的是一体化的风格，比如Chanel分别位于巴黎31 rue Cambon，42 avenue Montaigne，21 rue du Faubourg St Honor和22 rue de Svres的4家店在店面风格上都是一致的，不仅如此，Chanel在全世界的店都秉承着这一风格。也有的连锁店针对不同的消费人群的口味，因开设的地点不同而采用不同的风格。例如日本的著名连锁时装品牌Mercibeaucoup追求的就是每个店建筑风格的差异性，Mercibeaucoup的LOGO是一法文名字，意即Thank You Very Much。在东京青山、原宿、银座、涩谷、池袋西武及京都，不同的地点有不同的风格，Mercibeaucoup都像是一场主题不同的嘉年华，所有跟Mercibeaucoup相关的事情都要新鲜有趣，设计师宇津木认为这样产生的趣味让人记忆犹新。

在尖沙咀新港中心1楼的首间海外专门店，找来曾为池袋西武Mercibeaucoup店作店内装修的Daisuke Kamiryo全权负责。店内以《Friday the 13th》的歹角Jason作主题，Jason的面具就画上[M]及[B]代表Mercibeaucoup，Jason手上就拿着中式筷子及蒸笼，而蒸笼内是什么东西？宇津木最爱吃的香港食品"小笼包"！

青山店的主题是"游戏般的人生"。以一个小孩的脸作为门口的标志，黑黑的头发框住了门口，一开玻璃自动门，两只眼睛便会闪呀闪地转动，一楼到地下室的超大空间，地下室放置了一个真的可以转动的命运之轮，墙壁上沾满了许多绿色的数字正方块，好像进入了小孩的大脑秘密世界。要说日本的国民游戏是什么？当然是小钢珠游戏

"柏青哥"！入夜后，西装笔挺的上班族坐在柏青哥前消磨时间，化解压力。这是众多人的东京印象。Mercibeaucoup 的银座店就是以小钢珠游戏"柏青哥"为主题，整间店就是一个钢珠机器！见图 4-3（a）（b）（c）。

图4-3　Mercibeaucoup在尖沙咀新港中心1楼的首间海外专门店（a）

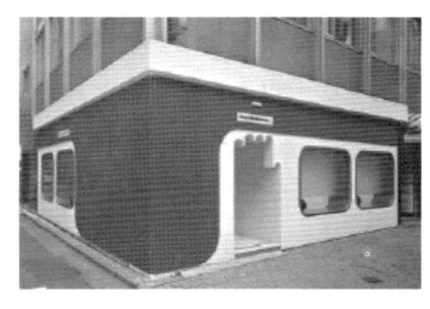

图4-3　Mercibeaucoup青山店（b）Mercibeaucoup银座店（c）

新宿店则是以肉肠作为主题，内部装修全是条条"灌肠"般的填充物。表参道可谓是日本新兴的时尚中心，这家店的主题是 playground，全店都贴满印有"Mercibeaucoup"看上去类似糖纸的壁纸，门口自动门亦设计成像一条大怪兽一样（玻璃是眼镜，门是嘴），屋内的顶灯排列像游乐场旋转木马的顶灯。见图4-4（a）（b）。

图4-4　Mercibeaucoup新宿店（a）Mercibeaucoup表参道店（b）

时装连锁店的风格大多统一，如北美最大的连锁服装店、美国第二大服装品牌"Gap"，如今已经拥有1700个销售点（分布于美国、加拿大、英国、法国和日本），面向拥有相同生活方式的都市青年，不论他们的文化、国籍还是语言，其展示空间不论在哪里视觉形象都是一致的。但有的因时装风格各异，在名称和建筑风格上也会有所区别。例如日本设计师三本耀司的几个品牌 Yohji Yamamoto homme/femme；Y's for men/women；Yohji Yamamoto+nior（女装）Y-3 和 coming soon。

时装连锁店的特点：形象、产品、空间、理念保持一致性，以锁链的形式网络顾客。

二、学习活动

开展某品牌连锁店的实地调研，采集和分析信息，按照表 4-2 所列调研项目完成调研并形成调研报告。要求如下：

（1）每一个团队在实训过程中既有分工，又有协作，对每个人在实训中担任的角色，需要制作任务分配表附在实训报告最后一页。

（2）完成规定调研项目，字数不少于 1000 字。

（3）实训报告格式要规范并且按时上交。

（4）实训报告中必须有实地调研的照片等资料。

（5）严格按照实训背景规定的内容开展实训活动，严禁抄袭。

（6）不能对同一家门店开展调研活动。

（7）组织一次全班的讨论，完成考察的个人或小组在全班宣读实训报告。

（8）相互评价，选出 2～3 份优秀的实训报告，老师做出讲评。

表 4-2 _____ 连锁店调研表格

品牌	
创立时间	
总部地址	
创始人	
品牌线	
核心业务	
目标消费群	
地址	
周边同业态店铺	
客流量	
店铺特点	

三、要点归纳

1.时装连锁店始于20世纪初，20年代以后逐渐普及。它是由一家总公司控制分布在各个销售网点的多家零售商店模式，实行集中管理和分散销售的有机结合，通过规范化经营实现规模经济效益的联合。时装连锁店可分为直营连锁（由公司总部直接投资和经营管理）和特许加盟连锁（通过特许经营方式的组成的连锁体系）。

2.时装连锁店在店堂布置、售后服务、人员培训诸方面有的是一体化的风格，也有的连锁店针对不同的消费人群的口味因开设的地点不同而采用不同的风格。

3.时装连锁店的特点：形象、产品、空间、理念保持一致性，以锁链的形式网络顾客。

四、心得体会

任务3 旗舰店（Flagship Store）

一、知识准备

Flagship 是指轮船公司里最好或最大的船，Flagship Store 即众多同一品牌店中的佼佼者。20世纪90年代末，欧美等国家时装品牌的旗舰店已开始出现并逐步蔓延到全世界，进入21世纪后，商业独立、规模空前的大面积营业空间的旗舰店基本成形。旗舰店是为了适合品牌在全球化推广的整体策略而设计的规范店形象，超大空间的旗舰店更能将品牌文化元素融入其中。设计师和经营者通过运用大量的陈列设计方案和视觉设计方法来营造这些店铺的氛围，并且通过这样的形式来向消费者传导一种消费理念。

旗舰店在选址上极为苛刻，地段、规模、形式都要求很高。特别在进入21世纪后，一些著名的时装品牌在城市的中心商业区租下整栋建筑，或者请著名的建筑师团队在原有的地块上倾心打造一幢属于自己品牌风格的地标性建筑。旗舰店可以是设计师命名的品牌，如 Chanel（香奈儿）、Armani（阿玛尼）、Louis Vuitton（路易威登）、Fendi（芬迪）、Dior（迪奥）、Zegna（杰尼亚）、Loewe（朗万）、Gucci（古驰）、Mikimoto（御本木）、Bvlgari（宝格丽）等，见图4-5。也可以是独立零售商品牌，如优衣库、美特斯邦威等，旗舰店还可以是超级精品店，Dior 在上海的新店将原来的恒隆店面扩张到了480m²，成为重金打造的豪华旗舰店。

旗舰店是在扩大传统精品店的规模的基础上，衍生成一个相对独立的商业空间，用知名艺术的作品加以渲染提升形象，旗舰店少不了知名建筑师的倾心打造，这些专为时装设计的建筑中汲取时装的设计灵感，以使建筑的整体风格与时装相符合，形成"表里如一"的设计理念。比如雷姆·库哈斯（Rem Koolhaas）将古根海姆博物馆的 SoHo 旧址改建为一家气宇轩昂的 Prada 新概念旗舰店；普利兹克（Pritzker）建筑奖得主赫尔佐格（Herzog）和德·穆隆（de Meuron）为普拉达建造东京店，意大利著名建筑师伦佐·皮亚诺（Renzo Piano）操刀的 Hermès 东京银座店。还有彼得·马里诺（Peter Marino）目前在为东京和香港的香奈儿（Chanel）设计专卖店，伦敦建筑设计师托马斯·赫斯维克（Thomas Heatherwick）为法国品牌 Longchamp 打造的新店，纽约和伦敦由诺曼·福斯特（Norman Foster）设计的 Asprey 商店，以及弗兰克·盖里（Frank Gehry）与三宅一生（Issey Miyake）、青木淳（Jun Aoki）和路易威登（Louis Vuitton）

的合作，这些都显示出旗舰店在建筑形式和空间上要比其他形式的商业建筑略胜一筹，为顾客提供的空间感受也是极其震撼的。

图4-5（a） 从左向右依次是东京的Dior旗舰店和Prada旗舰店

图4-5（b） 从左向右依次是东京的LV、Chanel、Catier旗舰店

路易威登巴黎香榭丽舍大道旗舰店高7层，其中4层提供零售服务。店内的地面铺砌了优雅的棕色和米黄色石灰岩，与店外街道上的地面图案如出一辙。而坐落于店铺中央的中庭拥有相当于6层楼的高度，分解了由纤巧钢管发射的光线，其设计灵感源自香榭丽舍大道上著名的半球形泉水。当顾客进入店内，看见的不是传统式的分层设计，而是接连不断的走道，每一条走道都提供新的景象、新的观感和新的体验。专门用作陈列艺术作品的7层于2006年启用，展出28件珍贵的古董行李箱，路易威登的旅行时尚传统尽在其中，开创一个备受瞩目的探索之旅。同时，店内提供的独特产品也显示出路易威登的创意和香榭丽舍大道总店的重要地位。产品包括多款专为香榭丽舍大道总店而创的皮具、鞋履、腕表和珠宝首饰。旗舰店成为区域地标性建筑，即便没有奢侈品消费能

力的人也乐得前往一睹芳姿。有人引用建筑师扎哈·哈迪德的话说，购物是参观一座城市的好方法。很酷的博物馆可能只有一座，但很多商店都是非常有趣的建筑，它们的营业时间比博物馆长，无须门票，万一你无法抵挡商品的诱惑，也只需付点退出费。

旗舰店的特点：一个关乎时装的独体建筑，强调的是时装品牌的独立主张和全面性。而奢侈品品牌旗舰店具有以下几个主要特点：

1. 选址严格

为了达到更有针对性的最大化广告传播效果，奢侈品品牌在建立旗舰店时通常选址更为严格，内外部装修更为考究，旗舰店通常坐落在城市最昂贵的地段。黄金地段是国际奢侈品品牌选址时考虑的首要因素，如巴黎香榭丽舍大街、纽约第五大道、伦敦邦德大街、米兰蒙特拿破仑大道、北京CBD等。在黄金地段工作或经常前往黄金地段购物的群体通常具有较强的消费能力，再加上众多奢侈品品牌在城市的黄金地段开店，形成奢侈品商业圈，高端品牌聚集更容易吸引消费群体。

2. 尊贵的购物环境

旗舰店的购物环境必须具有特色并与其地位相匹配。为了打造时尚和个性化的品牌形象，旗舰店通常营造出充满人文情怀的购物环境，并在装修、规模、风格等方面都能十分强烈地吸引人们的视线，让顾客在不知不觉中感到自己在这里领略了美、享受了美，使其在不知不觉中感受品牌文化，进而体验一种全新的生活理念。路易威登在设计装修上，对旗舰店的要求非常高。例如，2009年7月在深圳开业的路易威登旗舰店，临街外墙采用双层玻璃幕墙和云石材料，醒目明亮的灯箱组合将品牌经典的格子背景墙衬托得通透奢华，加上路易威登经典款箱包的陈列，令这长50m、高近26m的巨型外墙显得奢华和与众不同。这一全新的设计概念使路易威登深圳旗舰店无论在白天或夜晚都华美夺目。

3. 高品质的服务

对于奢侈品品牌来说，服务的价值是产品形象的延伸。几乎所有奢侈品品牌在销售过程中都实行"一对一"的服务，熟练地戴上手套、小心翼翼地拿取货物、专业的销售语言和肢体动作，奢侈品企业力求让消费者无时无刻不感受到销售服务人员在细节处营造出的尊贵服务气氛，让客户拥有高贵、尊崇的奢侈品消费体验。

奢侈品品牌的旗舰店一般处于交通便利的核心商圈，周边人口密度高、购买力强。通过营造充满人文情怀的购物环境，使消费者在购物过程中，不知不觉地感受奢侈品品牌的文化，体验一种全新的购物方式。比较常见的奢侈品品牌旗舰店主要有化妆品品牌旗舰店、服装品牌旗舰店、钟表品牌旗舰店等。旗舰店对品牌的推广意义大于销售意义。例如，普拉达（Prada）东京表参道的旗舰店，位于东京最大的名牌集中地表参道，是一座高达 6 层的玻璃体大楼，犹如一块矗立着的巨大水晶。该店的外墙设计颇具革命性，由数以百计的菱形玻璃框格构成极具现代感的幕墙。菱形玻璃能产生虚幻却透彻的视觉效果，人们既可从店外透视店内陈列的普拉达（Prada）服饰产品，也可从店内欣赏店外的景致。从 2003 年开店，表参道的普拉达旗舰店便成了东京著名的时尚景观。不光普通消费者，甚至很多明星都会像朝圣一样来拜访这间著名的旗舰店。这种集零售与艺术于一体的成功的旗舰店甚至能在消费者心中营造出高处不胜寒的感觉，让人忍不住对其顶礼膜拜。

二、学习活动

开展某品牌旗舰店的实地调研，采集和分析信息，按照表 4-3 所列调研项目完成调研并形成调研报告。要求如下：

（1）每一个团队在实训过程中既有分工，又有协作，对每个人在实训中担任的角色，需要制作任务分配表附在实训报告最后一页。

（2）完成规定调研项目，字数不少于 1000 字。

（3）实训报告格式要规范并且按时上交。

（4）实训报告中必须有实地调研的照片等资料。

（5）严格按照实训背景规定的内容开展实训活动，严禁抄袭。

（6）不能对同一家门店开展调研活动。

（7）组织一次全班的讨论，完成考察的个人或小组在全班宣读实训报告。

（8）相互评价，选出 2～3 份优秀的实训报告，老师做出讲评。

表 4-3 _____ 旗舰店调研表格

品牌	
创立时间	
总部地址	
创始人	
品牌线	
核心业务	
目标消费群	
地址	
周边同业态店铺	
客流量	
店铺特点	

三、要点归纳

1. Flagship Store 即众多同一品牌店中的佼佼者。旗舰店是为了适合品牌在全球化推广的整体策略而设计的规范店形象，超大空间的旗舰店更能将品牌文化元素融入其中。设计师和经营者通过运用大量的陈列设计方案和视觉设计方法来营造这些店铺的氛围，并且通过这样的形式来向消费者传达一种消费理念。旗舰店在选址上极为苛刻，地段、规模、形式都要求很高。

2. 旗舰店的特点：一个关乎时装的独体建筑，强调的是时装品牌的独立主张和全面性。奢侈品品牌旗舰店具有选址严格、尊贵的购物环境和高品质的服务等特点。旗舰店对品牌的推广意义大于销售意义。

四、心得体会

任务4 大中型百货商店（Department Store）

一、知识准备

百货商店是指经营包括服装、鞋帽、首饰、化妆品、装饰品、家电、家庭用品等众多种类商品的大型零售商店。它是在一个大建筑物内，根据不同商品部门设销售区，采取柜台销售和开架面售方式，注重服务功能，满足目标顾客追求生活时尚和品位需求的零售业态。百货商店是19世纪中期的新型产物，是时装展示的商业空间中必不可少的建筑类型。它是在纺织业发展的基础上产生的，百货商店是建筑和时装之间互惠关系的开始，因为这种建筑形式可以将许多商品汇集在一起，增加一个品牌的销售量。1852年巴黎创办的波马舍百货（Le Bon Marché）是世界上第一家百货商店，随着商品种类的增多，规模宏大的多层建筑成为百货商店独一无二的表现形式，建筑面积从几千平方米到上万平方米，即使是仅有一个营业厅的百货商店，规模也在几百平方米（见图4-6）。

图4-6　波马舍百货（Le Bon Marché）

图片来源：www.tripyum.com

早期百货商店以销售纺织面料为主，服饰为辅，并兼营其他生活用品。巴黎老佛爷百货公司在创建初期就针对不同的消费群提供最理想的商品：25%纺织品服装，25%的家居用品，25%的食品以及25%的小摆设。现在的老佛爷单鞋履专卖区就有3200m²，出售将近150个品牌的鞋履。为了方便购买，百货商店划分为不同区域合理安排各种商品的位置，对于多层的营业大厅，每层都按服饰的不同类别来划分，不仅方便购买，而且在风格上也保证了统一。老佛爷百货一楼是化妆品与皮件专柜；二楼是年轻设计师品牌；三楼是风格较成熟的设计师品牌；四楼汇集了几乎全世界的内衣品牌，堪称"妇女之友"。百货商店的建筑内部是开敞式的平面布局，带有较大的灵活性，以适应经营商品更换的需要。百货商店除营业大厅外，还须配备停车场地、仓库、管理、加工等辅助服务设施的用房，大型百货商店的后台和仓库等辅助建筑面积，一般约占总建筑面积的1/3。

"二战"后到20世纪60年代，由于人们生活方式的转变，作为高级订制的副业高级成衣业蓬勃发展起来，大有取代高级时装之势。原来销售一般大众大批量廉价成衣的百货商店开始在经济利益的驱使下销售高级成衣。在服务环节上，百货商店汲取了时装精品店的个性化服务模式。Le Bon Marché 二楼的 VIP Room 会有心理学学位的专职联络人，他与 VIP 客人提前沟通，了解其年龄、身高、体重等客观数据，更重要的是了解客人的兴趣爱好。客人来到后，与其进行初步的轻松的聊天，为了让客人感到被充分尊重，联络人员甚至为来自阿拉伯地区的 VIP 而进行过足够的阿拉伯语培训。随后，优雅的工作人员将客人引入二楼的 VIP Room，窗外就是巴黎左岸最古老的圣米榭尔大街，特制的玻璃窗却听不到外面一丝杂音，绝对私人的大套房里设有镶满落地镜的试衣间，"我们有10多种顶级香槟和巧克力，根据不同客人的口味、年龄、种族而专门准备。"房间里品牌早就准备好了为 Le Bon Marché 特别设计的各种服饰，至于这里的顾客名单——阿拉法特的遗孀、泰国公主、德国大公的后裔、新晋的法国第一夫人、日本太子妃雅子……没有一个不是地位和声名显赫。显而易见，顶级的服务只针对顶级的身份，并且需要独一无二的货品，Le Bon Marché 的买手总监 DAUPHINE 是整个巴黎时尚圈的重量级人物，具有点石成金的影响力，LUELLA、MALO 等如今正当红的新锐设计师正是来自她的发掘，如此深入人心的购物空间不买账是绝不可能的。老佛爷（Galeries Lafayette）、巴黎春天（Printemps）、梅西（Macy's）、萨克斯（SAKS）、塞尔福里奇（Selfridges）等都是世界著名以销售高级成衣的百货商店。

为了时尚，即使在一些百货商店不是唯一重要的销售网点的国家，百货商店仍然很重要，因为它们往往是时尚领导者，并且积极地寻找新颖的品牌来推广和发展。商店的品牌销售经理通常会参观巴黎和米兰的商店，去寻找一下灵感或侦察新品牌。当发现喜欢的新品牌时，他们甚至会在品牌的管理者还没有到访他们的国家之前开始它的配送。因此，百货商店通过成为新品牌第一个出口网点而为其提供一个进入某个国家的便利且简单的途径。百货商店可以定义为一个零售基地，专门满足各类消费者个人和住宅耐用产品的需求，同时提供给消费者所有产品分类的多种价格的多条商品线。百货商店通常会在一个至少25000平方英尺的地方销售包括衣服、香水、家具、家电用品或电子产品在内的商品。在百货商店中，没有一个单独的产品分类可以占据超过一半的销售区域。一般来说，百货商店通常建立在城市的主要街道上。在百货商店中，各个品牌被分配一定的区域进行销售。

百货商店的特点：大体量、大尺度的空间，产品包罗万象，用大而全的气势压倒一切，满足最大多数人的审美和消费水平。

店中店主要位于百货商场内，其销售人员属于品牌企业，管理、物流以及员工的费用完全由生产者提供，店中店的装修可以采用自己的风格，以更好地展示品牌形象。同时，在全球范围内，同一品牌的店中店一般有着相同的品牌形象，其目的是让消费者熟悉品牌价值。在西方各国，人们很容易在百货店中看到奢侈品品牌。无论是开设专业店，还是开设专柜，百货店都是奢侈品必选的店铺。同时，在百货店的经营业绩中，奢侈品也占有相当大的比重。

一是奢侈品品牌专柜，是指奢侈品品牌在百货店中设立的专门针对某一类别或某一品系商品的销售柜台。在百货店设立品牌专柜是一个重要的奢侈品零售渠道，百货店人流量庞大，设施豪华，能够提供足够大的空间供奢侈品品牌进行产品陈列及展示，有利于提高品牌知名度。以优越的地理位置和齐全完备的品类吸引客户，并且通过购物折扣、特别优惠、会员制、免费停车等促销计划，与顾客建立良好的关系。专柜一般是奢侈品牌在进入新市场时，或者对已有市场进行适当补充时常考虑的渠道，是对专卖店体系的有效补充。通常化妆品、服装服饰、手表和箱包等奢侈品会在百货店设立专柜。例如宝格丽（Bvlgari）手表的销售有60%都是通过百货店专柜实现的。在新加坡，奢侈品的销售方式以代理销售为主，其中，2/3的国际奢侈品品牌零售以百货店专柜为主。在韩国，一些主要的百货商店连锁集团，如乐天、新世界和现代，它们的奢侈品销售额合计占到韩国奢侈品销售总额的3/4左右。

二是奢侈品集成店，实际上是由百货店自营的一种销售模式，是指由百货店的专业买手根据自己的偏好和需求直接从奢侈品原产地拿货，然后将这些奢侈品品牌集中在一起进行销售的模式。一般在奢侈品集成店内出售的商品都是各品牌热卖的经典款，消费者可在一家店内买到不同品牌、不同款式的奢侈品，并且集成店内的奢侈品一般都会比在专卖店内的同样商品便宜。此外，奢侈品集成店的店面装潢和设计，都会根据所陈设商品体现出不同的风格，让消费者在购物的同时，也体验到不一样的购物环境。奢侈品集成店出现的主要原因是随着消费市场的日趋成熟、竞争的不断加剧以及消费的日趋多元化，单品牌店的"聚客力"逐渐减弱。把不同品牌集合在一起，可以拓宽消费者的选择面，利用某几类品牌的区域号召力，实现所有品牌产品的销售。在国外，这种由百货店自营的多品牌集成店销售模式已经发展得非常成熟，在百货店中所占的比例也比较高，例如欧美百货店的自营比例已达到70%以上。世界知名百货商店如法国巴黎春天百货、老佛爷百货，美国的第五大道百货、巴尼斯百货、波道夫·古德曼百货、内曼·马库斯等，采取的均是自营为主的多品牌集成店销售模式（见表4-4）。

表 4-4 世界著名高档百货公司

百货公司	国家	创始年代
老佛爷百货（Galeries Lafayette）	法国	1893年
巴黎春天（PRINTEMPS de PARIS）	法国	1865年
哈罗德百货公司（HARODDS）	英国	1849年
SELFRIDGES&CO	英国	1906年
哈维·尼克斯（Harvey Nichols）	英国	1813年
拉·里纳仙特（La Rinascente）	意大利	1918年
博道夫·古德曼（Bergdorf Goodman）	美国	1899年
内曼·马库斯（Neiman Marcus）	美国	1907年
萨克斯第五大道（Saks Fifth Avenue）	美国	1898年
西武百货	日本	1949年

在像日本和美国这样的国家，百货商店是奢侈品的主要零售渠道。在这两个国家，超过75%的奢侈品香水和化妆品是在百货商店销售的。这也是许多几乎没有独立店的时尚奢侈品品牌销售产品的主要渠道。香水和化妆品在一些国家，如法国、意大利和德国，主要通过一些小型香水店销售，而在日本、美国、加拿大、澳大利亚或英国，百货商店是主要的销售渠道。因此，香水和化妆品的营销计划总是分为两个项目：一个为香水店国家准备，另一个为百货商店国家准备。

这种方式是奢侈品品牌早期进入中国时最常采用的方法。但是，由于百货商店的经济目标是追求其自身利润的最大化，这有可能造成与品牌之间的利益冲突。在过去的十年中，百货商店的表现并不突出，一方面受到奢侈品独立店发展的影响，另一方面则受到新的大众市场"选择性"品牌如GAP、H&M、ZARA和优衣库（Uniqlo）成长的影响。尽管如此，它们依然是奢侈品品牌重要的合作伙伴。

二、学习活动

开展某品牌百货商店专卖店的实地调研，采集和分析信息，按照表4-5所列调研项目完成调研并形成调研报告。要求如下：

（1）每一个团队在实训过程中既有分工，又有协作，对每个人在实训中担任的角色，需要制作任务分配表附在实训报告最后一页。

（2）完成规定调研项目，字数不少于1000字。

（3）实训报告格式要规范并且按时上交。

（4）实训报告中必须有实地调研的照片等资料。

（5）严格按照实训背景规定的内容开展实训活动，严禁抄袭。

（6）不能对同一家门店开展调研活动。

（7）组织一次全班的讨论，完成考察的个人或小组在全班宣读实训报告。

（8）相互评价，选出 2～3 份优秀的实训报告，老师做出讲评。

表 4-5 _____百货商店专卖店调研表格

品牌	
创立时间	
总部地址	
创始人	
品牌线	
核心业务	
目标消费群	
地址	
周边同业态店铺	
客流量	
店铺特点	

三、要点归纳

1. 百货商店是指经营包括服装、鞋帽、首饰、化妆品、装饰品、家电、家庭用品等众多种类商品的大型零售商店。它是在一个大建筑物内，根据不同商品部门设销售区，采取柜台销售和开架面售方式，注重服务功能，满足目标顾客追求生活时尚和品位需求的零售业态。

2. 百货商店的特点：大体量、大尺度的空间，产品包罗万象，用大而全的气势压倒一切，满足最大多数人的审美和消费水平。

3. 店中店主要位于百货商场内，其销售人员属于品牌企业，管理、物流以及员工的费用完全由生产者提供，店中店的装修可以采用自己的风格，以更好地展示品牌形象。

4. 在西方各国，人们很容易在百货店中看到奢侈品品牌：一是开设奢侈品品牌专柜，二是以奢侈品集成店方式。而百货商店是奢侈品品牌早期进入中国时最常采用的方法。

四、心得体会

_____

_____

_____

任务5　大型购物中心（Shopping Mall）

一、知识准备

　　Shopping Mall，意为大型购物中心，特指规模巨大，在一个毗邻的建筑群中或一个大型建筑物中，由一个管理机构组织、协调和规划，将一系列的零售商店、服务机构组织在一起。如果说旗舰店是精品店的升级版，那么百货商店就是大型购物中心（Shopping Mall）的前身。百货商店的一再扩张推动了商品供应与商店空间的变革，原本标准化与统一化的商业模式让人们产生了厌倦，为了扭转千篇一律的商业模式，一种集休闲、购物、娱乐于一体的大商业概念——大型购物中心出现了，它是面向最广泛的层面开放的多种服务和多重文化场所。Shopping Mall 集合了百货店、超市、大卖场、专卖店、大型专业店等各种零售业态，还有各式快餐店、小吃店和特色餐馆，娱乐天地、儿童乐园、健身中心等繁多的休闲娱乐设施。Shopping Mall 属于一种新兴的复合型商业运营业态，也是目前世界上商业零售业发展历程中最先进、最高级的商业形态。Mall 在英文中的原意指的是购物林荫道，所以，Shopping Mall 提供了百货店、大卖场无法提供的如漫步广场、庭院般悠闲的购物乐趣和购物享受。一般来说，大型购物中心通常建立在城市的主要街道上。

　　大型购物中心业态丰富，形同一个社区的重要生活支柱，为人们的生活源源注入活力。与百货商店的建筑相比大型购物中心是由若干专业商店空间组成的建筑群，各空间有一定的独立性并有独特的风格，在从属于一个整体的区域内和谐共融。"世界最大商店"、美国零售业的航母——梅西（R. H. Macy & Co.）百货，以服饰为主，并配套餐饮、娱乐、休闲为一体的超大购物中心遍及欧美各大城市。Shopping Mall 是商业集群模式的实践，同时带动了周边地产的快速发展和价值提升，是规模效益和品牌价值集成化的城市经济现象。

　　购物中心的特点如下：所有权和经营权分离，一般只租不售；策划、开发、建立、经营都在统一的体系内运作；一站式购物，尊重顾客的选择权；多业态、多营销方式的组合；具有强大的商圈竞争力。

　　购物中心特别是城市中心和富人居住区的高端购物中心常常是奢侈品专卖店汇集的地方，如美国贝弗利山庄购物中心。贝弗利山庄位于南加州的中心、洛杉矶市中心的西部，这里汇聚了大量的豪宅，同时每年有大量旅游者。因此，贝弗利购物中心汇集路易威登、古驰、巴宝莉、万宝龙等170多家奢侈品品牌专卖店，同时还有梅西和布隆明戴尔两家百货店作为主题店。中国购物中心大规模开发出现于20世纪90年代中后期，其典型代表为北京王府井半岛酒店购物中心、北京国贸商城购物中心、上海恒隆广场购物中心、北京金融街购物中心等，也成为国际奢侈品品牌进驻国内开设直营专卖店的首选场所。

购物广场的定义与旗舰店的定义有些重叠：许多旗舰店可以称为购物广场，但有一些却不能；此外，购物广场的营销目的有时与旗舰店不尽相同。建立购物广场的目的既与品牌发源地无关，又与品牌文化无关，它仅仅是一种能力的象征：某品牌为了向所有人，包括竞争者、记者以及顾客，展示其在某个城市开设店面并盈利的能力。这是实力与雄心的象征，其目的不是要开设一家大型品牌商店，而是要开设一家比任何其他商店都要大得多的店面。表4-6所示的15家店面中，8家位于亚洲，而其设立的目的莫过于彰显其品牌实力。只有位于米兰的阿玛尼和位于巴黎的路易威登可以看作全球旗舰店。但是其他地域性旗舰店的设立显示了该地区对于该品牌的重要性。

表4-6 购物广场实例及卖场空间（单位：平方英尺）

阿玛尼	米兰	65,000
香奈儿	日本，银座大厦	61,000
路易威登	东京，表参道	31,000
普拉达	东京，青山	28,000
托德斯（TOD'S）	东京，表参道	25,500
普拉达	纽约	23,000
路易威登	纽约	19,000
迪奥	东京，表参道	15,500
Hugo Boss	巴黎，香榭丽舍	135,000
爱马仕	东京，银座大厦	13,000
香奈儿	纽约	9,500
路易威登	上海，恒隆广场	9,500
普拉达	香港	9,000
卡地亚	巴黎，香榭丽舍	8,000

有一点非常清楚，那就是众多购物广场的发展如同一场巨人之间的争霸战，在这场

战役中，只有最强大的奢侈品品牌才能存活并盈利，而其他小品牌甚至中等品牌都只能远远地站在外围，成为次要品牌。这场战役的另一个后果导致各大奢侈品品牌寻求在各个产品领域开发属于自己的商品。试想，如果一个 20,000 平方英尺的店面只销售手袋，那该有多无聊。为了在这场战役中坚持下去，有必要在店面中陈列各式各样的商品，包括成衣。可以说，购物广场是奢侈品品牌全面开发商品的重要动力。

二、学习活动

开展某品牌购物中心专卖店的实地调研，采集和分析信息，按照表 4-7 所列调研项目完成调研并形成调研报告。要求如下：

（1）每一个团队在实训过程中既有分工，又有协作，对每个人在实训中担任的角色，需要制作任务分配表附在实训报告最后一页。

（2）完成规定调研项目，字数不少于 1000 字。

（3）实训报告格式要规范并且按时上交。

（4）实训报告中必须有实地调研的照片等资料。

（5）严格按照实训背景规定的内容开展实训活动，严禁抄袭。

（6）不能对同一家门店开展调研活动。

（7）组织一次全班的讨论，完成考察的个人或小组在全班宣读实训报告。

（8）相互评价，选出 2~3 份优秀的实训报告，老师做出讲评。

表 4-7 ＿＿＿＿＿＿＿购物中心专卖店调研表格

品牌	
创立时间	
总部地址	
创始人	
品牌线	
核心业务	
目标消费群	
地址	
周边同业态店铺	
客流量	
店铺特点	

三、要点归纳

1. Shopping Mall，意为大型购物中心，特指规模巨大，在一个毗邻的建筑群中或一个大型建筑物中，由一个管理机构组织、协调和规划，将一系列的零售商店、服务机构组织在一起。

2. 购物中心的特点如下：所有权和经营权分离，一般只租不售；策划、开发、建立、经营都在统一的体系内运作；一站式购物，尊重顾客的选择权；多业态、多营销方式的组合；具有强大的商圈竞争力。

3. 购物中心特别是城市中心和富人居住区的高端购物中心常常是奢侈品专卖店汇集的地方，也成为国际奢侈品品牌进驻国内开设直营专卖店的首选场所。

四、心得体会

_____
_____
_____
_____
_____
_____
_____
_____
_____
_____
_____
_____
_____
_____
_____
_____
_____

任务6　工厂直销店——奥特莱斯（Outlets）

一、知识准备

"奥特莱斯"是英文 Outlets 的中文直译。其英文原意是"出口、出路、排出口"的意思，在零售商业中专指销售过季、下架、断码名牌商品的商店，后来逐渐汇集形成类似 Shopping Mall 的大型 Outlets 购物中心，成为一个独立的零售业态。奥特莱斯（Outlets）不是一家店，而是一个由多品牌构成的大型购物广场，它采取与百货业、大卖场、超市等错位经营的方针，以折扣的形式售卖品牌过季、下架、断码的产品，折扣范围以 3～7 折为主流，货品距离当季 1～3 年。奥特莱斯（Outlets）地点多设在离中心城市 2 小时车程的边远郊区，购物环境开阔，停车方便。

奥特莱斯（Outlets）最早诞生于美国，迄今已有近一百年的历史，但真正有规模的发展是从 1970 年左右开始的。现在美国已经发展到 320 多家奥特莱斯，世界各国也纷纷拥有自己的奥特莱斯商店。例如，英国、法国、意大利、日本、韩国、新加坡等，中国的奥特莱斯主要有北京燕莎奥特莱斯、上海青浦奥特莱斯、上海美兰湖奥特莱斯、张家港香港城奥特莱斯、苏州奥特莱斯、合肥凯斯茂奥特莱斯。

奢侈品生产商在奥特莱斯集中销售其过季商品、下架商品、断码商品和样品。由于离繁华地段远、租金低、装修简便，在奥特莱斯销售的商品，价格往往会比品牌专柜便宜很多，因此受到很多购物迷的欢迎，能够以合意的价格购买到奢侈品。在欧洲，工厂直销中心主要是以购物村的形式出现，九大购物村分别是米兰 Fidenza 购物村、巴黎 La Vallee 购物村、伦敦 Bicester 购物村、巴塞罗那 LaRoca 购物村、布鲁塞尔—杜塞尔多夫 Maasmechelen 购物村、马德里 Las Rozas 购物村、法兰克福 Wertheim 购物村、慕尼黑 Ingolstadt 购物村、都柏林 Kildare 购物村。因为过季和断码的原因，奥特莱斯可以以低至 2 折、3 折的价格买到 Versace、Gucci，还有 Prada 等奢侈品品牌。Bicester Village 被称为"伦敦周边最时尚的街区"，作为欧洲著名的豪华购物胜地，Bicester Village 已经成为名牌追逐者们的头号购物天堂和喜欢物美价廉英国人严守的购物秘诀。Bicester Village 距离伦敦市中心仅 1 小时车程，售价低到 4 折，而且天天如此。从极尽奢华的内衣品牌到风靡的时尚品牌，这里应有尽有。目前奥特莱斯业态与旅游休闲文化结合，已形成一种高级商业形态。位于美国拉斯维加斯的 Fashion Outlet，将流行文化和商业展示完美结合，100多个一流设计师推出的最新款式时装精品，号称精品时尚总汇，折扣达到75%（见图4-7）。

图4-7 伦敦近郊的Bicester Village

北京燕莎奥特莱斯位于朝阳区香江北路，项目总开发面积15万 m²，拥有5000余个停车位。作为北京第一家纯欧美式Outlets，以欧美小镇建筑风格打造最纯正的美式奥莱商业街道，各商铺之间紧密相连，形成一个集购物、文化、娱乐、休闲的超大型、超完备的商业空间。占地12万 m²的上海青浦奥特莱斯位于青浦赵巷，每到周末和节假日，上海和浙江两地就会有很多人驱车来到这里，不是来旅游，而是为了——购物！整个商城分为A、B、C3个区域。A区最"昂贵"——共有22个奢侈品品牌入驻。主要经营国际一线服饰品牌折扣商店。CERRUTI 1881全场5折是A区的"迎客松"，Hugo Boss没有专门店，它和Aigher一同安家在CERRUTI 1881隔壁，货品很充足，打完4折的普通T恤卖五六百元，牛仔裤千元上下。与A区一河之隔的B区，主要经营国际知名运动休闲品牌、国际二线品牌以及国内著名名牌。人流量最大的莫过于Adidas和Nike，不远处的I.T品牌也很受欢迎。C区为餐饮休闲娱乐区，有甜蜜蜜、美仕唐纳滋、永和豆浆等餐厅，且开有Starbucks。奥特莱斯（Outlets）从正装到休闲装，货品并不逊色于专卖店，在建筑空间上也延续了著名品牌一贯遵循的考究和创意。奥特莱斯（Outlets）模式使名牌厂商采用直销形式处理过季时装，加快收回资金，众多品牌消费者以便宜价格买到名牌时装，很大地满足了消费者和名牌厂商的双方特殊需求（见图4-8）。

图4-8 上海青浦奥莱和北京赛特奥莱

图片来源：sh.eastday.com；bj.bendibao.com

奥特莱斯是购物中心的一种独特的类型，其特殊性主要体现在以下三个方面：其一，选址特点：购物中心包括城市市区和郊区两种形式，而奥特莱斯通常选址在大城市的郊区；其二，业态特点：奥特莱斯以名品折扣店为主，没有主力店；其三，目标消费群体：奥特莱斯以有一定经济能力的中产阶级为目标消费群体。

奥特莱斯的特点：从选址、营建到建筑的风格，满足了高度商业运作下的独特商业空间的要求；距离城市有个把小时的车程，并且是高速公路最易到达的地方；打折的是数字，时装和展示的建筑空间绝不打折；打破了常规的购物习惯，满足了顾客的心理需求。

二、学习活动

开展某品牌奥特莱斯专卖店的实地调研，采集和分析信息，按照表4-8所列调研项目完成调研并形成调研报告。要求如下：

（1）每一个团队在实训过程中既有分工，又有协作，对每个人在实训中担任的角色，需要制作任务分配表附在实训报告最后一页。

（2）完成规定调研项目，字数不少于1000字。

（3）实训报告格式要规范并且按时上交。

（4）实训报告中必须有实地调研的照片等资料。

（5）严格按照实训背景规定的内容开展实训活动，严禁抄袭。

（6）不能对同一家门店开展调研活动。

（7）组织一次全班的讨论，完成考察的个人或小组在全班宣读实训报告。

（8）相互评价，选出2～3份优秀的实训报告，老师做出讲评。

表4-8 _____奥特莱斯专卖店调研表格

品牌	
创立时间	
总部地址	
创始人	
品牌线	
核心业务	
目标消费群	
地址	
周边同业态店铺	
客流量	
店铺特点	

三、要点归纳

1. 奥特莱斯（Outlets）在零售商业中专指销售过季、下架、断码名牌商品的商店，后来逐渐汇集形成类似 Shopping Mall 的大型 Outlets 购物中心，成为一个独立的零售业态。

2. 奥特莱斯是购物中心的一种独特的类型，其特殊性有：其一，选址特点：购物中心包括城市市区和郊区两种形式，而奥特莱斯通常选址在大城市的郊区；其二，业态特点：奥特莱斯以名品折扣店为主，没有主力店；其三，目标消费群体：奥特莱斯以有一定经济能力的中产阶级为目标消费群体。

3. 奥特莱斯的特点：从选址、营建到建筑的风格，满足了高度商业运作下的独特商业空间的要求；距离城市要有个把小时的车程，并且是高速公路最易到达的地方；打折的是数字，时装和展示的建筑空间绝不打折；打破了常规的购物习惯，满足了顾客的心理需求。

四、心得体会

任务 7　概念店（Concept Store）

一、知识准备

　　时装概念店是一个比较大的范畴，产品、营销、建筑风格等都可以是概念店的噱头。"概念店"这个词汇源于欧美，流行于日本，它采用全程顾问销售模式，在了解顾客的需求和问题之后，为其介绍、推荐量身订做的配套产品，被业内人士称为是对品牌有忠诚度的消费群体的消费天堂。也许乍一看你不是很明白这家店铺要表达的是什么概念，但它的确有吸引你的地方。射灯的强光之下，衣服被叠好放置在餐盘里，旁边摆着刀叉；原木风格装修的店面中，衣服、饰品随意地挂在木栅栏上；将整套的洗漱用品及餐桌果品摆放在服饰店中，营造家的氛围……概念店让人在想象之外与之相遇，让购物空间不仅有生活气息，更是具备艺术气息以及想象力的空间。其实，这样的细节在概念店应用得并不算少，你肯定会对它过目难忘或者被它吸引，而这正是它的初衷。

　　20世纪时装概念店仅停留在时装本身的变化上，购物与庸常的建筑空间产生不了太多的体验。位于圣奥诺雷街（Saint Honore）213号巴黎的第一间概念店柯莱特Colette成立于1997年。"时尚设计的艺术大餐"是Colette的口号，"Colette"的概念是致力于满足变化着的各种国际时尚风格和品位。巴黎时装周期间，特地来看时装秀的时装编辑们多半都会来这里喝水。2011年3月1日至10日，两个传奇性的时尚地标——康朋街31号的香奈儿总店与圣奥诺雷街213号的Colette时尚潮店将融合各自的创意天才，于圣奥诺雷街336至340号开设暂驻精品店。该精品店占地200m^2，是一座超现实主义风格的建筑，周围是工业区，这是由车库改建成的一个巨大的生活展示空间。一个时装的概念店和一个声名显赫的时尚大牌的"联姻"看来是一个创意之举，这个暂驻精品店结合了时尚、视觉艺术以及音乐表演的元素，玩转香奈儿和Colette之间的混搭，妙趣横生，摇滚感十足。在很多人看来，Colette担负着复兴巴黎时尚购物的重任（见图4-9）。由此看出当下概念店已经与服装本身具有同等的重要性。

　　L'Éclaireur也是巴黎早期的时装概念店，以服装为主，还有配饰、玩具、书籍以及装饰品，它们分布在5间店铺，每间店铺都拥有自己独特和鲜明的世界。如图4-10所示为2008年比利时艺术家Arne Quinze为L'Éclaireur完成了巴黎店的室内部分。

图4-9　康朋街31号的香奈儿总店与圣奥诺雷街213号的Colette时尚潮店的概念合作

图4-10　L'Éclaireur巴黎店的室内部分

概念店的特点：概念店依赖的是如艺术品般的精心安排，产品和各式展具、家具混合在一起，营造出的效果只有在激进的美术馆才能看见。人们从设计中看到不同美学观念之间的碰撞，人们的传统期待被颠覆，在新的叙述手法中，时装获得了人们对它的首肯。

奢侈品概念店把个人消费作为自我实现的一种手段，转变了那些旧有的打造奢侈品牌的观念，不再是单方面把品牌信息扔给消费者，而是通过与消费者之间的双向互动使沟通更进一步，让消费者的奢侈体验得到更大的满足，进而达到推广奢侈品品牌的目的。过去，品牌经理的主要工作是如何建立品牌知名度，消费者被假设为只要知道该品牌就会尝试去购买或者使用，但现在的奢侈品消费者不仅追求品牌知名度，更希望自己能和他们所选择的品牌建立真实的关联，他们需要知道这个品牌是"为我而存在的，与我有关的，能理解我，能帮助我实现自我，其精华就是帮我体现自我"。事实证明，不同收入层的消费者都认为能从奢侈"体验"中获得更大的满足，而不是仅仅"拥有"一件奢侈品。例如，娇兰（Guerlain）2003年曾在上海龙之梦丽晶大酒店设立了娇兰水疗中心，在顾客的自我评估问卷结果的基础上，结合营养、环境、生活方式、情绪和身体状态，为顾客提供特制的护理方案，让顾客得到个性化的服务体验。

二、学习活动

开展某品牌概念店的实地调研，采集和分析信息，按照表4-9所列调研项目完成调研并形成调研报告。要求如下：

（1）每一个团队在实训过程中既有分工，又有协作，对每个人在实训中担任的角色，需要制作任务分配表附在实训报告最后一页。

（2）完成规定调研项目，字数不少于1000字。

（3）实训报告格式要规范并且按时上交。

（4）实训报告中必须有实地调研的照片等资料。

（5）严格按照实训背景规定的内容开展实训活动，严禁抄袭。

（6）不能对同一家门店开展调研活动。

（7）组织一次全班的讨论，完成考察的个人或小组在全班宣读实训报告。

（8）相互评价，选出2～3份优秀的实训报告，老师做出讲评。

表4-9 _____概念店调研表格

品牌	
创立时间	
总部地址	
创始人	
品牌线	
核心业务	
目标消费群	
地址	
周边同业态店铺	
客流量	
店铺特点	

三、要点归纳

1. "概念店"这个词汇源于欧美，流行于日本，它采用全程顾问销售模式，在了解顾客的需求和问题之后，为其介绍、推荐量身订做的配套产品，被业内人士称为对品牌有忠诚度的消费群体的消费天堂。

2. 概念店的特点：概念店依赖的是如艺术品般的精心安排，产品和各式展具、家具混合在一起，营造出的效果只有在激进的美术馆才能看见。人们从设计中看到不同美学观念之间的碰撞，人们的传统期待被颠覆，在新的叙述手法中，时装获得了人们对它的首肯。

四、心得体会

任务 8　临时店（Guerilla Stores）

一、知识准备

　　Guerilla Stores 是指非正规的、游击式的店，一般称为临时店或游击店。临时店是在有限的时间临时的地点完成销售目的的建筑空间，它可以试探零售市场的情况，以确定未来的发展策略。在欧洲，临时店是一种被普遍采用的销售形式，初出茅庐的服装设计师因为资金和精力所限，试图进入百货公司系统的计划因门槛高昂而屡屡受阻，寄卖则受众面有限，不可能开设属于自己的专门店，只好与他人合作，由他人提供场地，暂时性地展示和售卖自己的作品。

　　若要追根溯源，Bless 是临时店的开创者。实际上，在所有的临时店中，大部分都只能达到扩大认知度的目标，想以此获得商业上的巨大利益非常困难。将游击店这一形式发挥到极致并取得卓有成效的利润者，当然首推川久保玲，川久保玲把开游击店当作一个减少库存的好方法，用很少的钱开店（据 CDG 官方提供的数据，每家游击店的开设成本平均只有 1000 欧元），卖掉很多过季和积压货品。2004 年 2 月，川久保玲在柏林开设了第一家临时商店，当时也被称作"游击店"或"宣传店"。随后，巴塞罗那、赫尔辛基、新加坡、斯德哥尔摩、卢布尔雅那以及华沙相继出现了这种类型的商店。这些临时性商店通常坐落于非商业区，由于缺乏高级的设备，其销售的商品大都摆放在架子或矮桌上，这与超重商主义的城市中心形成了鲜明对比。该奢侈品品牌宣言表明："临时商店的选址是根据品牌感染力、品牌的历史背景以及非商业地区的环境和其他有趣的特征所共同决定的。"

　　位于柏林的这家临时商店具备折扣店应有的所有特征。该奢侈品品牌宣言所蕴含的理念得到不断的推广与发展，最终只保留了部分游击式营销特征，进化成了一家拥有独特营销准则与体系的真正的概念店。此后，诸如依云水（Evian）、威格（Wrangler）、GAP、诺基亚（NOKIA）、李维斯（Levi's）、路易威登和塔吉特（Target）等许多其他品牌也开始采用游击式营销策略，但是由于缺乏适当的考虑、照搬照抄，它们不过创建了一个能够短期加强其品牌价值的活动，而未形成真正的概念店。

　　为了使奢侈品品牌更好地利用游击式营销策略，我们可以将临时店营销按其功能进行如下分类：

增强品牌稀缺性的策略：这是奢侈品品牌的一个特权。在过去的十年中，各大奢侈品品牌的商品种类呈迅速增加趋势，有效地扩张了其拥有的消费者群体的同时，也失去了其应有的吸引力：这些品牌认为商品定价和形象加强足以保持其在消费者心中的奢侈品地位，但它们显然忽视了作为奢侈品应具备的基本条件，即稀缺性。游击式营销所陈列的独家珍藏商品是一种重塑品牌稀缺性的有效策略，而路易威登充分认识到了这一点：于2008年9月4日至12月中旬设立于东京川久保玲的路易威登临时商店向消费者展示了一系列六款限量版手袋。

进入新市场的策略：川久保玲"游击店"的情况便是如此。塔吉特也采纳了这一思想，并在诸如纽约、芝加哥等许多大城市设立了其称为"靶心集市"的临时商店。这些商店以"物美价廉"为特色，销售由知名设计师设计的限量版商品，彰显了其奢侈品品牌的稀缺性。

测试全新营销理念的策略：宝洁公司（Procter & Gamble，P&G）与Look Fab工作室在加拿大联合创办的流动临时商店便采用了这一理念：宝洁公司将包括潘婷（Pantene）、封面女郎（Cover Girl）、玉兰油（Olay）、佳洁士（Crest）、维纳斯（Venus）等品牌的所有美容产品在展销会中进行推广，并邀请美容专家为消费者提供免费的、无附加产品的护肤以及彩妆顾问服务。这种全新的集全球宝洁产品于一体的营销理念能否成为未来零售商店的先驱呢？让我们拭目以待。

发布新商品的策略：笔者认为，通过临时商店宣传新商品是极其常见且普通的一种形式。某个品牌在发布新商品时，如果不举办新闻发布会或全民活动，通常会设立一个临时商店，吸引消费者并让消费者自行发现品牌的新品种。例如，GAP为了发布其1969版高端牛仔系列，曾于2009年4月开始在旧金山进行了为期5个月的游击式营销；此外，酷乐视（Glaceall）也曾在纽约开设了为期10天的临时商店来推广维生素水10。

除了初出茅庐的设计师偏爱"临时店"的商业空间，一些传统在线销售的品牌，为了给顾客提供丰富的体验，也开始利用"临时店"空间的特点大张旗鼓。临时店所特有的"乐趣与刺激"会使得消费者有更多的理由前往光临。最时尚奢华荣耀的法国南部蓝色海岸城镇圣特罗佩，成为高级时装品牌Lanvin、Chanel和Louis Vuitton的市场试验。香奈儿限时精品店于库尔舍韦勒（Courchevel）的"Chalet de Pierre"酒店揭幕。这间惊艳呈现的精品店将阿尔卑斯山的景色与香奈儿的标志性象征融为一体，运用建筑材料打造的极简主义空间内陈列着香奈儿的最新系列（见图4-11）。

图4-11　香奈儿限时精品店于库尔舍韦勒（Courchevel）的"Chalet de Pierre"酒店揭幕

2008年11月15日，798艺术区内的706厂第三展厅，服装设计师张达的个展"穿"开幕了。同时开幕的还有位于展厅二楼的小小"临时店"。把它叫作"店"或许有些夸大其辞，来参加开幕式的宾客多把注意力放在了在白色弹力布条之间穿来穿去观看展品上，而没有注意到二楼展台上那张朴素得有点简陋的A4白纸。纸上写着三行字："T恤：500元；半裙：980元；裤子：800元"。对于一直以寄卖方式出售自己作品的张达来说，这次尝试具有特殊意义。这是第一次，他的作品在单独属于自己的空间里被展示和出售，虽然只有短短一个月的时间。然而对于临时店的效果，张达的预期却非常谨慎和保守。"想通过这家店立刻赚到钱是不可能的。我只希望通过这家店，能让更多的人认识我的品牌，获得更大的认知度。"张达也深深折服于川久保玲独特且行之有效的经营之道，这位特立独行的设计师不仅在设计上别出心裁，在经营上同样独领风骚。而这，也是中国设计师们需要学习的。看来设计师需要学会的，不仅仅是设计本身而已（见图4-12）。

图4-12　张达30天的临时店

快闪店，由"POP-UP Store"翻译而成，指品牌为营造话题和打响知名度而开设的临时店，可以在短期内聚集尽可能多的消费者。全球第一家快闪店于2003年在纽约成立，由市场营销公司Vacant的创始人Russ Miller创建，销售限量的Dr.Martens鞋履。2004年，日本设计师川久保玲开设的Comme des Garcons快闪店使该模式迅速走红。在零售环境发生巨变的大背景下，奢侈品品牌不再一味地扩大门店规模，而是投资于快闪活动和快闪店的打造，以新产品为核心话题打造限时活动，从而为消费者营造兴奋感和独特性。2019年以来，各大品牌纷纷加大投资力度，对快闪活动及快闪店做出规划。早在4月份，Louis Vuitton就透露了将在2019年开设100家快闪店的计划（见图4-13）。著名奢侈品集团历峰也于近期推出了"Arcadium"沉浸式快闪体验活动。接连不断的快闪俨然已经成为新潮流，快闪店开始晋升为各大品牌打破零售困局的秘密武器。

图4-13　路易威登成都太古里快闪店

图片来源：www.1shi.com.cn

临时店的特点：不确定性、时效性是规避风险的举措，空间变得若即若离，在稍纵即逝中，加强了人们对之的包容心和忠实度。

二、学习活动

开展某品牌临时店的实地调研，采集和分析信息，按照表4-10所列调研项目完成调研并形成调研报告。要求如下：

（1）每一个团队在实训过程中既有分工，又有协作，对每个人在实训中担任的角色，需要制作任务分配表附在实训报告最后一页。

（2）完成规定调研项目，字数不少于1000字。

（3）实训报告格式要规范并且按时上交。

（4）实训报告中必须有实地调研的照片等资料。

（5）严格按照实训背景规定的内容开展实训活动，严禁抄袭。

（6）不能对同一家门店开展调研活动。

（7）组织一次全班的讨论，完成考察的个人或小组在全班宣读实训报告。

（8）相互评价，选出2~3份优秀的实训报告，老师做出讲评。

表 4-10　　　　　　临时店调研表格

品牌	
创立时间	
总部地址	
创始人	
品牌线	
核心业务	
目标消费群	
地址	
周边同业态店铺	
客流量	
店铺特点	

三、要点归纳

1. Guerilla Stores 是指非正规的、游击式的店，一般称为临时店或游击店。临时店是在有限的时间临时的地点完成销售目的的建筑空间，它可以试探零售市场的情况，以确定未来的发展策略。

2. 临时店的特点：不确定性、时效性是规避风险的举措，空间变得若即若离，在稍纵即逝中，加强了人们对之的包容心和忠实度。

四、心得体会

任务 9 免税店（Duty-Free Store）

一、知识准备

免税店（Duty-Free Store）是指经免税店所在国海关总署批准，在该国授权部门批准的地点，由经营单位设立的符合该国海关监管要求的销售场所和存放免税品的监管仓库，向规定的对象销售、供应免税品的企业。免税店一般设立在出入境的口岸机场、港口、车站等处，主要针对已办完出境手续（边防验讫、海关检查）即将登机、上船、乘车前往他国的旅客，向他们免税提供世界各地具有特色的精致商品。其中，经营成熟的机场免税店是世界免税市场中最主要的销售渠道，其销售额约占世界免税市场的45%左右。

免税品销售业务是各国普遍开展的一项业务，主要是为了满足国际旅客途中购物的需要。每个国家的免税店根据所在国免税政策的不同，其购物方式也有所不同。各国的免税店都集聚了众多奢侈品品牌。比如在美国，各州政府和地方政府自行制定本辖区的税收规定，不同地区的税种、税率不尽相同，免税业相关政策也各不相同。美国免税店购物免征销售税和关税，免税店只能设立在免税品购买者离开美国关税区的同一口岸，或者在其出境位置的25英里之内。在欧盟，免税政策主要根据欧盟增值税零售出口体系（VAT Retail Export Scheme）统一规定，非欧盟成员国公民在欧盟境内购买商品，在离开欧盟时可申请退税，成员国据此制定了各自的具体执行办法。在日本，免税店主要是机场免税店和市内免税店。根据日本现有消费税法有关规定，对于持短期签证来日的外国人，在经批准设立的免税商场一次性购物达1万日元以上，可凭短期来日签证和护照，免除或退还5%的消费税。在韩国，凡不属于"国家禁止进出口类商品"的，均可按有关规定申报为免税产品。韩国免税的税种范围包括进口关税以及附加价值税、特别消费税、教育税等所有国内税，税率因商品而异。关于免税品购买额度，韩国对外国人不设限，对本国人限额为3000美元。

自从1947年爱尔兰香侬国际机场免税店开业，标志着现代免税业的开始以来，免税购物开始在世界各地普及，20世纪50至60年代，免税购物进入亚太地区。受经济环境和政策影响，世界免税市场处于波动状态。自20世纪90年代中期开始，亚太地区免税业以高出全球免税业近3个百分点的速度快速增长，逐年摆脱欧美免税业影响，更多地呈现出鲜明的地区特征。亚太免税市场目前是全球增长最快的市场，并已从2000年起取代美洲，成为全球第二大免税市场。从全球角度看，世界免税业的重心正向亚太地区转移。居于亚太地区中心的中国，免税业影响力正迅速增强，市场规模逐步扩大（见图4-14）。与全球免税业市场相比，中国免税市场自1995年以来稳步增长，平均年增长率超过8%，大大超过全球3%的平均水平。

图4-14　首都机场日上免税行

图片来源：http://www.sohu.com/a/231110362_119706

在免税店中，奢侈品品牌的目标顾客为偶然性消费者以及出国旅游或工作的传统奢侈品消费者。人们可以在候机过程中，为家人、朋友或自己选购礼物。另外，对于奢侈品购买者来说，免税店向其提供了一个很好的享受折扣的机会。然而，采用免税店销售商品的不足之处在于有限的空间以及有限的商品。

表4-11从免税店运营商的角度解释了系统是如何运作的。当免税店的运营商以32欧元的价格买入它只有20%的利润率；出口价格和免税零售价的差异大多是支付给机场运营商的佣金。实际上，机场有两个主要收入来源：飞机的起落停放费和免税佣金。在许多情况下，后者提供给机场一半以上的收入。

表4-11　免税店运营商的价格结构

类别	总量	百分比（%）
机场零售	80	100
机场佣金	32	40
运营商利润	16	20
出口价格	32	40

免税店的特点：消费者可以在这里买到税前的价格，缺点是免税店的商品大部分不是最新款式，而且种类有限。

二、学习活动

通过查阅资料开展某品牌免税店的调研活动，采集和分析信息，按照表4-12所列调研项目完成调研并形成调研报告。要求如下：

（1）每一个团队在实训过程中既有分工，又有协作，对每个人在实训中担任的角色，需要制作任务分配表附在实训报告最后一页。

（2）完成规定调研项目，字数不少于1000字。

（3）实训报告格式要规范并且按时上交。

（4）实训报告中必须有实地调研的照片等资料。

（5）严格按照实训背景规定的内容开展实训活动，严禁抄袭。

（6）不能对同一家门店开展调研活动。

（7）组织一次全班的讨论，完成考察的个人或小组在全班宣读实训报告。

（8）相互评价，选出2～3份优秀的实训报告，老师做出讲评。

表4-12 _____免税店调研表格

品牌	
创立时间	
总部地址	
创始人	
品牌线	
核心业务	
目标消费群	
地址	
周边同业态店铺	
客流量	
店铺特点	

三、要点归纳

1.免税店（Duty-Free Store）是指经免税店所在国海关总署批准，在该国授权部门批准的地点，由经营单位设立的符合该国海关监管要求的销售场所和存放免税品的监管仓库，向规定的对象销售、供应免税品的企业。

2. 免税店一般设立在出入境的口岸机场、港口、车站等处，主要针对已办完出境手续（边防验讫、海关检查）即将登机、上船、乘车前往他国的旅客，向他们免税提供世界各地具有特色的精致商品。

3. 免税店的特点：消费者可以在这里买到税前的价格，缺点是免税店的商品大部分不是最新款式，而且种类有限。

四、心得体会

项目五　奢侈品店铺的选址管理

教学目标

知识目标：

1. 了解零售店铺选址的影响因素；
2. 掌握零售店铺选址策略、方法和决策分析；
3. 区分一般品牌店铺选址与奢侈品店铺选址的异同；
4. 掌握奢侈品店铺选址的条件和分析方法。

技能目标：

1. 能根据零售店铺选址的相关知识进行一般零售店铺的初步选址分析；
2. 能根据奢侈品店铺选址的相关知识进行奢侈品店铺的初步选址分析。

案例与思考

全球奢侈品门店数量出现负增长，中国关掉的门店最多[1]

实体零售业的低潮也蔓延到了奢侈品行业中，即使有着独特的购物体验，还是挡不住关店潮。但最令人意想不到的是，在过去一年里这些大牌关掉的门店中，数量最多的却是被视为奢侈品最有潜力的市场之一，中国。

投资调查公司 Bernstein 最近发布了一份题为《门店之战》的报告，他们跟踪了包括 Burberry、Saint Laurent 和 Céline 在内的 36 个奢侈品品牌约 7000 家门店，调查结果表明，从 2016 年 7 月到 2017 年 7 月期间，这些品牌在中国净关闭门店数量（关店总数与新开店数量之差）达到了 62 家，其中，Burberry 和 Dunhill 是在中国关店最多的品牌。

Bernstein 认为出现这一趋势的原因在于奢侈品品牌在过去几年里在中国的盲目扩张。报

---

[1] 资料来源：https://www.ifanr.com/920307。

告指出，中国奢侈品市场的高速发展给奢侈品品牌造成一种错觉，使得他们在中国的计划变得不切实际，开店数量超出了市场的实际消费能力。同样的情况也出现在中东地区，那里也是近几年新兴的奢侈品市场之一。

而从全球的情况来看，奢侈品行业的确遇到了一些问题，其线下门店数量首次出现负增长。还有，值得注意的一点是，在关掉的门店中，有不少位于百货公司，而这一传统渠道贡献了奢侈品品牌们在全球1/3的销售额。

不过，对于奢侈品行业来说，中国市场的关店潮不完全意味着坏消息。报告指出，事实上中国市场还有不少未被品牌发掘的潜力。比如从购物习惯来看，中国消费者就明显有别于西方人群，他们更喜欢前往一线城市的高端实体店购物。

此外，线上购物也是中国奢侈品买家们的一大消费行为特点。奢侈品品牌们显然也注意到了这一趋势，最近几年不少品牌都开始进军电商领域，以入驻天猫或京东居多。

总之，LV、Gucci等奢侈品品牌既不能盲目乐观，也无须太悲观。

请思考并回答以下问题：

1. 为什么奢侈品门店在中国关掉的最多？
2. 奢侈品门店如何合理选址？

任务1 一般零售店铺的选址管理

一、知识准备

（一）零售店铺选址的影响因素

零售企业的存在与发展是以追求最高商业利润为目的的，这是零售企业店铺选址于布局的经济原则。零售业选址更是一项长期的投资，是直接影响企业利润的决定性因素。在当今竞争激烈的零售市场上，"门店"二字不仅仅代表店铺装修的水准，更包含了店铺所处地段的优劣与否的含义。以下六个主要因素影响零售店铺的决策：

1. 商圈选择

零售也是一种地利性产业，商圈的研究非常重要。商圈，是指以零售店所在地为中心，吸引顾客的辐射范围。商圈主要构成部分包括商圈构成、商圈形态、商圈规模及客流量。

（1）商圈构成

商圈一般是指以零售店为中心向四周展开的同心圆形，它由核心商圈、次级商圈和边缘商圈组成。

（2）商圈形态

商圈形态一般可区分为商业区、住宅区、文教区、办公区和混合区。商圈形态并非单一的，因此应注重多元化的交叉分析，尤其在城市化水平较高地区。

（3）商圈规模及客流

商圈规模是指零售店在同一区域的分布的多少以及对客流的吸引力。有时大规模商圈与所吸引的客流量是成正比的。

2. 消费对象选择

消费对象的选择，对于零售店的发展相当重要。这里选择三个要素进行分析：

（1）年龄

消费对象的购买力是随着年龄的增长而提高的，直至达到一个高峰而下降。可以说消费者的年龄周期理论对于零售店的发展是重要的，我们应加以认真研究。

（2）学历

如今很多零售店把吸引白领消费作为营业增长动力，其主要原因在于白领大都受过高等教育，其收入相较于其他职业的从业人员有吸引力。

（3）消费习惯

思维决定行为，行为决定习惯，习惯决定性格，性格决定命运。因此，对于消费者的消费习惯的调查也是零售店发展的重要考量因素。比如，美国消费者习惯于周末大采购，节假日折扣采购。对于平时工作日而言，零售店需要制定相应的策略来吸引消费者。

3. 交通状况

交通状况是影响零售店选址的一个重要因素，它决定了企业经营的顺利开展和顾客购买行为的顺利实现。

（1）到达便利

到达便利是指顾客到达零售店的容易程度，对于顺利进行购物具有决定性作用。

（2）货物配送便利

零售店的经营是建立在强大的物流体系上的，便利的物流配送是企业降低运营成本、提高收益的另一有效途径。

（3）基础设施便利

消费者在零售店购物之后需要其他的娱乐性活动，这个因素对于吸引消费者而言也是相当重要的。

4. 成本

零售店的收益的多少与其成本的控制有密切的联系。

（1）用地成本

零售店的选址牵涉到一项重要成本就是用地成本，现如今大城市中的商业地产的价格增速过快，不管对购买或者租赁而言，都是相当大的一笔开销，而且存在很大的风险。

（2）营运成本

零售店在日常的营业中所要支付的各项成本也是比较大的开支，比如物业管理费用、水电费等。

（3）雇佣成本

零售店对于增加城市就业具有相当大的裨益，但是其高昂的雇佣费用也不容忽视，当今的企业竞争就是人才的竞争。

5. 收益

在关注成本的同时我们也应考虑投资的收益。

（1）购物中心盈利模式

通过将自身打造成区域内的购物中心，可以最大限度地吸引客流，通过一站式购物消费模式提高销售额。

（2）自有品牌产品销售模式

借助消费者对自有零售品牌的熟悉，销售自有品牌产品。这样可以最大限度地降低产品成本，获得更高的利润收益。

（3）投资商业地产模式

这一模式具有一定的投机性，通过竞标或并购的方式获得土地经营权，然后以出租或是出售的方式获得土地升值的收益。

6. 客观环境

任何事物都离不开客观环境的影响，零售店的发展同样离不开市场发展潜力、城市规划和竞争对手等客观环境的影响。

（1）市场发展潜力：一个市场有其饱和程度，在未达到这个饱和程度之前，市场的发展潜力度对于零售店的圈地开店发展具有很大的影响力。

（2）城市规划：零售店选址需要与城市规划相协调一致，这样可以由政策主导带动零售店选址地区的商业发展，吸引消费者。

（3）竞争对手：一个行业要发展，竞争对手对其发展很有促进作用，有竞争才有发展。但是当一个地区的竞争对手已经发展成熟且布局形成后，后来者再要进入发展就显得相当困难。

总而言之，在选择店址的过程中要对以上因素进行实际调研，详细收集资料，并做到具体分析，了解所有相关的可能性。不仅考虑现状，还要了解未来的潜在的发展及变化，尤其是了解城市长期规划、交通市政、公共设施等，每个因素都决定着这个店址选择的是否成功，是否能为企业长期的发展奠定基础。

（二）零售店铺选址策略

1. 选址前准备要充分

在真正开始选择开店之前，要做好充足的准备工作，包括了解自己和制订开店计划。充分了解自己是指自己品牌的市场定位、商品结构、日常运营水平、人员配备等条件需要配备到位，才可开始着手店铺的位置选择。制订开店计划是指选择某个具体店址前要有一个整盘的计划，如全年要开多少家店铺、分别分布在多少个城市、货品采买、物流配备是否可以满足，这是零售企业在制定长期战略时必须考虑的因素，也是选址前必须确定的资讯。

2. 制定开店的类型及选址零售业态

店铺类型主要有三大类，连锁专卖街边店、大型商场百货店柜、独立店柜。商家需根据自己品牌产品及陈列的要求，先制定开店的类型。例如美特斯邦威、佐丹奴这种中低价位的休闲服装店铺多数会采用专卖店街铺的形式或是独立店柜，因为其产品品类较多，价位较低，营业额偏低需要营业面积较大，所以不太适合在百货店内设立专柜。再如耐克、阿迪达斯这样的一线体育品牌就不会有太大的限制，因为其销售额稳定，店铺形象突出，品牌号召力强，连锁街面店，独立店铺都很适合，除此之外，百货专柜也愿意给其足够大的面积来提升商场的平米效益及知名度。

3. 商圈位置的选择及评估

通常而言，商圈的地理条件较为复杂，零售店铺选址时要对基本顾客构成及其生活状态、交通情况、公共设施、停车空间等做全面的实地调查了解。商圈的调查项目可以归纳为四个大的方面：消费者特征、竞争者状况、交通状况和公共区域。

（1）消费者特征

消费者特征包括商圈的覆盖面积；设店地点的人数、密度及家庭户数；该商圈消费者的增加率、流失率及流动状况；商圈内消费者的年龄和性别比例；商圈内消费者的职业结构、收入水平和消费习惯。

值得注意的是，对传统商业圈和城市核心商业圈来说，消费者调查的重点是针对流动的顾客，而不仅仅是当地的居民。对于区域型商圈及社区型商圈来说，调查目标就是当地的居民。

（2）竞争者状况

竞争者状况包括竞争店与本店的相似度和差异度；竞争店的主导商品和价格；竞争店的店面装潢和服务水平；竞争店的地理位置；竞争店的销售状况。适量的服饰店聚集在一个商圈能制造"人气"，并能相互刺激销售额的增长。例如，上海襄阳路服饰市场聚集了大量的独立服装店铺，形成了庞大的市场规模，从而吸引了众多顾客。但是，太多类似的竞争聚集者容易造成生意一边倒的局面。所以，对商业圈内竞争者状况的了解是不容忽视的。

（3）交通状况

交通状况包括道路情况；公共汽车、地铁等公共交通工具的路线及频率；主要车站的上下车人流量；停车或行人的方便性；车辆的流向与流量；行人的流向和流量。

商业圈的交通状况直接关系到商店的可接近性和可光顾性。首先，店铺的位置应该容易到达。但是，如果面对的道路有多个车道或是大型的交通中转站，虽然客流量很大，但人们往来频繁，不能营造出让人安心购物的环境。所以，对于中高档服装店来说，这里不是理想的开店位置。如果需要过宽大的马路才能到达店铺的话，那么无形中使之与商业圈割断开来。店铺前道路很宽，很难营造出招徕顾客的热闹嘈杂的氛围，所以，店铺前道路宽度最好为 6～8m，宽到 10m 也可以，很多有名的商业街基本上都是这种宽度。通常，街角即在道路交叉位置是设立商店的极佳选择。因为这种地方是多条道路行人汇集处，不仅路过店铺前的人多，而且道路较宽，从稍远的地方就可以看到，并且街角店通常可以设两个出入口，方便顾客的进出。

另外，行人的流向也很有讲究。根据调查显示，在商业街朝向车站一侧行人的步伐频率较快，所以，靠这一侧的商店适宜经营可以快速购买的商品，如快餐、小吃、报纸杂志等。相反，朝向住宅区一侧的行人常常漫步观赏购物，所以，比较适合设需时间选购商品的商店，服饰店就适合设在这一侧。

（4）公共区域

公共区域包括住宅区的状况及分布位置，商业建筑的状况及分布位置，公共设施的状况及分布位置，未来公共及私人的建设计划，公共区域的安全状况和管理职责部门。

公共设施和公共区域的发展也要纳入考虑范围。城市建设使得一些商业圈兴衰的例子比比皆是。有的街道加宽成为快车道后，会导致生意冷落许多。相反，某些冷清的街道，由于政府的推动或大机构的迁入而立即繁荣起来，变成新的商业圈。因此，服装零售商在选择店址的时候要有预见性和远见性。

4.购物中心或百货商场购物气氛调查

零售店铺是通过店铺设计、陈列和服务等来传递品牌的形象、档次及定位。这些较抽象的表现是需要通过一些具体的手段或道具才可表达出来。当某件衣服或饰品单独摆放时很难传递某种信息，只有成套的陈列，加之合适的家具或是店铺的物料，包括音乐，店铺才会营造某种氛围。百货商场更是如此，品牌的组合布局，商场的装修，都在向消费者传递着某种信息或定位。

其次，随着市场的扩大，商场之间的同质性越来越高，如何在众多商场中脱颖而出便是商家的功力体现，如良好的装修、柔和的灯光、宽敞的购物环境，这些都可激发消费者的长时间逗留，从而增加购买概率。再如，在服装模特的陈列或橱窗展示，营造出的故事性或是生活氛围，很容易使消费者在这种氛围中潜移默化地把自己同眼前的情景或服装联系起来，促进购买。通常情况下，顾客发现适合自己的服饰形象，会萌发模仿和尝试的念头，从而产生购买动机。特别是一些冲动消费类型的顾客，会马上购买。因此，视觉陈列和商场所营造的氛围都是可激起消费者购买欲望的导火索。许多服装商和百货商店通过精心的设计，构建出令人兴奋并具有品牌辨识的购物环境。例如，Gucci，LV等奢侈品品牌就决定了其所需要的购物氛围，要高档，不经常打折，消费者具有较高的收入或购买力，所以这些品牌在商场的选择上必须谨慎，必须符合自己品牌的定位，否则会对品牌的形象、价值感产生负面影响。又如耐克城独特的店铺设计：位于芝加哥密歇根大道的耐克城（Nike Town）被建造成一个艺术和娱乐中心，模仿纽约现代艺术博物馆在天花板上悬挂着摩托车，屋梁上悬挂了一个真人大小的骑着山地车的人的模型；在篮球区，是一幅耐克的代言人超级球星迈克尔·乔丹在篮球场上跑动的画面，扬声器中还发出运动鞋与地面摩擦的吱吱声，令人产生身临其境之感；在泳装区，一个巨大的鱼缸镶嵌在墙面上，顾客可以观赏海洋动物和相关录像。虽然在耐克城出售的商品从来不打折，但通过其独特的店铺设计，耐克城每周都要吸引大约5000名参观者，甚至有的周末，顾客要等待一小时才能进入商店。耐克城已成为芝加哥最具吸引力的消费场所。

5. 店铺具体位置的选择

零售店铺选址是一门艺术，就算商圈选址正确，也未必能达到企业预期的销售额，因为在商圈内确定自己店铺的具体位置也是需要技巧及丰富的实战经验的。例如大型的购物中心中有上百个店铺位置，怎样选择最适合自己品牌的位置？位置有优劣之分，比较好的位置一般会给一线或是品牌号召力强的店铺，租金条件也要高一些，所以，零售商要仔细地衡量可供选择的位置。在条状购物中心里，位于中间和靠后的店铺位置会比靠最前的位置好。因为顾客一般都有"货比三家"的心理，在前面的店铺有先看看的态度。在多层型的购物中心，1~3层较上层好，租金也会相应高些。另一个注意事项是观察附近的商品组合。前面说过，适量竞争者的聚集反而能够促进销售。经营附近商品的互补商品也是个明智的决策。例如，在一家高档的晚礼服店旁边，可以开设首饰店、香水店、高档内衣店和高档鞋店。而在男正装附近，可以开设男衬衫、领带和袖扣店等。或是"傍人款"也是个高明的策略，如挨着某些品牌号召力较强的店铺，这样客流就会相对比较稳定。

即使足够好的零售商也必须把商店开设在合适的地方，否则就要冒很大的风险。因此，为了确保零售店运作的成功，零售商应该把选址作为所有要考虑的策略因素中的首要因素。商店位置会对其他策略，如商店的规模、店铺装潢等产生巨大的影响。选址是一个数据分析和细节分析的过程。不管是在市中心商业圈，还是在郊区，不管是开设第一家店铺，还是增开新的店铺，在它附近必须有数量充足的购买者，店铺位置要容易到达并方便零件商或供应商供货，入口必须醒目等。另外，顾客对店铺的感受和在店铺中的购物体验会直接影响他们的购买决策。特别是购物体验对消费者的影响甚至超出了商品质量、类型和价格水平等因素的影响。加上现代零售业已经发展到了很高的水平，无论是商品的种类、数量、设计，还是宣传促销的手段，都达到了极为丰富的程度。大多数顾客在购物的同时，特别是购买服装和饰品时，会把欣赏琳琅满目的副食品作为一种乐趣甚至是享受。所以，零售店铺位置的选择，店面的设计和装潢都愈来愈重要。

（三）零售店铺选址方法和决策分析

1. 零售店铺选址方法

零售选址技巧主要分为六大类，分别是经验／直觉法、因素表法／类推法／比率法、多元回归判别分析法、聚合分析／因子分析法、零售引力模型和专家系统／中枢网络。因素表法／类推法／比率法是产生和应用的最早的分析技巧，在此之前国外零售商更愿意依赖他们的经验或是知觉，所以零售选址在很大程度上应该说是一门艺术。到了20世纪90年代，越来越多的零售商逐渐意识到应该采用更加理性的分析方法来选址。而且随着计算机技术的广泛应用，零售商完全有条件将这些技巧在实践中有效地加以应用。这六大类技巧在应用时的主观性、花费的成本、使用的参数和数据的选取等方面有所不同，具体见表5-1。

表5-1 六大类零售选址技巧的区别

技巧名称	主观性	成本	技术要求	计算机和数据要求
经验/直觉法	4	1	1	1
因素表法/类推法/比率法	2	1	1	1
多元回归判别分析法	1	2	3	2
聚合分析/因子分析法	1	2	3	2
零售引力模型	1	3	4	3
专家系统/中枢网络	1	4	4	4

注：评分标准分为4级。其中1为程序最低，4为最高。

第一类经验／直觉法是主观程度最高的，它主要通过直觉和积累的经验加以判断。这也是我们所说的零售选址的"艺术性"所在。很多零售商对于店铺的购买和选址方面的判断都是依赖多年经验为主。虽然近年来对分析技术的应用大大增加，但是经验／直觉法仍然是最基本和应用最广的一种方法。不过值得注意的是，现在很多零售商已经将经验／直觉法和其他方法结合应用。

第二类中的因素表法是指应用因素表对众多的可选地点择优选择，而因素表是由零售商主观选出的对店铺的经营有影响的因素的列表（见表5-2）。通常会对不同的因素给以不同的权重。这种方法是我国目前较多采用的一类方法。对于影响选址的因素，有地理与环境分析，综合自然地理特别是人文地理的各方面因素。主要包括：人口统计分析、宏观经济条件分析、购买力和需求分析、饱和指数、竞争态势分析、文化背景分析和基础设施状况等。通过对不同店址的诸多因素的比较，就可得出最理想的店址。类推法是将未来可能选定的店址同现有的店铺作比较。比率法是对店铺的各种基本经营指标进行分析，如顾客交易量等。这类方法对数据和计算机的要求较低，所以成本相对较低。如果零售商要在经营区域内众多的地点中选出两个新建店铺地址，那么就可以用这类方法对众多可选地点进行评估，最终选出分值最高的两个地点。

因素表法的一般步骤

第一步，识别影响选址规划的主要因素；

第二步，根据影响因素的重要性，给每个因素赋予权重；

第三步，确定一个统一的分值，如100分；

第四步，对每一个备选地址的每一个因素给出评价分值；

第五步，将每一个因素的评价分值与其权重相乘，计算出每一个备选地址的每一个因素的加权评分值；

第六步，把每一个备选地址的所有因素的加权评分值相加，得到各个备选方案的综合评价分值，综合评价分值最高的地址就是最佳选址方案。

表5-2　因素表法算例

主要影响因素	权重	得分（总分100） 地点1	地点2	地点3	加权得分 地点1	地点2	地点3
邻近已有分店	0.10	100	60	90	0.10×100=10.0	0.10×60=6.0	0.10×90=9.0
交通流量	0.05	80	80	70	0.05×80=4.0	0.05×80=4.0	0.05×70=3.5
租金	0.40	70	90	80	0.40×70=28.0	0.40×90=36.0	0.40×80=32.0
店面大小	0.10	86	92	78	0.10×86=8.6	0.10×92=9.2	0.10×78=7.8
店面布置	0.20	40	70	80	0.20×40=8.0	0.20×70=14.0	0.20×80=16.0
运营成本	0.15	80	90	80	0.15×80=12.0	0.15×90=13.5	0.15×80=12.0
合计	1.00				70.6	82.7	80.3

第三类多元回归判别分析法对数据有较高的要求，如商店的营业额、商店面积和周边地区的特点。这类方法的计算机方面的技能要求更高，而主观性相对来说较低。这类方法可以应用在对现有的和待建店铺进行销售额预测等方面的分析。

第四类聚合分析/因子分析法的目的是把各类数据和变量分类，可以对所有的商店通过聚合分析而分成相似的小组或者通过因子分析找出能影响店铺收益率的因素。例如，可以根据不同的地理或者经营变量把现有的店铺分类。这类技巧尤其适用于细分和发展新的店铺模式等方面。但是这类方法对数据的要求较高，而且也需要相当高的数据方面的技能。

第五类是零售引力模型。这个模型最初是由美国的威廉姆·雷利提出的。雷利法则证明，两个城市对第三城市的贸易吸引力和两个城市的人口成正比和两个城市到第三城的距离的平方成反比。在雷利法则之后，零售引力模型又有一定的发展和补充。但这种方法的目的都是要量化顾客流动和周围的零售中心的吸引力之间的关系（假设条件是吸引力随着距离的增加而减弱）。现今的引力模型多用于在对店铺规模、形象、距离、人口分布和密度等因素分析的基础上预测商店可能的发展情况。而且这种方法的趋势是对可能情况的预期分析，例如，对竞争对手在某一地点开店的影响的评估，或者通过对店铺选址和产品类别之间的关系研究来为某一店铺选定合适的商品品种。这一模型涉及大量的数据和计算机应用，而且成本和时间的耗费也相对较大。

第六类专家系统/中枢网络是随着计算机技术的发展而发展起来的一种最新的方法，因此它的基础是强大的计算机能力，技术和成本方面的要求最高。主要是在总体战略和次级战略的制定方面发挥作用。对于大型零售商来说，他们可以应用专家系统/中枢网络来对大量的新的待选店址进行分析。专家系统/中枢网络可以显示待选地址的未来发展趋势。

2. 零售店铺选址决策分析

零售选址是一个复杂的决策过程。零售商应该把选址战略和企业的整体战略结合起来。也就是说，零售选址不单单是一个独立的决策，而应像其他营销组合一样需要从战略的角度进行分析。图5-1给出了选址的决策过程。

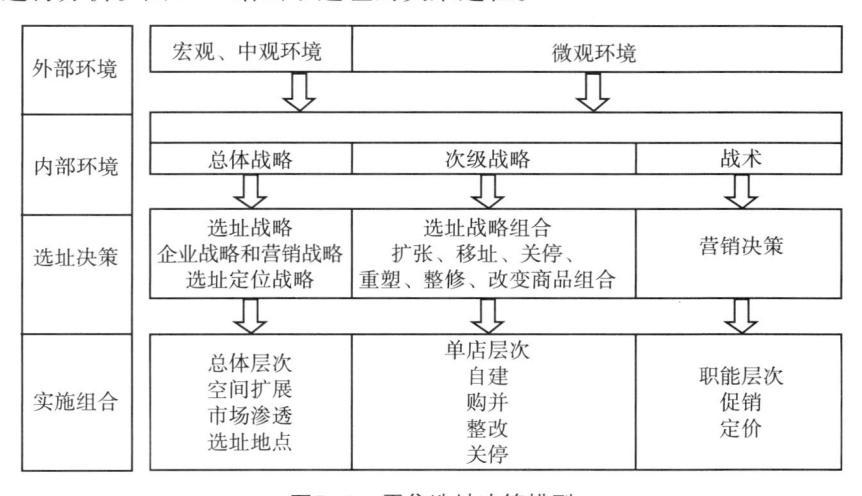

外部环境	宏观、中观环境	微观环境	
内部环境	总体战略	次级战略	战术
选址决策	选址战略 企业战略和营销战略 选址定位战略	选址战略组合 扩张、移址、关停、 重塑、整修、改变商品组合	营销决策
实施组合	总体层次 空间扩展 市场渗透 选址地点	单店层次 自建 购并 整改 关停	职能层次 促销 定价

图5-1 零售选址决策模型

这个选址决策模型是由英国的赫南德兹提出的。它为在选址决策中的各种技巧的使用提出了一个很好的框架。这个模型有四个组成要素，即外部环境、内部环境、选址决策和实施组合。这四者之间是彼此联系的，选址策略是在外部环境和其影响下的内部环境的共同作用之下而发展形成的。实施组合就是选址决策的具体化结果。选址决策和实施组合对应的总体战略、次级战略和战术也各分为三个层次。从某种意义上来说，这个模型暗示总体战略制约次级战略，同时次级战略也影响战术层次。

宏观环境也叫社会环境，是指零售商店所处的多种的政治、经济、社会、技术和人文环境。但由于宏观环境的范围较大，对零售商战略制定的影响不太显著。该模式引用了中间环境这一概念。它比宏观环境范围更小，而且直接或间接地影响企业的战略制定和实施。这些战略主要是总体战略，如零售商店的增长率和利润目标、市场份额目标、市场渗透率以及选址战略等内容。这其中的零售企业的选址战略植根于企业战略和整体营销战略。而且在这一层次的选址决策的重点涉及产品组合、单店规模和选址的类型和发展战略。而与该层次相对的实施组合也是总体层次的，如企业的空间面积，某一市场的渗透程度和有利地点选择。

总体战略的目标要通过实施组合中单店的良好运作来实现。而单店的表现如何在很大程度上依赖于选址战略组合的制定情况。选址战略组合（6R）包括：

扩张（Roll-out）：开始新的店铺或者现有店铺的营业面积的增加。

移址（Relocation）：店铺由某一地点迁至另一更好的地点。

关停（Rationalisation）：关闭或者是转让单店。

重塑（Refascia）：通过更改店名或外观而改变店铺的形象。可以在多方面进行重塑从而定位与某一细分市场。

整修（Refurbishment）：对现有店铺进行装修。

改变商品组合（Remerchandising）：为满足顾客的需要而改变现有的商品组合。

选址战略组合（6R）的有效运用可以实现总体战略目标。例如，总体战略目标中的市场增长目标就可以通过扩张、整修等选址战略组合的选择，具体到选择实施组合的单店层次中的自建、购并或者整改等不同措施来实现。

随着连锁经营的发展、竞争的加剧，零售商需要对选址进行更科学的分析，而计算机技术和零售选址技术的发展，零售商可以借鉴上述六大类选址技巧进行更理性的分析，结合定量分析和定性分析，将定量分析法作为传统经验法的补充和修订，并采取科学的选址程序，无疑会取得更好的效果。

二、学习活动

实地调查商圈选择、消费对象选择、交通便利性、成本、收益、客观环境等因素，运用因素表法任选便利店、大型超市、快时尚服装店进行选址分析。按照表5-3～表5-5

所列调研项目完成调研并形成调研报告。要求如下：

（1）每一个团队在实训过程中既有分工，又有协作，对每个人在实训中担任的角色，需要制作任务分配表附在实训报告最后一页。

（2）完成规定调研项目，字数不少于2000字。

（3）实训报告格式要规范并且按时上交。

（4）实训报告中必须有实地调研的照片等资料。

（5）严格按照实训背景规定的内容开展实训活动，严禁抄袭。

（6）不能对同一家门店开展调研活动。

（7）组织一次全班的讨论，完成调研的小组在全班宣读实训报告。

（8）相互评价，选出2～3份优秀的实训报告，老师做出讲评。

表 5-3 _____便利店选址分析表

名称	商圈选择	消费对象选择	交通便利性	成本	收益	综合评价
便利店1						
便利店2						
便利店3						

表 5-4 _____超店选址分析表

名称	商圈选择	消费对象选择	交通便利性	成本	收益	综合评价
超市1						
超市2						
超市3						

表 5-5 _____快时尚选址分析表

名称	商圈选择	消费对象选择	交通便利性	成本	收益	综合评价
快时尚1						
快时尚2						
快时尚3						

三、要点归纳

零售店铺选址的影响因素有以下 8 个：零售商圈的确定、街道考察、客流规律、商业环境、街道的方向、城市规划、场所条件和法律条件。

零售店铺选址策略有：选址前准备要充分，制定开店的类型及选址零售业态，商圈位置的选择及评估，购物中心或百货商场购物气氛调查和具体店铺位置的选择。

零售选址技巧主要分为六大类，分别是经验/直觉法、因素表法/类推法、比率法、多元回归判别分析法、聚合分析/因子分析法、零售引力模型和专家系统/中枢网络。零售商可以借鉴上述六大类选址技巧进行更理性的分析，结合定量分析和定性分析，将定量分析法作为传统经验法的补充和修订，并采取科学的选址程序，无疑会取得更好的效果。

四、心得体会

任务2 奢侈品店铺的选址管理

一、知识准备

（一）奢侈品店铺选址的意义

对于奢侈品品牌而言，选址具有更重要的意义。奢侈品即一种超出人们生存与发展需要范围的、具有独特、稀缺、珍奇等特点的消费品。任何一种奢侈品在经过时间的历练之后，都形成自己特有的风格和文化内涵，对于店铺的选择也尤为谨慎，而奢侈品对于商业项目的考量也与普通大众品牌有所不同。因此，如何有效地对奢侈品品牌店的选址进行优化成为这些品牌商的共同目标。

奢侈品门店地址非常重要，它可以吸引客户，建立一个轻松的环境并鼓励客户付出高价钱。奢侈品单品牌门店是加强品牌力量和定位的方法，可以展示完整的产品线并对店铺美学有所贡献。奢侈品品牌在选址方面十分慎重，他们不仅注重选址条件是否符合奢侈品品牌的定位与品牌形象，同时希望能够在相对长的时间内保持对消费者的吸引力和影响力。

一些人可能认为，要吸引一家奢侈品品牌进入某栋物业，主要靠装修补贴、免租期以及其他各种优惠条件。但事实并非如此，奢侈品品牌在各地的扩展计划受其企业发展战略、年度计划、区域经营的影响，对开店进驻环境有极其严格的要求。

1. 一般品牌店铺选址

一般品牌在选址时首先要划定影响力范围——在距离5分钟、10分钟和15分钟车程的居民中各自有多少比例可以被吸引到自己的店铺中来，有时还要考察不同点的车流量，并且计算去往下一个特定位置的顾客人流。

其次，一般品牌还要考察可接近性和可到达性，必须考虑高速公路、桥梁、隧道等因素。竞争也是值得审议的议题，但是相当复杂。有人认为与竞争对手相邻将减少店铺地点的潜力。事实上，当两三个同行内的、同样名望的店在一起时，这一地点的吸引力的增加足以抵消一部分竞争劣势。

2. 奢侈品品牌店铺选址

奢侈品品牌也有自己的一套选址流程，但其最终定下某家店铺地址，并不是通过评测拉动力和贸易区域分析得出的。在所有指标中，品牌最为看重的指标是将要开店的目标城市的商业潜力。

实际上，可供奢侈品选择的城市和店铺并不多。在奢侈品行业，一旦选定一个城市，店铺在该市的位置就比较容易确定。每个城市都有一个奢侈品店的最佳地点。在巴黎，不是蒙田大道就是圣奥诺雷大街。在米兰，就数蒙特拿破仑大街、圣安德烈街、史皮卡大道和鲍格斯皮索街了。在香港，需要在半岛酒店、中环置地广场和太古广场之间作一抉择。在东京，抉择则出现在银座和表参道之间。在上海，最初唯一的选择是南京西路，2010年之后，改造成功的淮海中路才被纳入考虑范围。

除此之外，奢侈品品牌还很注重竞争对手："Cartier在某个城市开设了店铺，他们每天有n名客户进入商店。这些客户的数量对于Bvlgari或是Boucheron在那里开店是否有足够的潜力？"这就是奢侈品行业分析和讨论问题的大概方法。

当选定了某个城市，奢侈品首家店铺的选址工作就变得相当简单。因为只有一个地方可以去。然而，即使在这同一地方，从街的一边到另一边，商业潜力的差别可能很大。在巴黎圣奥诺雷大街，北侧街上的销售较好，南侧并不适合奢侈品品牌设址开店，但南北两侧的租金成本几乎完全一样。上海淮海中路也是如此，北侧高冷，南侧平民，因此奢侈品更偏爱北侧，时尚白领却常常扎堆南侧。

奢侈品有极高的拉动力，能将顾客吸引而来。但在选址中不能将宝全押在品牌自身的拉动力上。比如，在圣奥诺雷大街南侧和淮海中路南侧都开着一家Hermès旗舰店。如果坚持将店开在和Hermès旗舰店同一边而不论两侧人流悬殊，指望着光顾Hermès旗舰店的人会同时进入这一区域其他商店，那不免要失望。现实情况是，客户的注意力都集中在Hermès一个店面上，没有时间逛邻近的商店。因此，奢侈品选址工作的关键在于，当你决定选择在大街的这一边而非另一边，或者选择高端购物中心的二层而不是首层时，必须考虑到经过的人流，清楚自身品牌吸引力的系数，这样才能有一个大概的未来预期销售量。

现实情况当然更复杂一些。比如，每个品牌都想在大型零售地点拥有一个很大的门店，但通常这意味着它要付出更多的租金成本，以及要设定一个更高的盈亏平衡点和销售额水平。那么它有这么高的支付能力吗？或者，它能在这里轻易达到这么高的销售额水平吗？可是，如果房租成本一样，这家奢侈品品牌应该在最佳选址地点开一家小商店，还是在稍次地点开一家更大的店？这个时候是相信商业地产领域里铁打的定律"地点！地点！地点！"，还是相信自己的品牌吸引力系数以及拉动力地图？在整个选址过程中，奢侈品品牌会不断地面临艰难的抉择。❶

---

❶ 资料来源：http://www.efu.com.cn。

（二）奢侈品店铺选址的条件

1. 区域需求

任何国际知名的高端奢侈品品牌都有一个庞大的集团运作，拥有自身严格的流程和标准，故而，虽然面对中国庞大的奢侈品市场，其对新开店铺的态度也往往是谨慎的。而目前，中国奢侈品市场的消费额虽然巨大，但是却呈现出极明显的不成熟性，以北京为例，其目前的人均GDP水平远远比不上国际一线城市，因此购买和使用奢侈品成了少部分人的特权，相互攀比的心态严重，虚荣大于品位。这就更加促使高端的奢侈品品牌严格限制区域内的店铺数量，以免泛滥而降低了店铺的品质。故而，面对新开项目招商时，各大高端奢侈品品牌除了考虑诸多条件限制因素，区域内是否已经有足够的品牌店铺也成为制约选址的一个条件。

2. 购物环境要求

高端奢侈品的消费是极具目的性的高端消费，目标客户十分明确也相对稳定，主要集中在具有较高的收入水平且对高端奢侈品品牌有所认知的人群。有数据显示，全国奢侈品消费的客户，每年消费金额在20万元以上的数量占总客户数不到10%，但是这个目标客群却消化了中国50%以上的高端奢侈品市场。这也就是高端奢侈品的消费场所的需求与普通消费场所不同的地方，少量却有较强消费能力的客户是其主要服务对象，舒适、私密以及个性化的服务，是高端奢侈品品牌得以延续的主要原因。基于此，奢侈品品牌对于进驻商业项目有十分严格的要求。不仅是装潢风格和档次要满足高端奢侈品品牌的品位，项目的私密性和项目周边环境的舒适度对高端奢侈品品牌来说也是尤为重要的。

如今，各大奢侈品品牌越来越倾向于大面积的购物商铺，如LV需要2000m^2左右的大面积铺面，Fendi、Gucci都要求在500m^2以上的铺面，而顶级的奢侈品品牌的店铺又都要求店面必须设置在一层，这无疑对项目的体量已经是上层业态的布局提出了更高的要求。

3. 相邻店铺需求

对于高档奢侈品来说，所谓"门当户对"也是优先考虑的条件，周边店铺的档次会左右高档奢侈品品牌进驻商业项目的决定。行业内，普遍把拥有15个以上的国际一线品牌的商场定义为一级商场，拥有8个左右的国际一线品牌的商场定义为二级商场。一般来说，最顶级的奢侈品品牌通常只会进驻一级商场，这无疑增加了招商的难度和周期，若是一些二级商场一定要引入最顶级的奢侈品品牌，只有在租金、面积、装修等方面做出极大的利益牺牲才有可能。

4. 交通道路需求

高端奢侈品品牌拥有鲜明的"高端、窄众、精粹"的特点，其目标客户通常拥有较高的购买能力，在如今的中国，消费奢侈品的人群通常选用私家车出行，在这样的情况下，商业项目周边的公共交通网络通常不起到决定性作用，甚至过分发达的公共交通网络会带来大量的复杂人群，破坏项目周边的环境的安静和私密性，反而不利于高端奢侈品消费场所的运营。进而可知，对于高端奢侈品消费场所，道路的通畅易达性是极为重要的，配备充足的停车位也是高端奢侈品消费场所应该充分考虑并予以重视的问题，只有这样才能让目标客户享受高品质且快捷的服务。在北京，由于人口密度大，交通拥堵的区域，即便可达性强，也往往会让目标客户望而却步，这样的例子屡见不鲜。

5. 项目管理需求

如今中国商业地产的开发商还习惯套用住宅市场的模式，建成一个新项目之后，希望能迅速回笼资金，故而采用分割出售的方式，将业权分散，这种情况往往会降低项目的管理档次，使得运营出现问题。毋庸说高端奢侈品品牌，便是大众的知名品牌，诸如绫致旗下的四个品牌，都不接受小业权的商场模式，这就使得资金和招商之间出现矛盾。即便有些开发商不着急回笼资金，可以保持项目自持，统一管理，但是由于目前国内的商业地产起步较晚，普遍缺乏经验和专业团队，使得很多项目的实际管理无法满足高端奢侈品品牌的要求，造成即便有大量的项目，给出优惠的条件吸引高端奢侈品品牌进驻，但是很多顶级品牌仍苦于无法找到满足其项目管理需求的购物场所，而对选址踟躇不已。

从上述条件可以很明显地看出，高端奢侈品品牌在选址上有十分严格的限制条件，比如需要迅速布点，相对抢占市场份额的大众品牌来说，高端奢侈品品牌会谨慎很多。故而，一个新开发的商业项目，即便拥有良好的区域位置、交通条件、商圈氛围及足够的项目体量，开发商也不惜工本从项目的建筑风格、装潢档次及硬件配套进行包装，甚至舍弃利益免租免装修吸引高端奢侈品品牌，也不一定就能招商成功，甚至谈判人员的档次都是在行业内的默认规则之内。正是由于诸多条件的限制因素，近年来北京虽然商业地产项目层出不穷，高端奢侈品市场也日渐繁荣，但是真正将两者完美结合的商业项目只有大家耳熟能详的几家而已。

其实，高端奢侈品品牌并不如大家想象的那般光鲜靓丽，有数据显示，在欧美这样成熟的奢侈品消费市场，其大多数品牌都是支撑而非盈利，其所能给项目带来的宣传和形象的推广，由前车之鉴可知，也非绝对的保障。随着中国经济的高速发展，人们对奢侈品的消费也愈加趋于理性，市场的不断成熟，对于高端奢侈品的认识更为客观，在这样的形势下，为了配合市场，做一个项目的定位分析时，也应该更加客观和理性，不再一味盲目地追求高端和奢侈的定位。

（三）奢侈品店铺的选址分析

1. 区域选择

奢侈品的特殊性在于消费者不仅在本国消费，也会在国外购买：一个日本消费者可能在纽约购买爱马仕；一个法国公民可能在德国购买意大利香水；或者，一个瑞典人会在去加那利群岛的旅途中购买法国香水。这种消费者购买行为促使奢侈品品牌在世界各地开设直营店，以满足消费者需求。

如果某个奢侈品品牌未在美国、日本或法国设立直营店，那么它将失去一定的品牌影响力和消费者吸引力。例如，西班牙人宁愿买卡地亚或宝格丽的珠宝也不愿意买苏亚雷斯（Suarez）品牌的珠宝，因为他们知道，尽管苏亚雷斯在西班牙负有盛名，但在纽约和德国却无人知晓。因此，从这方面来讲，大型奢侈品品牌必须将目光锁定全球，避免受制于地域局限性。但是，奢侈品品牌仍可从地方性品牌入手，逐渐成长扩张，除非一开始就决定在国外发展。

奢侈品品牌在全球的分布情况如何呢？CBRE针对全球280家大众商品零售商及奢侈品品牌零售商展开调查，得到的结果见表5-6。

表5-6 280家全球零售商分布情况（一）

1	英国	58%
2	西班牙	48%
3	法国	46%
4	阿拉伯联合酋长国	45%
5	德国	45%
6	中国	42%
7	俄罗斯	41%
8	意大利	41%
9	瑞士	40%
10	美国	39%
11	比利时	38%
12	澳大利亚	38%
13	加拿大	37%
14	日本	37%
15	沙特阿拉伯	37%

资料来源：CBRE，全球零售年度报告。

奢侈品店铺分布与选址

这张表所反映的一些信息令人诧异。首先，美国拥有的奢侈品品牌并非位于全球榜首，而是排在阿拉伯联合酋长国之后，显然，阿联酋迪拜是奢侈品品牌的一个重要集中地。其次，西班牙在榜单中排在德国和意大利的前面，其拥有的奢侈品品牌数量几乎赶超英国，这是因为西班牙的租金价格比较低廉；而且，西班牙拥有两个几乎被所有奢侈品品牌锁定的城市，马德里和巴塞罗那。此外，与预期相去甚远的是，对于全球零售商而言，中国和俄罗斯比美国更受欢迎。

该调查样本中的全球零售商来自服装、鞋袜以及奢侈品零售行业。调查显示，奢侈品零售商平均分布于27个城市，而其他行业的零售商仅平均分布于14个城市。在总体样本中，40%的零售商在海外市场占有一席之地，并且，奢侈品品牌的这个数字应该更为可观。

此外，该项调查对品牌经理人如何实现与新兴市场的接轨以及如何做出开发新市场的决策进行了分析。可以发现，不同奢侈品品牌通常在同一时间进驻同一市场，这一现象可能是由新的奢侈品购物中心开业导致。例如，品牌经理人会等待一个合适的契机在阿根廷或越南开设第一家品牌商店，而当这个时刻来临时，所有品牌都会蜂拥而至。他们认为，即使这是一个错误的营销策略，也有许多其他品牌做伴，这就解释了跨国营销热浪的内在原因。

表5-7将全球零售商的分布情况按照主要城市进行了重新排序与整理。相较于表5-6而言，这张表看起来更加合理：每个城市所拥有的奢侈品品牌数量与其城市魅力及租金价格紧密相关。

表5-7 280家全球零售商分布情况（二）

1	伦敦	59%
2	巴黎	50%
3	纽约	47%
4	迪拜	46%
5	马德里	44%
6	莫斯科	42%
7	柏林	40%
8	慕尼黑	40%
9	巴塞罗那	39%
10	东京	39%
11	新加坡	38%
12	汉堡	38%
13	香港	38%

续表

| 14 | 米兰 | 37% |
| 15 | 北京 | 36% |

资料来源：CBRE，全球零售 2009 年度报告。

但是，零售商如何做出进驻某一市场的决定？在诸多城市的选择中其标准又是什么？Jones Lang Lasalle 开发了一个透明度指标，用以评估不同国家存在的零售店投资风险。在这个风险评估体系中，仲量联行测量师事务所（Jones Lang Lasalle）试图明确土地使用人风险水平、债权融资安全系数以及资产评估稳健性等指标的含义。

透明度指标的衡量基于以下五个标准：

第一，投资业绩指数的可获得性；

第二，市场基本数据的可获得性；

第三，上市公司财务信息披露与治理；

第四，法律规章；

第五，职业道德规范。

其核心思想在于：当全球零售商决定投资于某一个海外商业地产时，他应该清楚这项投资的价值，并能在当地获得稳定的债权融资来源；此外，他应该确保交易的利益相关者对该项投资所涉及的各项法律规章制度有明确的认识，不会导致事后突发事件的发生。

表 5-8 按照透明度指标列示了一系列国家和地区的零售环境。第一列"高度透明"，即拥有高度透明零售环境的地区，总共有九个。有趣的是，诸如德国、意大利、瑞士及日本等预期具有较好零售环境的国家仅位列于表中第二列，即"透明"列。而阿尔及利亚以及叙利亚的透明度指标得分仅为"低或不透明"。

仲量联行在调查报告中进一步指出，透明度指标之所以因国而异，是因为该指标与该国人均国内生产总值、腐败水平以及整体商业环境密切相关。也就是说，随着国家的不断发展、长治久安、政治民主，该国拥有的商业环境逐渐透明，那么海外投资人在该国的房地产投资也将更加安全。一个有趣的问题在于，为什么有些经济快速增长的民主国家对于海外投资人而言并不透明也不安全？

综上所述，奢侈品零售应该全球化吗？答案是肯定的。只是，万事皆需谨慎。

表 5-8 零售行业的地理环境（透明度指标）

高度透明	透明	半透明	低或不透明
1. 加拿大	10. 爱尔兰	29. 俄罗斯一线城市	77. 越南
2. 澳大利亚	11. 中国香港地区	34. 俄罗斯二线城市	79. 柬埔寨

续表

高度透明	透明	半透明	低或不透明
3. 美国	12. 新加坡	44. 韩国	81. 阿尔及利亚
4. 新西兰	13. 芬兰	50. 印度一线城市	81. 叙利亚
5. 英国	14. 德国		
6. 荷兰	15. 丹麦		
7. 法国	16. 西班牙		
8. 瑞典	17. 奥地利		
9. 比利时	18. 挪威		
	19. 意大利		
	20. 瑞士		
	21. 南非		
	22. 葡萄牙		
	23. 马来西亚		
	24. 捷克共和国		
	25. 波兰		
	26. 日本		

资料来源：Jones Lang Lasalle，房地产透明度指标2009年度报告。

2. 商店类型

不同的销售渠道对应不同的营销目的。上一章中对于奢侈品分布的不同场所已有详细介绍，这里主要从不同类型商店对于奢侈品品牌的意义和选址影响的角度进行分析。

（1）旗舰店

旗舰店的意义不仅仅在于赚钱，更是作为一个展示并推广其品牌的店面而存在。除了销售商品，它们像是一个展品陈列室，让记者、品牌代理人和海外经销商更加全面地了解其品牌形象以及推广途径。

旗舰店一般设立于该品牌的诞生地，比如爱马仕旗舰店就位于巴黎圣奥诺雷街。传统意义上，巴黎的旗舰店即使不是第一家店，也是年代比较久远的店，它们向世人充分地展示了所有产品组合。事实上，它们不仅是一家大型商店，更是这个品牌文化的象征。位于巴黎康朋街的香奈儿也是一家旗舰店，作为香奈儿品牌的第一家店面，它完美地展示了香奈儿的所有产品系列。同样，位于巴黎蒙田大道上的迪奥也是一家历史久远的旗舰店。

但是在过去的十年中，随着品牌全球化，奢侈品品牌经理人将"旗舰店"进行了新的定义。如今,各大奢侈品品牌不仅在其发源地拥有旗舰店,在众多重要的城市,如东京、香港、纽约以及上海等,都设立了旗舰店。这一商业行为的意义在于将奢侈品旗舰店打造成"皇冠明珠",成为这一地区的品牌象征,彰显品牌理念,促进公共关系。

最后需要强调的是,一个真正的奢侈品旗舰店不仅能有效地实现公共关系的促进,还应该带来大量的消费者,达到其根本的盈利目的。

(2)购物广场

这是1995年左右在奢侈品行业出现的另一种营销理念。购物广场是指面积不小于8000平方英尺的大型商场。购物广场的定义与旗舰店的定义有些重叠:许多旗舰店可以称为购物广场,但有一些却不能;此外,购物广场的营销目的有时与旗舰店不尽相同。

建立购物广场的目的既与品牌发源地无关,也与品牌文化无关,它仅仅是能力的一种象征:某品牌为了向所有人,包括竞争者、记者以及顾客,展示其在某个城市开设店面并盈利的能力。这是实力与雄心的象征,其目的不是开设一家大型品牌商店,而是开设一家比任何其他商店都大得多的店面。

(3)派出机构

在某种意义上,派出机构与购物广场的含义大相径庭。当奢侈品品牌通过大规模销售实现了其大部分的销售目标后,它们需要通过较小的店面,即派出机构,加强其品牌形象,向客户表明它们并非单纯的批量型运营商,与此同时,还是注重品牌文化的大赢家。通常情况下,这种派出机构无须太大,600~1200平方英尺足矣,但是一定要设立在高端地区。

许多手表制造商拥有这种派出机构,并通过这种机构充分地向顾客展示了其品牌环境,而珠宝运营商受限于珠宝来源地分散的特点,只能向顾客展示其部分地区的品牌形象。在特定城市的高端地区拥有一个品牌派出机构不仅能彰显品牌实力,还能向顾客保证其高品质的售后服务。

但是,只有将派出机构设立在这个城市最好的地点才会为该品牌谋得利益。当许多大型手表制造商在上海淮海中路或恒隆广场地下一层设立派出机构时,它们显然忽视了这一重要因素。

(4)临时店

临时店是由川久保玲引领的、一种广为流传的新兴奢侈品品牌营销渠道,其核心理念是在一个较为偏僻但是销售目标型商品的商圈中以较低的价格和较小的风险承租下一块较大的零售区域,在这种仓库式销售环境中进行奢侈品商品的展销,并辅以赠送促销活动。如果有可能的话,还可以将曾经风靡一时的商品进行展览,让顾客觉得这个展销会精彩之至,不容错过。

像这样的临时商店通常能实现盈利，特别当场地租金足够便宜，并且展销会上陈列的艺术品和特别策划足以吸引大量的顾客时。此外，临时商店还可以有效地行使公共关系职能：在圣诞季，奢侈品品牌可以通过精心的策划举办一个完美的展销会，让记者在其报刊中予以报道宣传。

如表 5-9 所示，中国人逛店的一个重要目的是消遣，浏览商店已成为中国人娱乐生活的一部分：每位中国女性每周平均花费 9.3 个小时逛店。

表 5-9 购物与消遣

	每周购物花费的时间	每周浏览的商店数量
中国	9.3	4.6
美国	3.6	3.1
法国	3.0	2.5

资料来源：上海日报，中国奢侈品：市场机遇与潜力（Hoboken，HJ：John Wiley & Sons，2009）

在中国，朋友之间通常会相约一起出去逛时装店，而这种交往方式在其他国家也是较为常见的。从这一方面来说，游击式营销理念是较为成功的。如果一个奢侈品品牌能在临时商店中开展足够有吸引力的消遣活动，有效地加强公共关系，并为品牌带来大量的订单，那么可以说，这种游击式营销策略是一次成功的创新。

（5）直销店

我们始终不能忘记奢侈品商店的最终目的是盈利。奢侈品品牌管理层必须对大到店面空间、小到配饰商品等方方面面进行严格把关：配饰商品应该单独出售还是随成衣一起出售？摆放在男士西装或衬衫旁出售销量是否更为可观？是否应该设立独立的区域用以销售鞋子？

由于其他城市的奢侈品商店与巴黎或米兰的旗舰店肯定存在不同，消费者并不会对某个品牌固有的营销模式给予过多的关注。

例如，蔻驰在决定向市场推出某个新产品前，会事先通过工厂直销店检验市场对不同型号和颜色的新商品的反应。而这种事前检验不同营销模式的思想对于促进商品销售情况、提高消费者满意度是非常有意义的。

3. 商店数量

为了权衡消费者对奢侈品品牌的目标型购物与便利型购物需求，每个城市都应该有理想的奢侈品店面数量。贝纳通曾于 1995 年在许多城市开设了过多的店面。那么，对于一个奢侈品品牌而言，理想的店面数量应该是多少呢？

作为局外人，我们会发现当一个奢侈品品牌在某个城市设立了旗舰店或购物广场后，便不太可能开设另一家店面。导致这种现象的原因可能是：品牌管理层希望确保旗舰店的盈利，而不愿意承担增设店面的风险。例如，爱马仕在巴黎只有一家旗舰店，除此之外，它仅在左岸的希尔顿酒店拥有一角，并在乔治五世大道与 Motsch 共用一家店面，而菲拉格慕则在巴黎拥有超过 10 家直营店。为了赢得更多商机，爱马仕终于在巴黎塞弗尔街开设了第二家商店。同样，多年以来，路易威登在北京有 4 家直营店，而在上海只有一家购物广场，直到 2010 年 4 月和 2011 年才在上海增设 2 家店面。也许旗舰店的品牌推广能力已足够强大，无须增设第二家商店用以吸引不同类型的消费者，但仍需注意的是，大部分发达城市拥有众多不同的商圈和奢侈品广场，从而存在奢侈品品牌错失商机的风险。

随着对奢侈品商店的进一步分析，我们发现系统的商圈分析是奢侈品商店选址的关键所在。

"商店应该是一个神圣的地方或文化机构。"这句出自唐娜·凯伦的话完美地诠释了商店的意义。她用"现代化"、"感性"和"戏剧性"等字眼描述她所理解的商店，认为奢侈品商店的意义远远不止单纯的陈列与买卖。

事实上，一个管理完善的奢侈品商店通常会组织一些展览或其他特别活动：奢侈品商店的墙面会悬挂广告中的人物肖像或是该品牌代言人的快照；奢侈品店内的音乐应能向消费者传达该品牌的成长史；有时，奢侈品店内还会弥漫一种特殊的皮革气味；此外，奢侈品品牌在进行品牌推广时，通常将其设计师或品牌创始人塑造成"圣人"的形象。

最后，为了更好地理解这一部分的内容，让我们将目光转向位于巴黎香榭丽舍大道的丝芙兰商店。这家商店曾于 2010 年创下近 1 亿欧元的销售业绩，但它不只是一家商店，更是一个聚会场所：周一的平均客流量为 6000 人，而周六的平均客流量则高达 17000 人，在附近看电影的年轻人通常会相约在丝芙兰见面。这家丝芙兰商店的平均门票高至 90 欧元。作为一个聚会场所，周六和周日的消费比例（23%，近 4000 张门票）相对于周一的消费比例（约 33%，近 2000 人）而言较低。这种经营模式的意义不仅仅在于销售商品、收取现金，而是为了保证丝芙兰品牌的文化形象和黄金地段。为了实现这个目标，丝芙兰商店当然要组织如上所述的特别活动以在消费者心中赢得独特的品牌形象。

4. 消费者类型

进出奢侈品商店的通常有两种不同类型的消费者：

第一种是购买者：这类消费者对某个品牌或特定商品感兴趣，并且希望能够得到高效友好的服务。

第二种是浏览者：这类消费者浏览奢侈品店的目的仅仅是消遣或跟随潮流，并无购物的打算，至少这次没有。他们希望在浏览商店的过程中能获取感官享受，并且，即使他们本身不具有购买倾向，这些作为"舆论领袖"的消费者仍会向市场传递有关不同品牌的个人看法。

总之，无论哪种类型的消费者都期望在奢侈品店浏览过程中发现更多让他们感兴趣并为之惊喜的事物，而不仅找到一条满意的领带或真丝围巾。为了满足消费者需求，奢侈品品牌通常采取以下策略：

日本百货商店会在一层经营餐饮业，比如法国餐厅、意大利餐厅、中国餐厅以及日本餐厅等。此外，它们还会时不时地举办艺术品展会。这些奢侈品品牌希望成为这个城市的文化象征，而非简单的销售商。甚至有些奢侈品品牌在其大型直营店开设自己的博物馆：位于巴黎香榭丽舍大道的路易威登旗舰店就在顶楼开设了自家品牌的现代艺术品画廊（不幸的是，这个画廊的入口并不是进入店面的入口），并且，每年都会举办几次博览会；位于首尔的爱马仕旗舰店如同一座富丽堂皇的博物馆，这里珍藏着爱马仕珍贵的历史商品。每个奢侈品品牌商店都应该通过精心的设计，为浏览型消费者提供他们所期许的附加审美价值和有趣品牌元素。

显然，一些美国的购物广场很好地理解了营造购物氛围与满足消费者消遣需求的重要性。例如，美国商城将其西区市场营造出欧洲商城的氛围，而将南大街设计成罗迪欧大道的复制品，东百老汇大街则被设计成莲花的形状。当然，一开始，这种营销策略也许会被认为过于肤浅，但它确实能为消费者提供全新的不同购物体验。

5. 奢侈品特征

当销售经理明确了新商店的开设目的后，他必须回答以下问题：

> 新商店的购物氛围能让消费者满意吗？
> 新商店的总体形象与其价格定位相一致吗？
> 新商店能否吸引所在贸易区的消费者？该品牌是否能成为目的型消费商品？这些因素将影响商店的购物氛围。
> 新商店的商品种类应该有多少？这对商店的商品展示有何影响？
> 新商店能同时容纳多少消费者？
> 如何促进销售人员与消费者之间的互动交流？
> 新商店还需要提供什么额外服务，如商品退换或售后服务？

这些问题的答案主要取决于商铺候选地点、购物环境以及品牌目标客户。

奢侈品店铺的地理位置能在销售方面起到高效的推动作用。一个奢侈品品牌的店铺位置能向市场明确地传递有关其品牌定位的信息；也就是说，商店选址实质上是一个强大的信息传递工具，是对品牌形象的一种投资；并且，在选址分析工作的伊始就应该确定向市场传递何种信息。

6. 不同的租赁制度

首先，让我们了解一下全球盛行的几种租赁制度及其内在含义。之后，我们将引入具体范例解释不同地区的租金费用差异。

（1）三种主要的租赁制度

奢侈品品牌为了在其目标城市获得一个理想的店铺位置，除了支付必要的租金外，通常还需支付保证金。主要有以下三种不同的租赁制度：

① 日本的租赁制度。在日本，租赁合同的期限通常为9年，但承租方每三年都有一次机会取消租赁合同。租赁合同明确规定了应当支付的租金以及可能的自动调整条款。

承租方在签订租赁合同时，必须支付出租方与整个租赁期租金金额相等的保证金。例如，对于一个9年期的租赁合同而言，承租方必须向出租方支付9年的租金金额作为保证金。当合同期限年满时，出租方应将保证金退还给承租方。如果租赁合同双方在原租赁合同期满时，决定续签一份租金价格较高的租赁合同，承租方还需向出租方支付租金差价作为额外补偿金。

当租赁合同期满时，如果承租方无意续租合同，承租方将被退得没有任何附加利息的保证金。

对于出租方而言，这种能让其在租赁期间获得相当于两倍租金金额的租赁制度是十分有利的。一旦出租方签订为期9年的租赁合同，他便可以获得等价于9年租金的金额。一般情况下，10～15年的租金金额足以购买或建造一栋新的房产。事实上，在出租方将其房产出租的那一刻，他几乎获得了全部的投资成本作为回报，而出租方便可以利用这笔资金再进行房产投资。

对于承租方而言，这种租赁制度成本极高，租用店铺将是一项巨额投资。在日本，租用10～20年店铺的租金对于任何一个奢侈品品牌而言都是一个天文数字。因此，奢侈品品牌通常会租用一个或两个店铺，并在百货商店中设立"店中店"，这就解释了为何绝大多数奢侈品品牌在日本百货商店中都设立了专柜。

退一步讲，许多成功的奢侈品品牌曾经决定白手起家建立属于自己的直营店。它们往往会买下一块地理位置优越的地皮，建造自家品牌的直营店，而这些直营店最终都会变成大型购物广场或是闻名的旗舰店。

日本租赁制度的初衷也许是保护国内品牌，防止国外品牌的过度入侵。久而久之，这种制度给百货商店带来了难以置信的利润空间，激励奢侈品品牌建立由自己完全控股的直营店。

② 美国的租赁制度。美国租赁合同的期限一般在 9～10 年。承租方可能需要向前承租方支付一定的装修费用，这笔费用通常很小。

租赁合同明确规定了加租条款，并且对于承租方而言，租期结束时不能获取任何收益，合同签订时便产生法律效应。

需要注意的是，美国租赁合同中不存在退出条款。也就是说，即使承租方在签订租赁合同后三四个月发现其租用的位置并不如预期那样好，或者在这个地方开设店面不可能实现盈利，承租方仍需履行合同义务，向出租方支付租金，而不可能协商退租。对于低成本销售而言，也不可能出现协商降低租金的情况。如果承租方不得不关闭店面，他还需承担租金的支付义务，除非他能以较低的转租价格将店面转租，即使在这种情况下，承租方还是要承担租金差额。

许多品牌不得不接受这一租赁制度，随着时间的推移，它们找到了应对这种租赁制度的途径。海外奢侈品品牌在进驻美国市场时，可以为某个特定城市或店面开创其附属品牌。如果这个附属品牌商店实在无法经营下去，必须关闭，跳出财务困境的一个途径就是申请破产，把与出租方之间的债务关系抛到脑后。

出租方自然会找到应对这种情况的方法。有时，他们会在签订租赁合同前向承租方位于米兰或巴黎的总部索要保证书。如果租用的店铺位置非常优越且吸引人，那么有些品牌经理人会接受这种要求，否则，他们会拒绝提供保证书。

美国租赁制度被广泛应用于中国大陆、中国香港地区以及东南亚地区，但是租赁期较短，通常为 3 年，以减轻承租方的财务风险。

③ 法国的租赁制度。与以出租方利益为重心的日本和美国租赁制度不同，在南欧盛行的法国租赁制度更重视承租方利益。

在法国制度下，租用的房产被称作营业资产，一旦租赁合同成立，出租方除了按月收取租金外，没有其他利益可得。在合同期间，承租人每 3 年拥有一次终止合同的权利，而出租方每 9 年可以出租一次。此外，租赁合同不能规定加租条款：加租条款是由官方公布的国家房产金额指数所规定的。

租赁合同期满时，如果承租方同意续签租赁合同，出租方无权拒绝。出租方必须与承租方签订一项新的为期 9 年的租赁合同，其租金只允许小幅度增长。

在租赁期间，承租方可以将租用房产转租给任意新承租方，并收取大额保证金。转租手续完成后，原承租方应将该房产的转租情况以书面形式通知出租方。在这个过程中，出租方没有调整租金的权利，尽管他知道原承租方在这项转租行为中收取了大额保证金，他仍需按照原始合同履行义务。

在转租过程中，出租方拥有话语权的唯一一种情况是：如果原承租方的销售对象仅限于服装或眼镜，而新承租方希望租用该房产用于其他类型的销售，如快餐或移动通信等销售对象，此时，出租方可以以销售对象变动为由要求提高转租租金。

法国租赁制度的核心理念在于，如果一个销售商准备将其拥有的设备、商品以及客户群等转移给他人，那么通常可以以一个合理的转移价格退出市场。这对没有退市计划的销售商而言是十分有利的。法国租赁制度所规定的保证金能给予原承租方足够的财力重新创业。但现如今，巴黎的一些店面引入了"美国租赁制度"的思想，将合同租期变更为10年，且没有保证金。

在法国，黄金地段的租金几乎没有任何变动。而法国租赁制度中规定的必须支付给前承租方的保证金实现了对租金市场价格的调控。一个对于新承租方而言的好处在于，保证金作为资产出现在资产负债表上，而银行可以将这一资产作为担保为新承租方提供融资服务。

无论采用何种租赁制度，对于那些炙手可热的黄金地段而言，最好的出价不是更高的租金就是大额保证金。

（2）黄金地段的租金比较

专家时常公布世界各地的租金价格。然而，要想这些价格具有可比性，就应该根据不同租赁制度所涉及的保证金价格对其进行调整。事实上，在其他条件相同的情况下，租金费用应根据预期的平均每平方英尺销售额进行适当调整。同时，不同商店的盈利能力也受其所在地区销售人员人均费用的影响。

另一个需要考虑的因素是不同地区店铺的营业时长。日本和中国的奢侈品品牌直营店每周营业7天，每天从早上10点营业至晚上10点，也就是说，每周营业84个小时；而欧洲的奢侈品品牌直营店每周营业6天，每天从早上10点营业至晚上8点，即每周营业60个小时。这一40%的营业时长差距也应考虑在商店预算内。

表5-10～表5-12提供了全球各地（地区）租金费用一览。

表5-10 欧洲国家黄金地段租金一览表（2009）

城市	地段	欧元/平方米/年
巴黎	香榭丽舍大道	7732
米兰	蒙特拿破仑街	6800
罗马	孔多蒂街	6500

城市	地段	欧元/平方米/年
伦敦	新邦德街	5885
苏黎世	班霍夫大街	5246
巴黎	芸香杜新市区圣安娜	4787
巴黎	蒙田大道	4787
米兰	史皮卡大道	4700
米兰	艾曼纽二世大道	4600
都柏林	格拉夫顿街	4350

表5-11 美洲国家黄金地段租金一览表（2009）

城市	地段	欧元/平方米/年
纽约	5号大街	11,983
纽约	麦迪逊大道	9586
纽约	57号东大街	7190
洛杉矶	罗迪欧大街（比弗利山庄）	4793
芝加哥	密西根北大街	3395
旧金山	联合广场	3195
旧金山	邮政大街	2796
芝加哥	东橡树街	2796
圣保罗	阿雷格里港	1596
温哥华	洛逊街	1584

表5-12 亚洲国家（地区）及澳大利亚黄金地段租金一览表（2009）

城市	地段	欧元/平方米/年
中国香港	铜锣湾	11,687
中国香港	中环	9278
中国香港	尖沙咀	8543
东京	银座	5950
东京	表参道	5409
东京	涩谷	3516
悉尼	皮特街	3410
首尔	明洞	2796
布里斯班	皇后大街	2864
首尔	江南站	2806

总而言之，黄金地段的租金价格通常较高，对于一个全球品牌而言，50～100家直营店的租金费用对其年度损益表将产生极大的影响。这就是为什么，在某些情况下，开设特许经营商店是一个较优的选择。

根据经验法则，奢侈品品牌可以根据某个特定比例及其预期销售额计算出合理的租金费用应该是多少。在欧洲，这个特定比例应该为10%～20%。而在亚洲，合理的租金费用比较高，应为预期销售额的20%～30%。

人们总说，对于零售行业而言，决定胜负的关键因素在于店铺扩张。但同时开设过多的品牌商店会给公司带来财务风险。此外，一家新的直营店至少要经过2年才能实现最初的销售目标：在这期间以及实现盈亏平衡之前，商店的运作需要资金支持。也就是说，只有当奢侈品品牌的商品极具吸引力，非常受当地消费者欢迎时，公司才可能实现直营店的完全控股管理。

有时，当奢侈品品牌准备发布新商品时，它会倾向于在新一代商品在市场正式推出前便进行店铺扩张。而这种做法是非常危险的。增设新店铺的目的始终是销售商品。但是推出的新商品到底有多受欢迎呢？新商品是否符合亚洲或美国市场呢？我们可以举出许多在香港大张旗鼓地设立分店，但最终在18个月或两年之后以失败收场的奢侈品品牌，而此时，租赁合同尚未解除，且只有部分店内装饰得到贱卖。同样的情况也发生在美国：随着纽约和洛杉矶品牌店的相继成立，许多欧洲奢侈品品牌在向市场推出新产品前，便开始催促其美国员工前往芝加哥、迈阿密、波士顿以及旧金山开设新的品牌直营店。

毫无疑问，店铺扩张十分重要。但在店铺扩张的同时，正确的商品推广也应被同等重视。这样一来，你便能在顺境中展开创收之路。

二、学习活动

首先根据表5-13所列项目完成某奢侈品品牌选址开展初步调研。再对每一个店铺进行购物环境、相邻店铺、交通道路、物业管理等进一步调研和分析，形成调研报告。要求如下：

（1）每一个团队在实训过程中既有分工，又有协作，对每个人在实训中担任的角色，需要制作任务分配表附在实训报告最后一页。

（2）完成规定调研项目，字数不少于2000字。

（3）实训报告格式要规范并且按时上交。

（4）实训报告中必须有实地调研的照片等资料。

（5）严格按照实训背景规定的内容开展实训活动，严禁抄袭。

（6）延续之前调研的品牌，尽量避免重复。

（7）组织一次全班的讨论，完成考察的小组在全班宣读实训报告。

（8）相互评价，选出 2～3 份优秀的实训报告，老师做出讲评。

表 5-13 _____品牌城市选址分析表

进驻城市	店铺数量	店铺类型	消费者类型	奢侈品特征	租金

三、要点归纳

对于奢侈品品牌而言，选址具有更重要的意义。奢侈品即一种超出人们生存与发展需要范围的、具有独特、稀缺、珍奇等特点的消费品。任何一种奢侈品在经过时间的历练之后，都会形成自己特有的风格和文化内涵，对于店铺的选择也尤为谨慎，而奢侈品对于商业项目的考量也与普通大众品牌所有不同。

奢侈品店铺选址的条件：区域需求、购物环境要求，相邻店铺需求，交通道路需求、项目管理需求。

奢侈品店铺的选址分析可以从区域、商店类型、商店数量、消费者类型、奢侈品特征和租赁制度的不同等方面考虑。

四、心得体会

_____
_____
_____
_____
_____
_____
_____
_____
_____

项目六 奢侈品店铺分布与选址案例分析

教学目标

1. 掌握从分析奢侈品店铺入驻城市入手,再从商圈分析、目标城市目标顾客数量分析、同类品牌调查和合作对象评估四方面进行品牌店铺的分布和选址分析。

2. 掌握从商业业态因素(包括交通、地段地价等)、消费者行为因素(包括消费偏好、消费者数量与支付能力、消费出行方式、消费心理与方式等)进行奥特莱斯购物中心选址分析。

案例与思考

路易威登全球最大总店的选址奥秘[1]

人们都说,来到巴黎,除了要看埃菲尔铁塔,还要去香榭丽舍大道上走一圈,这样才不枉来巴黎一场。而就在这条大道上,有着各种各样的奢侈品大牌旗舰店,这里就包括了路易威登(Louis Vuitton)全球最大的旗舰店。

在2008年的时候,曾传出路易威登(Louis Vuitton)将在日本的银座建立全球最大的旗舰店,代替巴黎旗舰店的第一位置,当时连设计稿都已经流传出去,但最后这个决定还是被路易威登(Louis Vuitton)集团宣布取消。至今,位于法国巴黎的旗舰店仍然是路易威登(Louis Vuitton)全球最大且最古老的旗舰店。

路易威登巴黎旗舰店的成长历史

1912年,巴黎中心商业地带逐渐向西发展,佐治威登决定在香榭丽舍大道兴建一座新派艺术风格大楼作为品牌的旗舰店,大楼于1914年落成,外墙刻有"巴黎-路易威登,创建于1845年"。原来大楼的位置刚好在今天的香榭丽舍大道总店对面,墙上的字刻至今仍清晰可见。

---

[1] 资料来源:中奢网 http://www.chinaluxus.com/20150807/057123.html。

目前，LV在巴黎香榭丽舍大道的旗舰店共高7层，其中4层都提供零售服务。店内有一些永久性的陈列，摆放的是一些尖端艺术家的作品，包括美国艺术家JAMES、丹麦的概念艺术家OLAFUR的作品都曾在里面出现过。

巴黎旗舰店的奥秘

香榭丽舍大道位于市中心商业繁华区，它横贯首都巴黎的东西主干道，东起协和广场，西至戴高乐广场（又称星形广场），世界一流品牌、服装店、香水店都集中在这里。而选址在这里开旗舰店，很明显占据了商机。

首先，巴黎的旅游业十分发达，香榭丽舍大道作为巴黎的标志性景点，每年都会接待不少游客。而身处市中心的交通便捷性又为路易威登带来更多的客流量。据当年的资料显示，在1914年，路易威登在进驻这条大道后，还曾发起成立了"捍卫香榭丽舍委员会"，旨在保护香榭丽舍大道的环境。显然路易威登（Louis Vuitton）创始人当年在选址这一点上非常有先见之明。2004年为庆祝LV创立150周年，路易威登还将香榭丽舍大道的旗舰店规模扩增两倍。

其次，巴黎总店在设计上也是煞费苦心，在设计上尽量贴合巴黎这座城市，融入其中。其坐落于店铺中央的中庭拥有相当于6层楼的高度，能够分解由纤巧钢管发射的光线，据说其设计灵感源自香榭丽舍大道上著名的半球形泉水。而且巴黎的总店位并没有采取传统的分层设计，而是采用接连不断的走道构成，每一条走道都是不一样的摆设。在第七层，路易威登还设置了美术馆。

作为路易威登集团的起源地，在对待巴黎总店的态度上，路易威登显然是慎重的。它的每一个设计都兼顾了自己的文化与巴黎的历史内涵。

请思考并回答以下问题：

1. 未来路易威登还会不会再建如此内容丰富的旗舰店呢？
2. 如果建设的话，如何布局和选址呢？

任务1 路易威登在华店铺分布与选址分析

一、知识准备

（一）路易威登发展概况

LV（Louis Vuitton，以下简称LV）品牌创立于1854年，创始人就是LV本人，现隶属于法国专产高级奢华用品的LVHM（Moet Hennessy Louis Vuitton）集团。其产品品类涵盖箱包、皮具、男女装、饰品等几乎所有的时尚用品。从设计最初到现在，印有"LV"标志这一独特图案的交织字母帆布包，伴随着丰富的传奇色彩和典雅的设计而成为时尚之经典。160多年来，世界经历了很多变化，人们的追求和审美观念也随之而改变，但LV不但声誉卓然，而今仍保持着无与伦比的魅力。LV品牌一直把崇尚精致、品质、舒适的"旅行哲学"作为设计的基础，而今LV这个名字早已传遍世界，成为全球奢侈品最精致的象征。Nicolas Ghesquière 自11月5日起出任品牌女士系列的创意总监。Virgil Abloh 则于2018年3月26日担任男士系列创意总监一职。Louis Vuitton 的作品仅在品牌精品店内有售，其足迹现已遍布世界各地。

（二）路易威登在华店铺分布现状

1992年，LV开始进入中国市场，首先在北京开设了第一家店铺，在随后的12年间，LV停止了在华投资的步伐。2004年，LV大规模在华设立店铺，新建店铺主要集中在国内一二线城市，截至2019年6月，LV在大陆地区已设立36家店铺（见表6-1）。

表6-1 LV在华店铺分布（按城市）

城市	店铺数量	店铺名称
北京	4	北京金融街专卖店
		北京王府半岛酒店专卖店
		北京国贸商城店
		北京新光天地女士店
上海	3	上海尚嘉中心店
		路易威登之家 上海恒隆店
		上海国金中心店

续表

城市	店铺数量	店铺名称
广州	1	广州太古汇店
深圳	1	深圳华润中心万象城店
天津	1	天津银河国际购物中心店
南京	1	南京德基广场店
武汉	1	武汉国际广场店
沈阳	2	沈阳卓展购物中心店
		沈阳万象城店
西安	2	西安中大国际店
		西安SKP男士店
成都	2	成都仁恒置地广场店
		成都国际金融中心商场店
重庆	2	重庆IFS女士店
		重庆时代广场店
杭州	3	杭州大厦购物中心女士店
		杭州湖滨银泰店
		杭州万象城店
青岛	1	青岛海信广场店
大连	1	大连时代广场店
宁波	1	宁波和义大道购物中心店
哈尔滨	1	哈尔滨卓展购物中心店
长春	1	长春卓展购物中心店
厦门	1	厦门马可波罗东方大酒店专卖店
郑州	1	郑州丹尼斯大卫城店
长沙	1	长沙国金中心店
昆明	1	昆明金格百货店
无锡	1	无锡八佰伴商厦店
合肥	1	合肥银泰中心店
石家庄	1	石家庄开元花园先天下购物中心店
济南	1	济南贵和购物中心店

资料来源：根据路易威登官网数据整理。

综上所述，得出如下结论：

（1）截至2019年6月，LV在中国大陆已开设36家店铺，分布于全国4个直辖市，25个省内各主要城市。

（2）2004年以来，LV加快在华开设店铺速度，其中2004年开设店铺5家，尤其2008年以后，虽然全球受到经济危机的影响，但仍然不能阻挡LV在华投资扩张的脚步，2008年以后共开设31家。

（3）2004年以来，LV仍然注重一线城市的市场，在北京、上海重复开设3家店铺，另外，由于国内二线城市如杭州、成都等城市消费者对奢侈品的消费态度和财富水平与一线城市相似，从而引导投资重点逐渐由国内一线城市向消费力旺盛的二线城市转移。

（三）路易威登在华店铺选址分析

1. 商圈分析

商圈分析是指对商圈的构成、特点和影响商圈规模变化的各种因素进行综合性的研究。对商家来讲，商圈分析有重要意义。它有助于企业选择店址，在符合设址原则的条件下，确定适宜的设址地点；有助于商家制定市场开拓目标，明确哪些是本商场的基本顾客群和潜在顾客群，不断扩大商圈范围；有助于商家有效地进行市场竞争，在掌握商圈范围内客流来源和客流类型的基础上，开展有针对性的营销。

由于奢侈品属于比较特殊的商品，除了上海、北京等特别发达的一线城市以外，在全国二、三线城市，一般考虑只开设一家实体店铺，理性的顾客群在选择商品的概率上绝大部分会倾向于就近原则，因此，在中小城市扩张只会针对该城市市级商圈作为目标商圈。LV店铺所在商圈主要信息见表6-2（以下仅具体讨论北上广深四个一线城市以及杭州和成都两个典型二线城市的情况）。

表6-2 LV店铺所在商圈主要信息

城市	店铺	所属商圈	商圈级别	物业形式
北京	北京金融街专卖店	金融街商圈	市级商圈	购物中心
	北京王府半岛酒店专卖店	王府井商圈	市级商圈	高档酒店
	北京国贸商城店	国贸商圈	市级商圈	购物中心
	北京新光天地女士店	国贸商圈	市级商圈	购物中心
上海	路易威登之家上海恒隆店	南京西路商圈	国家级商圈	购物中心
	上海国金中心店	浦东商圈	市级商圈	购物中心
	上海尚嘉中心店	新虹桥-天山商圈	市级商圈	购物中心
广州	广州太古汇店	天河中央商务区	市级商圈	购物中心
深圳	深圳华润中心万象城店	深南中商圈	市级商圈	购物中心
杭州	杭州大厦购物中心女士店	武林商圈	市级商圈	购物中心
	杭州湖滨银泰店	湖滨商圈	市级商圈	购物中心
	杭州万象城店	北部新城万象城商圈	市级商圈	购物中心
成都	成都仁恒置地广场店	人民南路商圈	市级商圈	购物中心
	成都国际金融中心商场店	春熙路商圈	市级商圈	购物中心

2. 目标城市目标顾客数量分析

追溯发展过程，LV建立之初顾客群定位大多为皇室成员、富有阶层、中产阶级等，随着时代发展，其目标顾客群随之发生变化，诸如娱乐明星、著名球星、各国政要、城市白领等也成为其顾客目标群。1854年成立时，LV目标顾客群定位为那些经常周游各国的重要客人，诸如法国皇室王公、拿破仑三世，而后逐渐扩展至欧洲其他国家皇室成员，其影响力逐渐扩大至全球，诸如苏丹、印度王公贵族都是LV的常客。而后娱乐影星诸如奥黛丽·赫本、莎朗·斯通，球星贝克汉姆等都是LV的顾客。当然，现在的LV目标顾客已经扩展至城市的中产阶级和一些行业的成功人士，然而现在攒半年工资买一个LV包且不知道其品牌由来及品牌文化的人也不在少数。

目标人口数量估算。为保持数据口径一致，采用2008年以后数据，因为在2008年以后开店数量占总数量的86.1%。据麦肯锡咨询公司2008年出具的《迎接新纪元——中国新兴的富裕消费阶层》报告中指出，中国的富裕阶层家庭已经达到160万（一个家庭一般由3人组成，另外，富裕阶层是指家庭年平均收入25万以上），可以看出麦肯锡《迎接新纪元——中国新兴的富裕消费阶层》报告中富裕阶层人口收入标准与2010年德意志银行出具的《全球奢侈品市场研究报告——以中国和日本市场为关注焦点》报告中富裕家庭的收入标准基本相同。因此，采用2008年麦肯锡关于中国富裕阶层家庭160万，另外，总家庭基数采用2010年第六次全国人口普查主要数据公报中全国家庭数4.02亿，假设人口在2010年以后基本不变，而且富裕人口阶层平均分布于中国各大省市，那么可以初步估算出富裕阶层人口在全国人口中的比例：160万/4.02亿*100%=0.4%。应用该数据可以简单估算目标城市中目标消费者的数量，见表6-3。

表6-3 目标城市消费人群数量估算表

城市	常住人口（单位：万人）	富裕人口比例	目标城市富裕人口估算值
北京	1961.2	0.40%	78,488
上海	2301.91	0.40%	92,076
广州	1270.08	0.40%	50,803
深圳	1035.79	0.40%	41,432
杭州	870.04	0.40%	34,802
成都	1404.76	0.40%	56,190

3. 同类品牌调查

相同行业内定位相同的企业之间竞争是激烈的，但是世界知名品牌却愿意集聚在一起，从零售业方面来说，这产生了巨大的零售集聚效应，因此，商圈内同类品牌调查的实质就是考察同类品牌集聚效应的程度。日本流通学者石原武政对商业集聚有如下观点：首先，从表面上看，同业种店铺相邻选址似乎会因竞争激烈而减少各店铺客源，实际上，同业种品牌集聚内客流的增加量要超过竞争激化引起的顾客减少量。在这种情况下，同业种店铺集聚选址可以大大降低消费者搜寻费用，也可减少去店铺的移动费用以及购物所需的时间费用。这样商圈内同业种聚集程度越高，顾客越节约成本，产生的聚客效应远大于由于品牌竞争而失去的顾客减少量。其次，集聚效应不仅仅指同业种间的集聚，还包括互补商品间的集聚。当集聚效应所提供的商品种类可以很好解决消费者所需要的相关购买商品的种类时，商圈内零售业态形成一种集竞争和互补的优化状态，其中商业集聚的代表就是购物中心和商业街。商业集聚效应可以拉动商圈内消费，产生经济效应；同时节约商家与顾客的交易成本与时间，达到交易成本最小化、交易效率最大化。另外，商圈内往往形成一定的区位品牌效应，形成相似品牌定位的集聚，品牌的无形资产对整个商圈产生巨大的宣传作用，形成区域内整体品牌优势。因此，奢侈品对商圈内相似定位品牌的调查非常重要。

福布斯（Forbes）每年度都会发布全球最具价值品牌排行榜（The World's Most Valuable Brands）。2016年度全球最具价值品牌排行榜中奢侈品行业的上榜品牌有：路易威登（Louis Vuitton）#15、爱马仕（Hermès）#35、古驰（Gucci）#36、卡地亚（Cartier）#59、劳力士（Rolex）#71、香奈儿（Chanel）#80。在做品牌调查时不仅仅局限于竞争品牌，与其定位相同的其他品类品牌也是调查的重点，诸如珠宝类、腕表类、化妆品类、男女装类中与之相似的品牌等。对各城市所在购物中心、高档酒店进行品牌调查分析，品牌汇集情况见表6-4。

表6-4 LV所在购物中心品牌汇聚调查表

城市	店铺	其他世界一线品牌
北京	北京金融街专卖店	Gucci, Dior, Omega, Iwc, Givenchy, Salvatore Ferragamo, Ermenegildo Zegna, Maxmara
	北京王府半岛酒店专卖店	Chanel, Cartier, Hermès, Armani, Dunhill, Fendi, Givenchy, Hennessy, Iwc, Burberry, Bvlgari, Loewe, Hugo Boss
	北京国贸商城店	Chanel, Hermès, Gucci, Prada, Cartier, Tiffany, Dunhill, Salvatore-Ferragamo, Burberry, Fendi, D&G, Dior, 1881, TOD'S, Maxmara, Ermenegildo Zegna

续表

城市	店铺	其他世界一线品牌
北京	北京新光天地女士店	Bottega Veneta、Bvlgari、Chanel、Céline、Dior、Prada、Ermenegildo-Zegna、Gucci、Louis Vuitton、Saint Laurent、Fendi、Iwc、Audemars Piguet、Blancpain、Chaumet、Omega、Piaget、De Beers、Vacheron-Constantin、Shiatzy Chen、Salvatore Ferragamo、TOD'S、Tag Heuer、Mikimoto、Vertu、Montblanc、Loro Piana ACC、Bally、Bottega Veneta、Dior、Gucci、Hugo Boss、Kiton、Moneta、Prada、Saint-Laurent、Tomford、Thomas Pink、Valentino、Versace；ETRO、Loewe、Moncler、Marc Jacobs、Puyi、Salvatore Ferragamo
上海	路易威登之家上海恒隆店	Hermès、Louis Vuitton、Cartier、Chanel、Dior、Céline、Escada、Bvlgari、Fendi、Loewe、Prada、Versace、Dunhill
	上海国金中心店	Chanel、Hermès、Gucci、Prada、Cartier、Tiffany、Dunhill、Ermenegildo Zegna、Burberry、D&G、Dior、Salvatore Ferragamo、Giorgio Armani
	上海尚嘉中心店	Burberry、Céline、Dior、Fendi、I.T、Kenzo、Loewe、TOD'S、Louis-Vuitton、Salvatore Ferragamo、Prada
广州	广州太古汇店	Louis Vuitton、Hermès、Prada、Chanel、Giorgio Armani、Salvatore-Ferragamo、Bvlgari、Dior、Dunhill、Max Mara、Piaget、Tiffany、Iwc、Burberry、Fendi、Montblanc、Emporio Armani、Versace Collection、Miu Miu、Bally、Omega、Coach、I.T、CK、Lacoste
深圳	深圳华润中心万象城店	1881、Dunhill、Bally、Brequet、Coach、Cartier、Canali、Zegna、Armani、Burberry、TOD'S、Bvlgari、Versace、Piaget、Lwc、MaxMara、D&G、Prada、Fendi、Gucci、Hermès、Miu Miu、Tiffany、Escada、Salvatore Ferragamo、Hugo Boss
杭州	杭州大厦购物中心女士店	Dunhill、Bally、Brequet、Coach、Cartier、Canali、Ermenegildo Zegna、Burberry、TOD'S、Bvlgari、Piaget、Boss、Iwc、Paul&Shark、Sisley、Loewe、Max Mara、D&G、Prada、Fendi、Gucci、Hermès、Omega、Montblanc、Emporio Armani、Salvatore Ferragamo、Vacheron Constantin
	杭州湖滨银泰店	Gucci、Hermès、Chanel、Armani、CK、MaxMara、JimmyChoo、Saint-Laurent、Moncler
	杭州万象城店	Coach、MaxMara、Fendi、Dior、Ferragmo、Cartier、Ermenegildo Zegna、Emporio Armani、Hugo Boss、Escada、Dunhill、Paul&Shark
成都	成都仁恒置地广场店	Autason、Burberry、Canali、Dior、Dunhill、TOD'S、Prada、Ermenegildo-Zegna、Hugo Boss、MaxMara、1881、Moneta
	成都国际金融中心商场店	Chanel、Dior & Dior Homme、Fendi、Giorgio Armani、Prada、Louis-Vuitton、Audemars Piguet、Balenciaga、Giuseppe Zanotti、Loro Piana、Mcm、Mulberry、Tory Burch、Van Cleef & Arpels、Zenith

LV所进驻购物中心以及高档酒店，会产生强大的品牌号召力，进而产生强大的品牌集聚力，同时提升所在区域的商业档次，从商业零售角度讲，也可以代表商圈发展趋于更加成熟的程度。一般来说，符合条件的购物中心或者高档酒店，至少集聚个以上的国际一线品牌，聚集度更高的购物中心或高档酒店国际一线品牌能达到个以上。由于受

空间以及提供服务功能的局限，高档酒店与高档零售百货商场相比，在提供商品零售业务方面越来越没有竞争力。

4. 合作对象评估

通过对现有 LV 在华 36 家店铺分析，有 34 家店铺设立在高档零售百货购物中心，只有 2 家店铺开设在高档度假酒店内，而且开设时间相对较早，基本在国内零售行业兴起之前。鉴于国内土地为国家财产与国外土地私有制存在明显差异，如 LV 在华投资土地建立独立店铺，只拥有土地的使用权，而不拥有土地的所有权，另外，涉及审批手续较多，因此直接投资购买土地使用权风险较大；而依托于本土合作对象，诸如购物中心、高档酒店可大大减少在华购买土地使用权带来的风险。因此，在华投资设立店铺先主要与国内知名零售百货公司以及高档酒店合作。

针对国内合作对象有如下条件：

（1）不授予任何商家代理权及店铺连锁加盟权，LV 以独立门店形式经营，有高度自我经营权限，合作伙伴不直接涉及日常营业活动，如发生日常具体经营事宜以公司文件形式进行沟通。

（2）合作对象为知名高档酒店和高档零售百货公司，具有丰富的高档酒店、高档零售百货管理经验与人才储备，一般选择当地著名而且有实力的零售业集团。

（3）合作形式采取租赁合作对象营业区间，以支付租赁费用或者采用销售额返点形式进行合作。

（4）合作伙伴投资商业地产属于所在区域核心商圈，一般为目标城市传统认可的核心商圈或者新兴规划核心商圈，有着良好的商业开发价值及市场前景。

（5）入驻购物中心应设计高端、时尚，物业设施需达到要求。其中具体物业配置要求见表 6-5。

表 6-5　入驻购物中心物业要求一览表

要素		要求
高档购物中心	公司行业年限	大于10年
	员工人数	员工总人数大于200人
高档酒店	星级标准	五星级以上
物业要求（购物中心、高档酒店适用）	卖场面积	8000~15000 ㎡，单层面积900~1200 ㎡（包括电梯井、天井等）
	卖场配套设施	双向扶梯，电梯双向且每层4部以上，中央空调，消防分区，观光电梯可加分
	地下停车场	至少300个停车位

续表

要素		要求
物业要求 （购物中心、高档 酒店适用）	LV店铺产权	产权清晰，且至少可使用（租）5年
	LV目标楼层	1F，其中首层层高5~7m
	LV店铺销售面积	1000~2000㎡

资料来源：×××商场与LV签订的合同备忘录。

5. 总结

（1）对LV店铺所在商圈生命周期进行分析可以得出结论：LV店铺所在商圈首选市级商圈，LV店铺选择所在商圈首选处于成熟期间的商圈。

（2）从相同高档购物中心、高档酒店的品牌调查中可获知：虽然同类品牌之间有着不可避免的竞争，但世界一线奢侈品品牌的聚集会产生巨大的商业效应吸引更多的消费者慕名而来。

（3）LV选取合作伙伴的条件是相对苛刻的，不仅掌控店铺的独立经营权，而且要求合作伙伴提供完善的物业保证。

二、学习活动

结合实地调研和网络调研，参照表6-6～表6-9，完成某奢侈品品牌在华店铺分布与选址分析报告。要求如下：

（1）每一个团队在实训过程中既有分工，又有协作，对每个人在实训中担任的角色，需要制作任务分配表附在实训报告最后一页。

（2）完成规定调研项目，字数不少于2000字。

（3）实训报告格式要规范并且按时上交。

（4）实训报告中必须有实地调研的照片等资料。

（5）严格按照实训背景规定的内容开展实训活动，严禁抄袭。

（6）延续之前调研的品牌，尽量避免重复。

（7）组织一次全班的讨论，完成考察的小组在全班宣读实训报告。

（8）相互评价，选出2～3份优秀的实训报告，老师做出讲评。

表6-6 ＿＿＿＿＿＿在华店铺分布（按城市）

城市名称	店铺数量	店铺名称
北京		

续表

城市名称	店铺数量	店铺名称
上海		
广州		
深圳		
天津		
……		

表 6-7 _____店铺所在商圈主要信息

城市名称	店铺	所属商圈	商圈级别	物业形式
北京				
上海				
广州				
深圳				
杭州				
成都				

表 6-8 _____店铺所在购物中心品牌汇聚调查表

城市名称	店铺	其他世界一线品牌
北京		
上海		

续表

城市名称	店铺	其他世界一线品牌
广州		
深圳		
杭州		
成都		

表6-9 _____入驻购物中心物业要求一览表

要素		要求
高档购物中心	公司行业年限	
	员工人数	
高档酒店	星级标准	
物业要求 （购物中心、高档酒店适用）	卖场面积	
	卖场配套设施	
	地下停车场	
	店铺产权	
	目标楼层	
	店铺销售面积	

三、要点归纳

路易威登在华店铺分布与选址分析，首先从在华店铺分布现状分析入手，分析LV店铺入驻城市；再分别从商圈分析、目标城市目标顾客数量分析、同类品牌调查和合作对象评估四方面，进行具体选址分析。

四、心得体会

_____
_____
_____
_____
_____

任务2　奥特莱斯购物中心的分布与选址分析

一、知识准备

(一) 奥特莱斯购物中心在国外的发展及分布

时至今日，奥特莱斯购物中心发展迅速，开始逐渐风靡全球，无论在其发祥地美国，还是在欧洲、亚洲国家，均已进入蓬勃发展状态。在欧美国家的大型零售商业中，奥特莱斯与三大传统零售业态平分市场，奥特莱斯购物中心从大型购物中心中脱颖而出，已经和百货、超市、其他大型购物中心四分天下。

1. 奥特莱斯购物中心在美国

(1) 发展状况

美国是奥特莱斯的发祥地，奥特莱斯购物中心是美国城市郊区化和汽车时代的产物，是随着美国郊区化的进程而发展的。美国的城市郊区化始于20世纪20年代，到50年代得到快速发展。高速公路发达、人口郊区化带动了商业郊区发展。随着汽车的增多，高速公路的建设，以汽车顾客为主要对象的购物城逐渐兴盛起来。

1971年，由哈罗德·阿方德（Harold Alfond）在美国缅因州的思科海根镇（Skowhegan）创立世界上首个真正意义的奥特莱斯店——Dexter Factory Outlet Store 开始，到1975年第一家工厂直销中心的落成，从工厂直销店开始到现在的奥特莱斯购物中心，奥特莱斯在美国发展经历了三个阶段：

第一阶段（1970—1987）：分散的、厂家各自主导的厂家奥特莱斯店——工厂直销店（Factory Outlets）。

第二阶段（1988—1996）：逐步聚集、厂家联合主导的厂家奥特莱斯店——工厂直销中心（Factory Outlets Center）。

第三阶段（1997年至今）：集中的、开发商主导的奥特莱斯购物中心（Outlets Center）。

(2) 分布状况

截至2013年2月，美国的 Outlets bound 网站资料显示，美国的奥特莱斯购物中心已达278家，分布在44个州，其中数量最多的是加利福尼亚州31个，其次是得克萨斯州20个，再次是佛罗里达州18个，见图6-1。

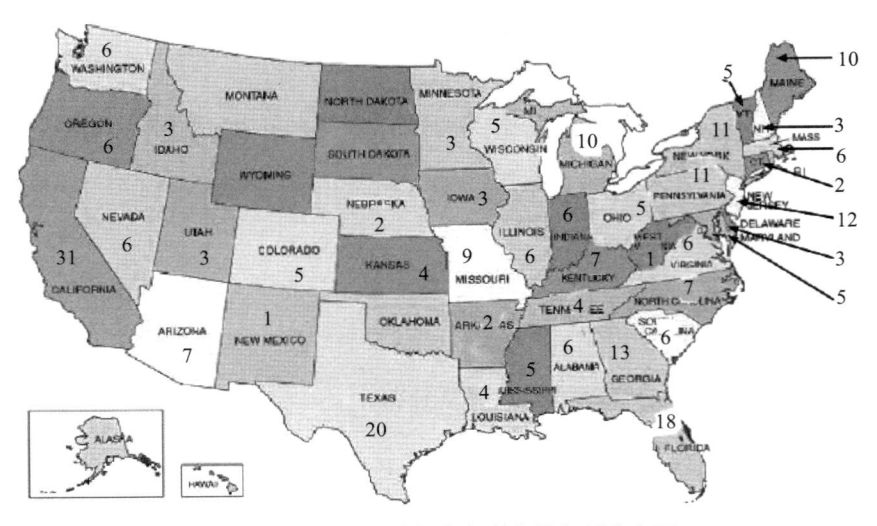

图6-1　奥特莱斯购物中心在全美各州分布图

图片来源：刘红霞《奥特莱斯购物中心新商业空间初探》

备注：本章图片若无标注均来源于此，不再赘述。

美国奥特莱斯购物中心的发展得益于美国商业地产商的开发建设。目前美国共有五大奥特莱斯集团，切尔西普雷默奥特莱斯集团居首位。

美国最大的商业房地产发展商是西蒙集团（SPG），根据最新资料，其旗下的切尔西普雷默奥特莱斯集团（Chelsea Premium Outlets）在全球拥有78家奥特莱斯购物中心，其中63家设在美国（见图6-2）。另外15家分别是日本9家，韩国2家，西印度群岛东部岛屿的波多黎各、加拿大、马来西亚、墨西哥各1家。

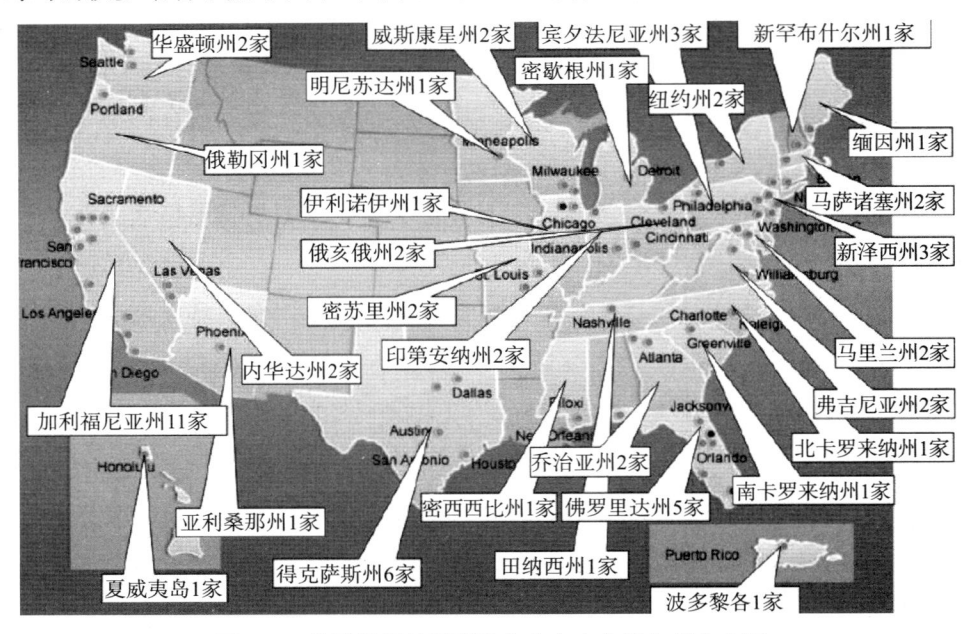

图6-2　普雷默奥特莱斯购物中心在全美各州分布图

美国的普雷默奥特莱斯购物中心几乎均选址像纽约、洛杉矶、波士顿、芝加哥等大都会城市和像奥兰多、拉斯维加斯、棕榈泉、夏威夷等旅游城市的市郊。定位目标客户高收入人群来建立顶级时尚购物中心。

（3）典型案例

伍德伯里普雷默奥特莱斯购物中心（Woodbury Common Premium Outlets）是美国规模最大的奥特莱斯购物中心。位于纽约远郊的中央谷（Central Valley），建于 1985 年，后来分别于 1993 年和 1998 年两次扩建，可出租面积达到 7.2 万 m²。商业步行街区及停车场区均用不同的颜色划分为五个区，分别为紫区、红区、蓝区、绿区及金黄色区。

2. 奥特莱斯购物中心在欧洲

（1）发展状况

奥特莱斯起源于美国，在欧洲得到了长足的发展。尤以英国、意大利、法国、德国、西班牙的奥特莱斯购物中心最为著名。

欧洲有众多著名的时尚城市，英国的伦敦、法国的巴黎、意大利的米兰、西班牙的巴塞罗那和马德里、德国的法兰克福和慕尼黑每年吸引全世界的人前往，奥特莱斯购物中心设在这些城市的近郊，距市区有 1 小时左右的车程。奥特莱斯与旅游相结合，购物游促进了奥特莱斯的发展，带动了当地的旅游市场。

（2）分布状况及典型案例

① 德国。德国重要的奥特莱斯购物中心有五十多家，其中著名的有麦琴根奥特莱斯城（Metzingen Outlet City），法兰克福的威尔特海姆购物村（outlet Wertheim Village），慕尼黑的因戈尔施塔特购物村（Ingolstadt Village）。德国的麦琴根（Metzingen）是欧洲最大最著名的奥特莱斯城（Outlet City）。麦琴根地处欧洲的中心地带，邻近苏黎世、慕尼黑及法兰克福三个国际大都市，有约 2 小时的车程（见图 6-3）。麦琴根有历史沿承的古老建筑，麦琴根的邻近地区有如画的田园风光和历史巷道、持续的视角变幻构成这座城市的独特魅力，吸引着无数来自世界各地的游历广泛、对消费与生活方式有着高尚追求的人群（见图 6-4）。

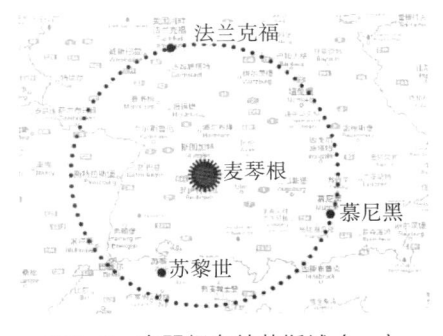

图6-3 麦琴根奥特莱斯城（一）

图6-4 麦琴根奥特莱斯城

② 英国。奥特莱斯在英国起步较晚,最早的是建于1993年的克拉克斯购物村(Clarks Village),到现在发展到239家。英国伦敦的比斯特购物村(Bicester Village)位于牛津郡中心,是英国著名的奥特莱斯购物中心,建于1995年,距伦敦仅1小时车程。130多家来自英国、欧洲与国际知名品牌均在此设有奥特莱斯专卖店。比斯特购物村的建筑形式是美国式的,但是有英国风格的美式,就像亨利·詹姆斯的小说(见图6-5)。

图6-5 比斯特购物村

③ 法国。法国的奥特莱斯购物中心林立。仅巴黎附近就有 7 家大型的奥特莱斯购物中心。最为著名的是巴黎近郊的山谷奥特莱斯购物村（La Vallée Village）以及巴黎远郊的特瓦耶小镇的 McArthur Glen。巴黎山谷奥特莱斯购物村（La Vallée Village）距离巴黎市内仅 35 分钟车程，距迪斯尼乐园仅 5 分钟车程。购物村交便十分便利，可选择汽车、火车或地铁等不同的交通工具。购物专线开通了巴黎市中心至购物村的直达快巴服务。周边的机场包括戴高乐机场及奥利机场（见图 6-6）。

图6-6　山谷奥特莱斯购物村

④ 意大利。意大利的奥特莱斯购物中心数量众多，根据意大利 Factory-Outlets-Italy 网站的统计数据，截至 2010 年，意大利上规模的奥特莱斯购物中心有 2181 家。在意大利的时尚之都米兰，历史名城罗马、佛罗伦萨、威尼斯的奥特莱斯购物中心吸引着世界各地的游客来此购物。著名的奥特莱斯购物中心有米兰地区的塞拉瓦莱奥特莱斯（Serravalle Designer Outlet）、菲登扎购物村（Fidenza Village）；罗马地区的罗马城堡奥特莱斯购物中心（Castel Romano Designer Outlet）；佛罗伦萨地区的巴贝利诺奥特莱斯购物中心（Barberino Designer Outlet）；威尼斯地区的威尼托奥特莱斯购物中心（Veneto Designer Outlet）等。塞拉瓦莱奥特莱斯（Serravalle Designer Outlet）位于意大利的米兰地区，建于 2000 年，位于米兰和热那亚之间，可出租面积 4 万 m^2，180 家店铺，3000 个车位，是意大利首家奥特莱斯购物中心（见图 6-7）。

图6-7 塞拉瓦莱奥特莱斯购物中心

3.奥特莱斯购物中心在亚洲

（1）发展状况

奥特莱斯购物中心在亚洲的发展呈现蓬勃之势，主要在日本、新加坡、韩国、马来西亚、印尼、中国香港等地。

（2）分布状况及典型案例

日本是亚洲最早引进奥特莱斯购物中心的国家。1993年，日本首次引入奥特莱斯购物中心，截止到2010年购物中心已发展到35家。其中美国切尔西普雷默奥特莱斯集团旗下就有9家奥特莱斯购物中心，分别是日本东京静冈县Gotemba Premium Outlets、千叶县Shsui Premium Outlets、关西机场对岸的大阪府泉佐野市Rinku Premium Outlets、茨城县稻敷郡Ami Premium Outlets、宫城县仙台市Sendai-Izumi Premium Outlets、兵库县神户市Kobe-Sanda Premium Outlets、岐阜县土岐市Toki Premium Outlets、佐贺县鸟栖市Tosu Premium Outlets、栃木县佐野市Sano Premium Outlets。

●日本静冈县御殿场普雷默奥特莱斯购物中心（Gotemba Premium Outlets）。御殿场奥特莱斯是日本最大的奥特莱斯购物中心，建于1999年7月。位于日本的静冈县，聚集了约210家日本国内外著名品牌专营店。其距离东京市中心约有90分钟车程，靠近富士山、箱根等度假胜地。占地17万 m^2，可出租面积2.2万 m^2，停车位1700个（见图6-8）。

图6-8 御殿场普雷默奥特莱斯

●日本宫城县仙台泉普雷默奥特莱斯购物中心（Sendai-Izumi Premium Outlets）。仙台泉奥特莱斯位于日本的宫城县，2008年10月16日开业，可出租店铺面积为1.55万 m²。其选址突破了原有的奥特莱斯的选址战略，建在了城市中的住宅区，商圈范围只有300万人口，被誉为城市中的"购物花园"。仙台泉奥特莱斯的建筑均为2层，采用开放式步行街形式，建筑风格具有美国东海岸新英格兰（New Englander）地区风格。仙台泉奥特莱斯与相邻的商业塔比沃同时开业，形成了互动关系，业态互补、停车场停车楼共用，两个商城之间由过街天桥连接（见图6-9）。

图6-9 仙台泉普雷默奥特莱斯

4. 国外奥特莱斯购物中心的特点

（1）选址在大城市的近郊

国外的奥特莱斯购物中心一般选址在大城市边缘或近郊，车程大约40分钟到一个小时。附近有通往市中心的高速公路，并临近高速公路的出入口等便利交通。

（2）控制项目规模，分期发展

国外的奥特莱斯购物中心规模很大，通常是经过几次开发建设的，预留建设用地、分期开发是奥特莱斯购物中心建设的一个重要方面。

（3）名牌商品的集散地

奥特莱斯的业态是名品折扣，奥特莱斯能否成功，关键是看其品牌的集纳能力是不是很强，能不能持续，能否充足地提供各种名牌折扣货源。

（4）商圈辐射范围大

奥特莱斯购物中心的目标客户群是有强烈品牌需求的人士，奥特莱斯购物中心的集客能力强，商圈辐射范围大，往往辐射所在的整个城市及周边地区。

（5）与旅游结合——购物游

国外许多奥特莱斯购物中心与旅游业相结合，打造购物游概念，通过旅游吸引国内外的游客来此购物，更加扩大了其商圈的范围。

（二）奥特莱斯购物中心在中国的发展及分布

"2008年我国奢侈品消费的总额86亿美元，全球占有率超过25%，凭借这一数字，中国迈入世界第二大奢侈品消费国。"国内消费者的品牌认知度及品牌的消费能力增强，以名品折扣为业态特点的"奥特莱斯"走进国内并被国内消费者欢迎。

1. 发展状况

中国首家奥特莱斯购物中心——北京燕莎奥特莱斯购物中心于2002年年底在北京东四环落成，之后的十年，奥特莱斯购物中心迅速在中国各大城市发展起来，逐渐从北京、上海等一线城市向广州、深圳、天津、沈阳、哈尔滨、苏州、杭州、重庆、西安、合肥、武汉、长沙、南京、成都、佛山、青岛、泸州、宁波、常熟、南通、张家港、番禺等多个二、三线城市延伸。此外，万宁、银川、温州、无锡、湖州、郑州、共青城、滁州、铁岭等城市计划在近两年建成奥特莱斯购物中心。

2. 分布

目前，国内建成及即将建设的奥特莱斯购物中心达60家，分布在33个城市。国内奥特莱斯购物中心的发展特点：

一是数量逐年递增，近两年更是突飞猛进。2002—2008年七年中仅有10家，到

2012年年底已达36家；预计2013年年底将新增11家，2014年年底再增13家。

二是分布于一线城市、省会城市及江浙沿海地区经济发达的城市，比如数量最多当数北京和上海，分别为6家和5家；其次为杭州4家，天津、重庆、沈阳及佛山均为3家。东北地区集中在沈阳和哈尔滨，西北地区西安和银川两市均有建设计划。

截至目前，北京已建成的奥特莱斯购物中心有6个（见图6-10）。

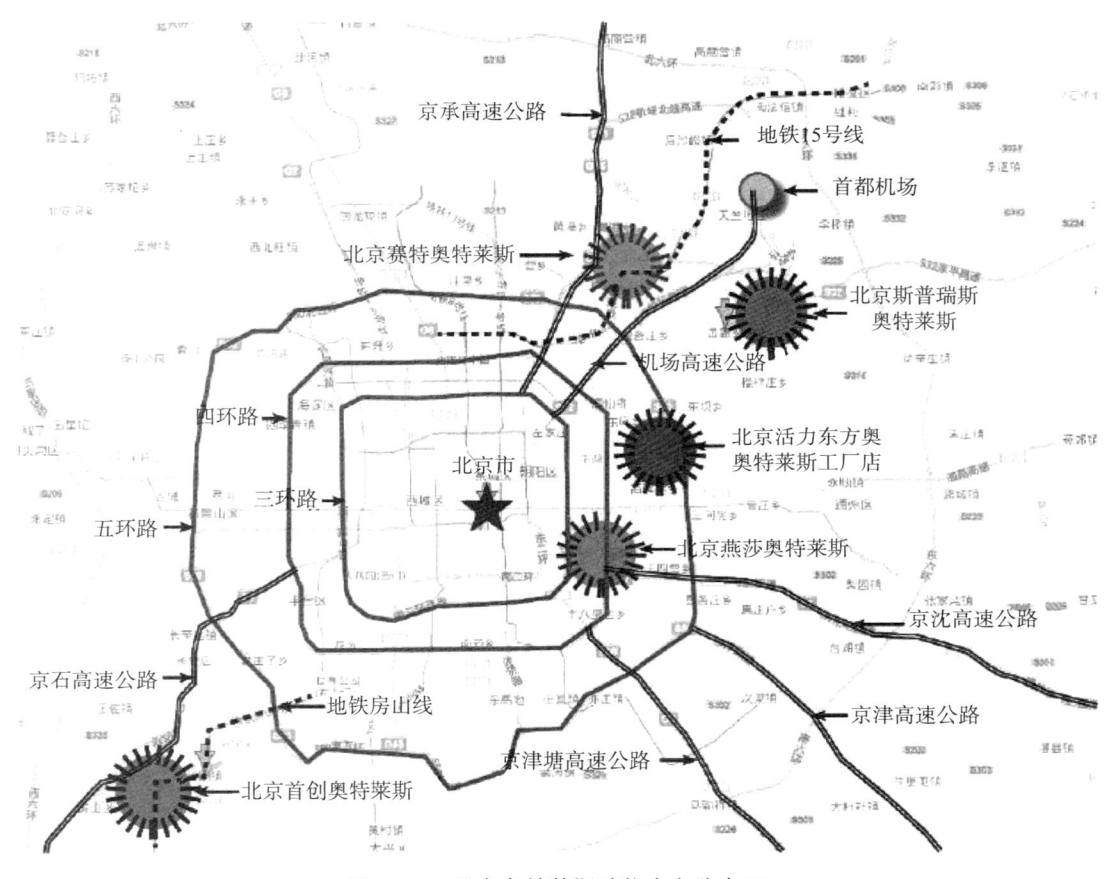

图6-10　北京奥特莱斯购物中心分布图

上海已建成的奥特莱斯购物中心也有5个。上海百联的青浦奥特莱斯品牌直销广场于2003年12月建成，位于上海青浦区；与其相邻的上海珠江地产的米格天地（MegaMills）奥特莱斯广场也于2013年1月开业。

2011年6月在天津武清区落成的佛罗伦萨小镇京津奥特莱斯折扣购物中心以其独特的地理位置吸引着北京、天津两地及周边地区的客户群。

沈阳赛特奥特莱斯是赛特集团继北京赛特奥特莱斯之后于2011年开发的，位于沈阳棋盘山风景区附近，是由港中旅开发项目中已建成的风情商业街改造而成，周边有沈阳东陵公园、沈阳世博园、棋盘山风景区等旅游资源。图6-11为沈阳赛特奥特莱斯的总体鸟瞰图。

图6-11 沈阳赛特奥特莱斯

3. 国内奥特莱斯购物中心的特点

国内以奥特莱斯命名的商业建筑有很多，但真正能称得上奥特莱斯购物中心的却为数不多。奥特莱斯购物中心经过十年的演变发展在国内正逐渐走向成熟。在模仿引进国外奥特莱斯模式的过程中，逐渐探索具有中国特色并适合本土发展的奥特莱斯。结合国内已建成并具有一定规模的奥特莱斯购物中心总结出如下特点：

（1）选址在一、二线城市的近郊，有便利的交通

国内的奥特莱斯购物中心选址主要在一、二线的直辖市及省会城市的郊区。北京除燕莎奥特莱斯设置东四环边之外，其他5个奥特莱斯购物中心均位于五环以外。沈阳赛特奥特莱斯位于棋盘山风景区附近。上海青浦奥特莱斯品牌直销广场位于上海青浦区赵巷镇。佛罗伦萨小镇位于天津武清区。

选址周边均有高速公路或地铁或城市环路或城际高铁等便利的交通。北京的燕莎奥特莱斯紧邻城市环路——东四环路，与京沈高速、京津高速、京津塘高速均直接连通；赛特奥特莱斯附近有机场南线高速、京承高速路，紧邻地铁15号线；斯普瑞斯奥特莱斯紧邻机场第二高速路；首创奥特莱斯邻京石高速公路和地铁房山线。佛罗伦萨小镇邻京津高速、京津塘高速和京津高铁武清站。上海的青浦奥特莱斯附近有沪渝高速、上海绕城高速、沈海高速。沈阳赛特奥特莱斯附近有沈阳绕城高速、沈吉高速、104省道。同时选择在城市或地区内的未来发展方向的区域。

（2）统一规划开发建设模式

主要以统一规划开发模式为主。建设用地规模大，具备分期开发建设的条件。用地规整，便于规划设计。

（3）建筑模式

国内的奥特莱斯购物中心的模式同国外相同，主要是大方盒子的封闭式的购物中心与开放式室外步行街区的小镇两种模式。

北京燕莎奥特莱斯是大方盒子建筑的代表，由3座厂房改造的2～3层建筑，立面造型简洁（见图6-12）。北京活力东方奥莱也是大盒子建筑形式。北京的赛特奥莱、斯普瑞斯奥莱、首创奥莱，上海青浦奥莱、上海米格天地奥莱，沈阳赛特奥莱及佛罗伦萨小镇均为开放式步行街区形式。

（4）异域风情的欧美小镇建筑风格

开放式步行街区形式的奥特莱斯购物中心的建筑带有异域风情的欧美小镇建筑风格，以佛罗伦萨小镇为代表的意大利古典欧洲小镇建筑风格，上海青浦奥莱为地中海式建筑风格。

图6-12 北京燕莎奥特莱斯

（5）本土化创新的初步探索——城市奥特莱斯

城市奥特莱斯的概念，就是依托城市公共交通、利用城市资源打造具有城市特色店奥特莱斯模式；城市奥特莱斯有三大升级内容：第一，距离升级——把奥特莱斯搬到城市：选择城市最具发展潜力的商业次中心，适应中国消费者追求便利消费的特点；第二，品牌升级——为奥特莱斯坚持标准：保持名品折扣经营的特色，真正引进国内外一、二线知名品牌，尽显差价优势。第三，内容升级——为奥特莱斯增添活力：添加符合城市需求的生活服务类业态，与都市生活完美结合。

城市奥特莱斯在距离上颠覆了传统奥特莱斯选址远郊的模式，选址在城市交通便利的二级商圈，也就是城市副中心，这样奥特莱斯品牌折扣店可以与正价店保持一定的距离，同时满足消费者的就近消费，体现"半小时消费圈"的特征。

上海绿色米兰广场是上海第一家真正意义的城市奥特莱斯。于2011年建成开业，地处上海市五角场城市副中心。地上四层地下两层，建筑面积5万 m^2，集购物、休闲、娱乐、餐饮、办公、住宿为一体的多功能城市综合体。以意大利知名品牌折扣和二、三线当季新品专卖为主，涵盖服装、皮草、家纺、家居等品类。

/259

（三）奥特莱斯购物中心的规划与选址

1. 奥特莱斯购物中心选址特点

国外奥特莱斯购物中心的选址主要在大城市的郊区，这些地区具备人口密集、超大商圈和交通发达，基本上一个半小时的车程距离。还有的项目周边有丰富的旅游资源，购物者将奥特莱斯购物中心当成休闲、旅游和度假之余可以游览和消费的处所，奥特莱斯购物中心成为集购物、休闲、观光多功能于一体的时尚休闲购物场所。

奥特莱斯购物中心选址特点：
- 一般在人口密集的大城市的郊区；
- 在有便捷交通的地区；
- 在有旅游资源的地区。

在日本，奥特莱斯购物中心选址在有旅游资源或者交通枢纽区域的郊区。且由多幢建筑风格各异的1～2层建筑组成，占地面积广，融旅游观光与购物娱乐为一体。

国外许多奥特莱斯购物中心与旅游业相结合，打造购物游概念，通过旅游吸引国内外的游客来此购物，更加扩大了商圈的范围。

意大利的罗马、威尼斯、佛罗伦萨、米兰等历史名城，以其独特的魅力每年吸引着无数来自世界各地的游客。位于意大利米兰的塞拉瓦莱奥特莱斯购物中靠近热那亚，距米兰1小时的车程，每年有400万游客光顾。位于罗马市中心南25km的罗马城堡奥特莱斯购物中心（Castel Romano Designer Outlet），每年有400万游客光顾；位于佛罗伦萨地区的巴贝利诺奥特莱斯购物中心（Barberino Designer Outlet），距佛罗伦萨30分钟的车程，每年有550万游客光顾；位于威尼斯地区的威尼托奥特莱斯购物中心（Veneto Designer Outlet），距威尼斯40km，每年有900万游客光顾威尼斯，有560万游客光顾威尼托奥特莱斯购物中心。

Value Retail集团在欧洲拥有9家精品购物村（Chic Outlet Shopping Villages）。这9家购物村都选址在靠近国内外游客喜爱的9个欧洲城市——法国巴黎、英国伦敦、意大利米兰、德国法兰克福和慕尼黑、西班牙马德里和巴塞罗那、比利时布鲁塞尔以及爱尔兰都柏林，其中著名的有英国伦敦的比斯特购物村（Bicester Village）、法国巴黎的山谷购物村（La Vallée Village）、意大利米兰的菲登扎购物村（Fidenza Village）。这9家购物村在2012年年末的世界旅游博览会（WTM）上以购物游为主题举行了圆桌会议，讨论购物游的发展趋势，特别是对购物村的发展等相关话题展开讨论。日渐崛起的购物游概念影响着品牌零售以及旅游业；购物游强调了体验的重要性，人们来这里不仅仅是购物，而是一直存在的以购物为目的的旅行。

（1）美国纽约的伍德伯里普雷默奥特莱斯购物中心（Woodbury Common Premium Outlets）

伍德伯里普雷默奥特莱斯购物中心位于纽约远郊的中央谷（Central Valley）。紧邻87号高速公路，距离纽约1小时的车程（见图6-13）。

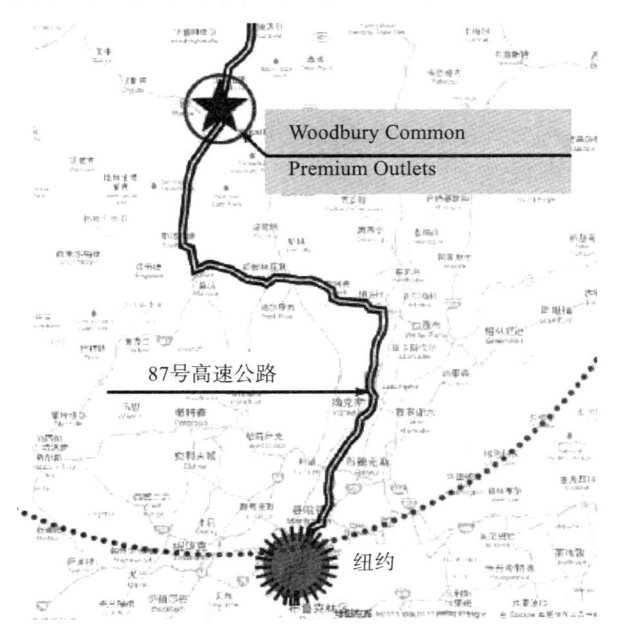

图6-13　Woodbury Common Premium Outlets区位图

（2）意大利米兰的塞拉瓦莱奥特莱斯购物中心（Serravalle Designer Outlet）

塞拉瓦莱奥特莱斯位于意大利的米兰地区，位于米兰和热那亚之间，距离米兰1个小时的车程，距离热那亚45分钟车程。紧邻A7高速公路，通往米兰和热那亚（见图6-14）。

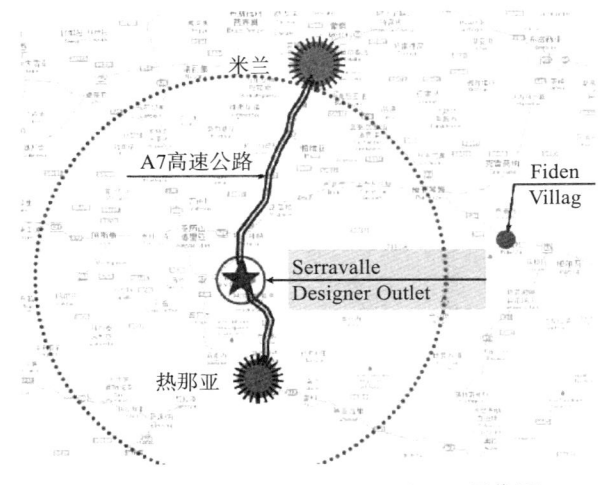

图6-14　Serravalle Designer Outlet区位图

（3）意大利米兰菲登扎购物村（Fidenza Village）

菲登扎购物村位于意大利米兰和博洛尼亚的中间，紧挨A1高速路，距米兰与博洛尼亚仅1小时的车程。在米兰与购物村之间设有购物专线巴士的直通快巴。米兰和博洛尼亚之间的列车大多会每隔一小时就有一班停靠菲登扎。购物村周边的国际机场有帕尔马机场、米兰机场与博洛尼亚机场。米兰久已成为时尚与设计之都，其不仅以其咖啡馆的生活模式出名，更以其美食佳肴著称。菲登扎购物村是米兰生活方式的绝佳补充，在各种咖啡馆、餐厅及露天步行街之间点缀着诸多知名意大利及国际时尚品牌精品店（见图6-15）。

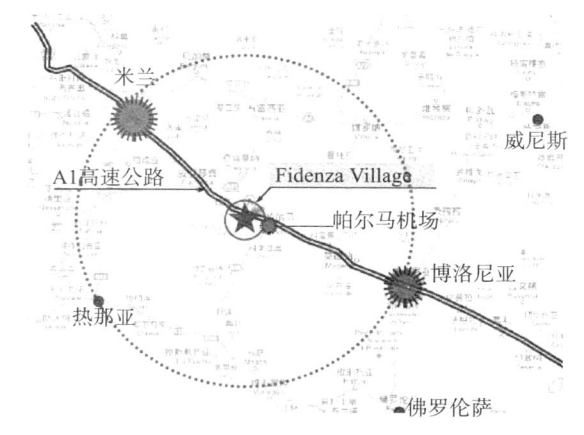

图6-15　Fidenza Village区位图

（4）法国巴黎的山谷购物村（La Vallée Village）

山谷购物村距离巴黎市内仅35分钟车程，距迪斯尼乐园仅5分钟车程。购物村交便十分便利，可选择汽车、火车或地铁等不同的交通工具。购物专线开通了巴黎市中心至购物村的直达快巴服务。周边的机场包括戴高乐机场及奥利机场。游客可以轻松地从巴黎、迪士尼公园或塞纳－马恩（Seine-et-Marne）地区的中世纪度假村以及美丽的郊区前往购物村（见图6-16）。

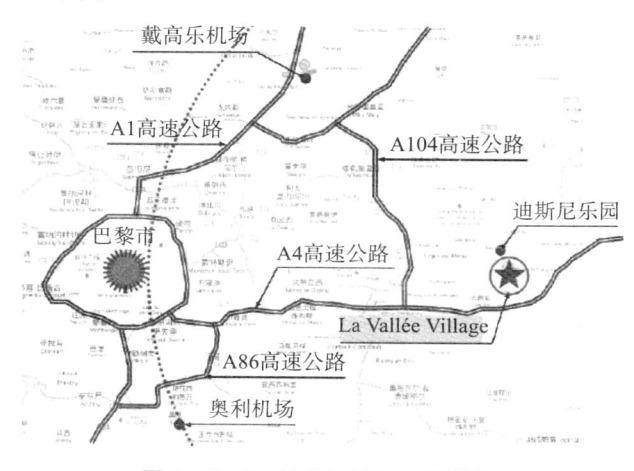

图6-16　La Vallée Village区位图

（5）英国比斯特购物村（Bicester Village）

比斯特购物村建于 1995 年，位于英国伦敦的牛津郡中心，地处伦敦与伯明翰之间，距离伦敦仅 1 小时车程。这里是"购物游"这个旅行概念的发源地之一。"购物游"所提倡的旅游购物体验，不但体现在购物目的地的硬件和软件，周边的旅游配套设施也相当重要。牛津郡周边地区分布着许多景点，展示着众多的英国遗产。Blenheim Palace 是 Winston Churchill 的出生地；Warwick Castle 是一个有着 1000 多年历史的要塞以及 Rothschilds 的住所；而 Waddesdon Manor 则藏有价值连城的艺术、家具和红酒藏品。Woodstock、Burford 和 Bibury 等著名科茨沃尔德（Cotswolds）小镇都和银石大奖赛赛道一样，开车便可轻松到达（见图 6-17）。

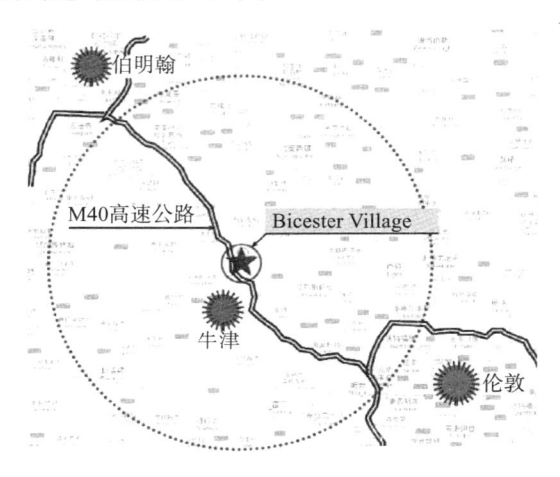

图6-17 Bicester Village区位图

（6）日本大阪泉佐野市（Rinku Premium Outlets）

Rinku Premium Outlets 位于日本的大阪府泉佐野市，紧邻日本关西国际空港，是日本西部规模最大的奥特莱斯购物中心。因为距离机场非常近的缘故，吸引着众多国外游客来此购物（见图 6-18）。

图6-18 Rinku Premium Outlets区位图

2. 奥特莱斯购物中心选址的影响因素

影响奥特莱斯购物中心区位选址的因素有两类：一是奥特莱斯商业业态的自身因素，二是消费者行为方面的因素。奥特莱斯商业业态的自身因素包括交通、地段地价等一般区位因子、规模经济、集聚经济、物质设施形态、经营商品特色等；消费者行为方面的因素包括消费偏好、消费者数量与支付能力、消费出行方式、消费心理与方式等。

（1）奥特莱斯商业业态的影响因素

奥特莱斯商业业态以其品牌折扣的特点要求与其品牌的正价店铺远离；商业经营上同一品牌的品牌商不会将正价品牌与折扣品牌离得很近；两种业态性质不同，所服务的目标消费群体也不同；品牌的正价店铺主要分布在城市的各大商业中心区。故奥特莱斯购物中心需远离城市中心设在郊区。

（2）交通及地价因素

"奥特莱斯商业业态的发展与城市化进程息息相关，50年代后，欧美国家的城市郊区化带来郊区商业的发展，由高速公路、地铁、轨道交通等组成的发达的城市交通网络已经形成，家庭小汽车也得到普及，驱车购物已成为可能。"奥特莱斯购物中心的消费对象集中在拥有私家车的人，交通便捷是十分必要的；周围有多条高速公路，私家车出行十分便捷。

公交的便利能够扩大奥特莱斯购物中心消费对象的范围，设在地铁站、高铁站附近，对于郊区奥特莱斯购物中心的选址也是十分必要的。

如图6-19所示，北京赛特奥特莱斯购物中心位于北京东北五环外，周边附近有3条高速公路，1条环线；东侧和北侧有2条机场高速线，西侧毗邻京承高速黄港出口，南侧为五环路；紧邻地铁15号线马泉营站。北京斯普瑞斯奥特莱斯购物中心紧邻机场二线高速公路。

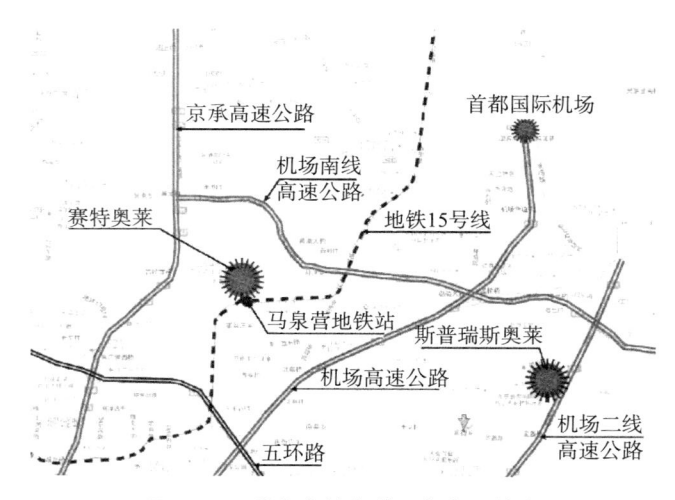

图6-19 北京赛特奥莱区位交通特点

郊区的地价较市中心要便宜许多，因为地价的高低与土地的区位条件有关，交通性、空间的关联性和周边环境的满意度是影响地价的重要因素；选址在郊区能大大降低成本，并且奥特莱斯购物中心需要大量的土地用于建设，这在市区中也是难以寻获的。

（3）目标消费群体特征因素

在美国光顾奥特莱斯的消费者多数为年收入在4万美元以上相对富裕的中产阶级，58%为女性，平均年龄43岁，27%以上有大专以上学历，74%以上拥有独栋住宅，66%有财产性收入。

通过对消费者的消费心理及消费能力的细分和综合研究，总结出了赛特奥莱的目标消费群包括以下6类人群：女性消费者、中青年消费者、具有较高文化水准的职业层、中高收入阶层、年轻新锐以及来京游客。

零售百货业的消费群体分为四大类：一是有车且很有经济实力，即富裕阶层；二是有车且有一定经济实力，即相对较为富有的中产阶级；三是无车但有一定经济实力，即相对较为贫穷的中产阶级；四是无车且缺乏经济实力，即贫困阶层。而对于第2类消费群体，即奥特莱斯所"瞄准"的目标消费群体。首先，这类消费群体具有一定的经济实力，能够消费得起奥特莱斯所经营的中高档品牌；其次，奥特莱斯的折扣概念又恰好符合他们的需要；最后，由于这类人有车，所以即使奥特莱斯地处偏远，花费在前往奥特莱斯购物的时间成本和选择前往市中心购物的时间成本也相差无多。综上种种可以得出结论，奥特莱斯对于这类客户是最具吸引力的。换言之，有车且有一定经济实力的中产阶级成为奥特莱斯购物中心最大最集中的目标消费群体。

综上所述，奥特莱斯选址要在经济发达的大城市，在这里，拥有大量的学历高、经济实力和消费能力强、品牌认知度高、职业女性众多的消费人群。

3. 汽车的普及与高速公路及铁路交通的发展对选址的影响

郊区和高速公路是国外奥特莱斯购物中心的选址核心。国内近年城际高铁迅速发展，为缓解大城市的交通压力，各大城市发展地铁公交，地铁线延伸到城郊。高铁、地铁的快速交通，使高铁站、地铁站附近成为国内建设奥特莱斯购物中心选址的重要因素。

（1）私家车发展是衡量奥特莱斯购物中心发展的指标之一

对于选址在郊区的奥特莱斯购物中心来讲，高速公路路网的发达和汽车的普及，才能使奥特莱斯购物中心得以发展起来。

（2）公共交通引导奥特莱斯购物中心的发展

奥特莱斯购物中心的特点决定了它的选址在郊区。"郊区购物中心又特别依赖于大城市的发展。城市与郊区关系的削弱、联系不便，必然会大大影响购物中心的商圈和辐射范围，制约其发展。"

小汽车的普及和高速公路的便捷交通是前期奥特莱斯购物中心选址的首要条件，但随着国内快速公共交通系统的发展，使城市、区域、郊区之间的联系越来越密切，人们的出行越来越便利。公共交通强大的集客力正是购物中心所期待的，公共交通为奥特莱斯购物中心增加了客流量，扩大了奥特莱斯商圈的辐射范围，为来此购物的人提供了更多的出行选择。公共交通促进了奥特莱斯购物中心的发展，公共交通的站点会成为奥特莱斯购物中心选址的重要因素。

（3）城市间交通状况

城市之间快速路的建设，能够扩大城市商业辐射范围。奥特莱斯购物中心的特点，其商圈辐射范围大，城市之间便利的交通，吸引更多的消费者来奥特莱斯购物中心购物。

二、学习活动

结合实地调研和网络调研，任选国内一家奥特莱斯购物中心从商业业态因素（包括交通、地段地价等）、消费者行为因素（包括消费偏好、消费者数量与支付能力、消费出行方式、消费心理与方式等）进行选址分析，形成调研报告。要求如下：

①每一个团队在实训过程中既有分工，又有协作，对每个人在实训中担任的角色，需要制作任务分配表附在实训报告最后一页。

②完成规定调研项目，字数不少于2000字。

③实训报告格式要规范并且按时上交。

④实训报告中必须有实地调研的照片等资料。

⑤严格按照实训背景规定的内容开展实训活动，严禁抄袭。

⑥组织一次全班的讨论，完成考察的小组在全班宣读实训报告。

⑦相互评价，选出2～3份优秀的实训报告，老师做出讲评。

三、要点归纳

通过对奥特莱斯购物中心在美国、欧洲和亚洲的发展及分布分析，得出国外奥特莱斯购物中心的特点：选址在大城市的近郊；控制项目规模，分期发展；名牌商品的集散地；商圈辐射范围大；与旅游结合——购物游。

通过对奥特莱斯购物中心在中国的发展及分布分析，得出国内奥特莱斯购物中心的特点：选址在一二线城市的近郊，有便利的交通；统一规划开发建设模式；国内的奥特莱斯购物中心的建筑模式同国外相同，主要是大方盒子的封闭式的购物中心与开放式室外步行街区的小镇两种模式；本土化创新的初步探索——城市奥特莱斯。

奥特莱斯购物中心选址特点：一般在人口密集的大城市的郊区，在有便捷交通的地区，在有旅游资源的地区。

影响奥特莱斯购物中心区位选址的因素有两类：一是奥特莱斯商业业态的自身因素，包括交通、地段地价等一般区位因子、规模经济、集聚经济、物质设施形态、经营商品特色等；二是消费者行为方面的因素，包括消费偏好、消费者数量与支付能力、消费出行方式、消费心理与方式等。另外，汽车的普及与高速公路及铁路交通的发展对奥特莱斯选址有重大影响。

四、心得体会

_____
_____
_____
_____
_____
_____
_____
_____
_____
_____

参 考 文 献

[1] 邹明.发展中国奢侈品产业 打造中国奢侈品品牌[D].天津科技大学,2006.

[2] 宋孟桦.基于贸易地理角度的世界奢侈品研究[D].山西师范大学,2013.

[3] 刘晓刚,朱泽慧,刘唯佳.奢侈品学[M].上海:东华大学出版社,2009.

[4] http://luxury.msn.com.cn/watch/20120307/33708.shtml.

[5] 寺库.2017中国奢侈品网络消费白皮书.

[6] 王傲.奢侈品市场存在的问题及其营销策略的分析[J].企业导报,2015(03):84-85.

[7] 张良.基于"饥饿营销"原理应用的奢侈品营销策略研究[D].西华大学,2013.

[8] 杨璐.奢侈品品牌传播与营销策略研究[D].重庆工商大学,2012.

[9] 李杰.奢侈品品牌管理方法与实践[M].北京:北京大学出版社,2010.

[10] 李穆菁.全渠道零售在奢侈品购物空间设计中的适应性研究[D].西南交通大学,2017.

[11] 王碧清,杨静怡,迟超.奢侈品牌终端战略:空间协奏曲演绎时代变迁[N].经理日报,2008-11-23C04.

[12] 卞向阳.国际时尚中心城市[M].上海:上海人民出版社,2010.

[13] 赵磊.时尚产业的兴起和发展[J].上海企业,2007(2):50-52.

[14] 王先庆.广州打造国际时尚之都的战略与对策[J].城市观察,2019(4):7-27.

[15] 时尚之都的八大要素[J].宁波经济(财经视点),2013(10):25.

[16] 刘娟,孙虹.五大时装之都的经验对浙江时尚产业发展的启示[J].丝绸,2018,55(07):64-69.

[17] 郑园园.法兰西第一大道香榭丽舍[J].重庆与世界,2003(10):74-75.

[18] 张璞,马小丰.浅谈伦敦摄政街的发展历程及其对时尚形成的作用[J].现代商业,2007(26):286.

[19] 沈佶,周艺怡.发展与演变——伦敦摄政街规划历程解析[A].中国城市规划学会.城市时代,协同规划——2013中国城市规划年会论文集(08-城市规划历史与理论)[C].中国城市规划学会,2013:7.

[20] 马小丰,杨钊桎.伦敦时装街:冠盖流连英伦 街头风尚弥望[J].中国服饰,

2009（2）：68-71.

［21］杨钊栐.伦敦时装街发展历程对打造北京时装之都的启示［D］.北京服装学院，2008.

［22］郑晟.蒙特拿破仑：时尚米兰的源地［J］.广告大观（综合版），2013（3）：101-105.

［23］邹晓霞.商业街道表层研究［D］.清华大学，2006.

［24］赖阳，黄爱光.世界著名商业街评价指标体系研究［J］.中国市场，2013（7）：82-90.

［25］李飞.奢侈品营销［M］.北京：经济科学出版社，2010.

［26］林梅.时装展示与建筑空间关系的研究［D］.西安建筑科技大学，2011.

［27］叶帅.百联集团浦东新区奥特莱斯商业中心选址研究［D］.上海交通大学，2013.

［28］范琳.服装零售店铺选址策略的比较研究［D］.首都经济贸易大学，2011.

［29］高辉.国外零售商店选址技巧和程序分析［J］.商讯商业经济文荟，2014，02：57-59.

［30］米歇尔·舍瓦利耶，米歇尔·古泽兹.奢侈品零售管理［M］.北京：机械工业出版社，2014.

［31］赵凯.Louis Vuitton在华店铺选址最优决策分析［D］.兰州大学，2013.

［32］刘红霞.奥特莱斯购物中心新商业空间初探［D］.清华大学，2013.